Lern- und Übungsbuch
zur deutschen Grundgrammatik

新求精德语语法精解与练习
（修订版）

Deutsch-Kolleg
der Tongji-Universität

教育部直属同济大学留德预备部　编著

本书编著者：
（按姓氏笔画为序）

王丽明　方建国　祁志琴
李立贵　杨爱珍　俞秋似

内 容 提 要

德语初学者都觉得德语难,且语法最难。本书在将复杂的德语语法现象解释得尽可能简单的同时,透彻地讲解了德语语法规则,使其条理化。本书的语法讲解深入浅出,简明扼要,并配以例句、列表、练习及答案,以利于德语初学者课后复习及自学。

本书可与《新求精德语强化教程》或其他任何一本初级德语教程配套使用;既可用于课堂教学,也可用于自学;即可作为语法工具书查阅,也可作为语法练习册使用。期待本书对德语学习者有所裨益。

图书在版编目(CIP)数据

新求精德语语法精解与练习/ 同济大学留德预备部编著.-- 2 版(修订本).--上海:同济大学出版社,2013.9

ISBN 978-7-5608-5277-5

Ⅰ.①新… Ⅱ.①同… Ⅲ.①德语—语法—自学参考资料 Ⅳ.①H334

中国版本图书馆 CIP 数据核字(2013)第 212541 号

新求精德语语法精解与练习(修订版)

教育部直属同济大学留德预备部 编著

责任编辑 吴凤萍　**责任校对** 徐春莲　**封面设计** 陈益平

出版发行	同济大学出版社　www.tongjipress.com.cn	
	(地址:上海市四平路 1239 号 邮编:200092 电话:021-65985622)	
经　销	全国各地新华书店	
印　刷	常熟市大宏印刷有限公司	
开　本	889 mm×1 194 mm　1/16	
印　张	19.25	
字　数	616 000	
印　数	4101-9200	
版　次	2013 年 9 月第 2 版　2013 年 12 月第 2 次印刷	
书　号	ISBN 978-7-5608-5277-5	
定　价	38.80 元	

本书若有印装质量问题,请向本社发行部调换　　版权所有　侵权必究

前　言

　　德语初学者都觉得德语难，且语法最难。本书在将复杂的德语语法现象解释得尽可能简单的同时，透彻地讲解了德语语法规则，使其条理化。本书的语法讲解深入浅出，简明扼要，并配以例句、列表、练习及答案，以利于德语初学者课后复习及自学。

　　本书不是按一般常规体例广列章节、面面俱到，而是着眼于德语初学者的实际需要，突出一个"精"字。选择对学习者实用价值大、使用频率高的重要语法现象，作系统而又简明的讲解，并辅之以练习，务求条理清晰、要领明确、便于掌握。

　　本书分三部分：简要和精准的语法说明、与其相配套的语法练习及练习答案。本书中语法规则的讲解循序渐进，由浅至深，由易到难；许多语法难题在阅读过程中都迎刃而解。语法学习能帮助学习者对德语的理解，但光有理解是不够的，更重要的是应用。因此，本书在每个语法讲解之后都配有相应的语法练习，学习者通过这些语法练习巩固并熟练掌握相应的语法规则。书后附有练习答案和不规则动词表，方便学习者查阅。

　　本书可与《新求精德语强化教程（初级）》或其他任何一本初级德语教程配套使用；既可用于课堂教学，也可用于自学；既可作为语法工具书查阅，也可作为语法练习手册使用。期待本书对广大德语学习者有所裨益。

编者
2013 年 6 月

Inhaltsverzeichnis

前言

Lektion 1	(1)
Lektion 2	(4)
Lektion 3	(17)
Lektion 4	(30)
Wiederholungsübungen(1)	(44)
Lektion 5	(48)
Lektion 6	(58)
Lektion 7	(64)
Lektion 8	(76)
Lektion 9	(80)
Lektion 10	(86)
Lektion 11	(94)
Wiederholungsübungen(2)	(103)
Lektion 12	(106)
Lektion 13	(117)
Lektion 14	(129)
Lektion 15	(134)
Lektion 16	(147)
Lektion 17	(159)
Lektion 18	(167)
Wiederholungsübungen(3)	(175)
Lektion 19	(178)
Lektion 20	(188)
Lektion 21	(195)

Wiederholungsübungen(4) ·· (203)
Lektion 22 ··· (206)
Lektion 23 ··· (210)
Lektion 24 ··· (216)
Lektion 25 ··· (221)
Lektion 26 ··· (234)
Lektion 27 ··· (245)
Lektion 28 ··· (249)

Lösungen ··· (253)
Anhang ··· (297)

Lektion 1

Teil 1

Vokale(元音)：a, e, i, o, u,
Umlaut(变元音)：ä
Konsonanten(辅音)：b, p, d, t, g, k

1. 元音在下列情况下发长音：
    a) 双元音：aa, ee, oo 以及 ie, 例如：Boot, Tee, Aal, Dieb
    b) 元音后只有一个辅音，例如：Tag, Name
    c) 元音后有辅音 h 时，h 不发音，元音发长音，例如：Kuh, geht
    d) 除了元音 e 以外，其他元音在词尾均发长音，例如：du, da
2. 元音在两个或两个以上辅音前发短音，例如：Bett, Takt, nimmt
3. 元音字母 e 的发音：
    元音 e 除了与其他元音有着相同的长短音发音规则外，它还有以下几种发音：
    a) e 发[ə]音：
        e 在词尾时，例如：Name, Frage
        当 e 与 g 或 b 组合，充当单词的前缀时，例如：Gefahr, begabt
    b) er 在词尾时发[ɐ]音，例如：Vater, Lehrer, aber
    c) en 在词尾时发[ən]音，例如：baden, beben, Daten, fallen
    d) el 在词尾时发[əl]音，例如：Gabel, Kabel, Mädel, Nadel
4. 辅音 b, d, g 有两种发音
    a) b, d, g 在元音前发浊音[b], [d], [g], 例如：beben, baden, Tage
    b) b, d, g 在词尾或其他辅音前发清音[p], [t], [k], 例如：Hieb, Tod, Tag, Obst, Adler, siegt

Lektion 1

Teil 2

Umlaute（变元音）: ö, ü,

Diphthonge（复合元音）: ei, au, eu,

Konsonanten（辅音）: m, n, l, r, w/v, f/v/ph, s, st, sp

1. 辅音 r 是颤音，可发小舌音或舌尖音：
   a) 小舌音：嘴张开，舌根上台，小舌自然下垂，用力送气，使小舌颤动发音，同时振动声带。
   b) 舌尖音：嘴微开，舌尖抬起，轻抵上齿龈，用力送气，使舌尖颤动发音，同时振动声带。

   注意：辅音 r 在元音前，发音要强一些；相反，在辅音前或在词尾时，发音就弱一些。例如：Brot, Tor, Wirt

2. 辅音 v 有 [v] 和 [f] 两种发音：
   a) 在外来词中发浊音 [v]，例如：Vase, Visum, Vulkan
   b) 在德语词中或词尾时发清音 [f]，例如：Vater, vier, aktiv

3. 辅音 s 的发音：
   a) s 在元音前发 [z]，例如：Sieg, seit, Saat
   b) s 在辅音前或词尾时发 [s]，例如：Mast, fest, das, was

4. 辅音 st, sp 的发音：
   a) st 在词首时发 [ʃt]，例如：Staat, Stoff, Straße
   b) st 在词中或词尾时发 [st]，例如：Fenster, Weste, fast
   c) sp 在词首时发 [ʃp]，例如：Speise, sparen, Sprache
   d) sp 在词中或词尾时发 [sp]，例如：Aspekt, Wespe, Rest

Teil 3

Konsonanten: sch, ch, tsch, h, j, z, ng, -ung, nk, x, pf, qu, -tion, -ssion, -sion, -ismus

1. ch 在德语词中的发音：
   a) ch 在元音 a, o, u, au 后面时发 [x]，例如：Dach, doch, Tuch, auch
   b) ch 在其他情况下发 [ç]，例如：China, Pech, euch, Milch, Bücher

2. ch 在外来词中的发音
   a) ch 发[k]，例如：Chaos，Chlor，Christ
   b) ch 发[ʃ]，例如：Chef，Chance，Champagner

词重音的一般规则：

在双音节或多音节词里，总有一个音节要重读，这就是词重音。
1. 德语单词的重音一般在第一个音节，例如：Schüler，Spieler，lustig
2. 可分动词发音时重音在可分前缀上，例如：einschlafen，zuhören，anreden
3. 不可分动词重音在词干上，例如：besuchen，gehören，erklären，verstehen，zerbrechen，entschuldigen，empfangen
4. 复合词通常第一部分重读，第二部分轻读。例如：Schauspieler，Haustür
5. 以 -ieren 结尾的词，重音在 -ieren 上。例如：studieren，telefonieren，diskutieren

Lektion 2

Grammatik I

Personalpronomen im Nominativ (N) und Konjugation der Verben im Präsens (1) 人称代词第一格和动词现在时变位(1)

Personalpronomen 人称代词	Verben 动词		
	kommen	**studieren**	**heißen**
ich	komm-e	studier-e	heiß-e
du	komm-st	studier-st	heiß-t
er / **sie** / **es**	komm-t	studier-t	heiß-t
wir	komm-en	studier-en	heiß-en
ihr	komm-t	studier-t	heiß-t
sie	komm-en	studier-en	heiß-en
Sie	komm-en	studier-en	heiß-en

说明：

1. 人称代词

   a) 表中所列是人称代词的第一格形式，在句中充当主语或表语。针对主语提问用 wer。

   b) 第二人称分尊称和非尊称。*du* 和 *ihr* 是第二人称的非尊称形式，大多用于对熟人、孩子、亲戚、朋友和同学的称呼中。

   c) 第二人称的尊称形式单、复数都是 *Sie*。*Sie* 的第一个字母必须大写，一般用于对陌生人或不熟悉的人的称呼中。

2. 动词

   a) 德语动词一般由词干和词尾两部分组成：如 *komm-en*，*studier-en*，*heiß-en*。根据句中主语人称的不同,动词词尾要进行相应的变化,这称之为动词变位。

b) 表中所列动词 *kommen*, *studieren* 和 *heißen* 在现在时中都按规则变位。当规则动词词干以 *s*, *ss*, *β*, *z*, *tz* 结尾时,动词在第二人称单数时变位词尾省去 *s*,只有 *t*。见上表中所列的 *heißen*。

Übungen

1. Ergänzen Sie Personalpronomen im Nominativ!

a) _Er_ lernt Deutsch.
b) Heißt _du_ Wang Dali?
c) _Ich_ wohne in Korea.
d) Studieren _wir_ Mathematik?
e) _Sie_ kommt aus Frankreich.
f) _Er_ fliegt nach England.
g) _Sie_ übt jeden Tag.

2. Ergänzen Sie bitte!

a) + Was machen die Franzosen?
   * _Sie_ lernen Chinesisch.
b) + Wo wohnt Karin?
   * _Sie_ wohnt in Frankfurt.
c) + Fliegst du morgen nach Beijing?
   * Nein, _ich_ fliege nach Tianjing.
d) + Was macht ihr hier?
   * _Wir_ lehren Chinesisch.
e) + Woher kommt das Buch „Stichwort Deutsch"?
   * _Es_ kommt aus Shanghai.

3. Fragen Sie Freunde bitte!

Beispiel:

Woher kommen Sie? (Plural) → *Woher kommt ihr?*

a) Wann gehen Sie nach Hause? (Plural) → _Wann geht ihr nach Hause?_
b) Was machen Sie? (Plural) → _Was macht ihr?_
c) Wo wohnen Sie? (Plural) → _Wo wohnt ihr?_

Lektion 2

Konjugation der Verben im Präsens (2)　动词现在时变位 (2)

人称代词	动词				特殊形式		
	A	B	C	D			
	warten	**bilden**	**öffnen**	**zeichnen**	**sein**	**wissen**	**werden**
ich	warte	bilde	öffne	zeichne	*bin*	*weiß*	werde
du	wart-**e**-st	bild-**e**-st	öffn-**e**-st	zeichn-**e**-st	*bist*	*weißt*	*wirst*
er/sie/es	wart-**e**-t	bild-**e**-t	öffn-**e**-t	zeichn-**e**-t	*ist*	*weiß*	*wird*
wir	warten	bilden	öffnen	zeichnen	*sind*	wissen	werden
ihr	wart-**e**-t	bild-**e**-t	öffn-**e**-t	zeichn-**e**-t	*seid*	wisst	werdet
sie	warten	bilden	öffnen	zeichnen	*sind*	wissen	werden
Sie	warten	bilden	öffnen	zeichnen	*sind*	wissen	werden

说明：

1. warten, bilden, öffnen, zeichnen 是规则动词，当规则动词词干以 *t*, *d*, *ffn*, *chn* 等结尾的时候，动词在第二人称单数、复数及第三人称单数时变位词尾前要加上 -*e*（见上表）。
2. sein, wissen, werden 属于不规则动词，它们具有特殊的变位形式（见上表）。

Übungen

1. Konjugieren Sie die Verben in der Tabelle!

	arbeiten	bilden	wissen	zeichnen	sein	öffnen
ich	arbeit**e**	bild**e**	weiß	zeichn**e**	bin	öffn**e**
du	arbeit**est**	bild**est**	weißt	zeichn**est**	bist	öffn**est**
er/sie/es	arbeit**et**	bild**et**	weiß	zeichn**et**	ist	öffn**et**
wir	arbeit**en**	bild**en**	wissen	zeichn**en**	sind	öffn**en**
ihr	arbeit**et**	bild**et**	wisst	zeichn**et**	seid	öffn**et**
sie/Sie	arbeit**en**	bild**en**	wissen	zeichn**en**	sind	öffn**en**

Lektion 2

2. Üben Sie bitte!

Beispiel: Ich arbeite.
→ *Du arbeitest. Sie arbeitet* auch.

a) Ich zeichne gern.
   <u>Du zeichnest gern. Sie zeichnet gern auch.</u>
b) Ich werde Zollbeamtin.
   <u>Du wirst Zollbeamtin. Sie wird Zollbeamtin auch.</u>
c) Ich arbeite am Zoll.
   <u>Du arbeitest am Zoll. Sie arbeitet am Zoll auch.</u>
d) Ich bin Betreuerin.
   <u>Du bist Betreuerin. Sie ist Betreuerin auch.</u>
e) Ich suche Wang Dali.
   <u>Du suchst Wang Dali. Sie sucht Wang Dali auch.</u>
f) Ich weiß das.
   <u>Du weißt das. Sie weiß das auch.</u>

3. Ergänzen Sie bitte!

a) Herr Fischer und Herr Bauer fliegen heute nach Nürnberg. <u>Sie</u> arbeiten dort.
b) Ich heiße Ulrich Maier. Wie heißen <u>Sie</u>?
c) Da kommen Karin und Thomas. Was machen <u>sie</u>?
d) Klaudia arbeitet. <u>Sie</u> kommt nicht.

4. Ergänzen Sie bitte!

a) Ich heiß<u>e</u> <u>Echo</u>.
   Ich komm<u>e</u> aus <u>Shandong</u>.
   Ich wohn<u>e</u> in <u>Beijing</u>.
b) Wohn<u>en</u> Sie in Shanghai?
   Studier<u>t</u> er an der Tongji Universität?
   Komm<u>st</u> du aus Nanjing?
c) Wie heiß<u>t</u> du?
   Wo wohn<u>t</u> er?
   Woher komm<u>t</u> ihr?

5. Ergänzen Sie die Verben in richtiger Form!

a) Wie <u>heißt</u> (heißen) du?
b) Ich <u>suche</u> (suchen) einen Koffer.

Lektion 2

c) Er _wohnt_ (wohnen) in Guilin.

d) Was _kauft_ (kaufen) die Mutter?

e) * Klaus und Markus, was _macht_ (machen) ihr?
  + Wir _lernen_ (lernen) Deutsch.

f) _Kommt_ (kommen) Markus?

6. Ergänzen Sie bitte!

+ Ich _heiße_ Thomas. Und wie _heißt_ du?
* Anna.
+ Und Woher _kommst_ du?
* Aus England.
+ Was _machst_ du hier?
* Ich _mache_ / _studiere_ hier an der Universität Bonn.

Grammatik II

Possessivpronomen im Nominativ (N) 物主代词第一格

A Possessivpronomen 物主代词

人称代词（第一格）	物主代词
ich	**mein**
du	**dein**
er	**sein**
sie	**ihr**
es	**sein**
wir	**unser**
ihr	**euer**
sie	**ihr**
Sie	**Ihr**
wer?	**wessen?**

Lektion 2

B   Possessivpronomen im Nominativ   物主代词的第一格

第一格	Sg.（Singuar）
Das ist mein Koffer. 这是我的箱子。	m（maskulin）
Das ist Ihr Heft。 这是您的本子。	n（neutrum）
Das ist seine Betreuerin(个) 这是他的导师。	f（feminin）
Das sind unsere Bücher. 这些是我们的书。	Pl.（Plural）

说明：

1. 尊称 *Sie* 的物主代词 *Ihr* 永远大写。
2. 物主代词要根据其后面名词的性、数、格进行相应的词尾变化。这里以物主代词 *mein* 为例将其变化规则总结如下：

	m	n	f	Pl.
N	mein	mein	meine	meine

但是物主代词 *euer* 有词尾变化时必须先去掉词干中的 *e*：

euer-e，*-en* ⟶ *eure*，*euren*

	m	n	f	Pl.
N	euer	euer	eure	eure

3. 对物主代词提问用 *wessen*。*wessen* 没有词尾变化。

   Das ist mein Buch.
   →Wessen Buch ist das?
   Ich brauche deinen Pass.
   →Wessen Pass brauchst du?

Übung

Antworten Sie auf die Fragen！
Beispiel： *Wessen Pass ist das？（er）*
   →*Das ist sein Pass．*

Lektion 2

a) Wessen Buch ist das? (ich)   *Das ist mein Buch.*
b) Wessen Kleidung ist das? (sie)   *Das ist ihre Kleidung.*
c) Wessen Koffer ist das? (wir)   *Das ist unser Koffer.*
d) Wessen Taschen sind das? (Sie)   *Das sind Ihre Taschen.*
e) Wessen Bücher sind das? (ihr)   *Das sind eure Bücher.*

Grammatik III

A Verbstellung im Satz 变位动词在句中的位置

1. 陈述句

	I	II	III...	
a)	Ich	bin	Chinese.	
b)	Wir	kommen	aus Japan.	
c)	Du	lernst	in Shanghai	Deutsch.
d)	Er	heißt	Horst Grün.	
e)	Im Koffer	sind	Bücher.	

2. 特殊疑问句

	I	II	III...	
a)	Wie	heißen	Sie?	
b)	Woher	kommt	er?	
c)	Wohin	fliegst	du	morgen?
d)	Wer = who	ist	das?	
e)	Was	ist	im Koffer?	

3. 一般疑问句

	I	II	III...	
a)	Kommen	Sie	aus China?	
b)	Heißt	du	Carsten?	
c)	Sind	Sie	Deutscher?	
d)	Fliegst	du	heute	nach Berlin?
e)	Lernt	er	hier	Deutsch?

Lektion 2

说明：

1. 陈述句中变位动词始终位于第二位；主语可以位于第一位，也可以在第三位，这两种语序可以表示为：

    a) ①主语＋②变位动词＋③其他成分　　　　　　　（正语序）见表 1 中例句 a)—d)

    b) ①除主语和动词外的任何一个其他成分＋②变位动词＋③主语＋④剩余其他成分

    　　　　　　　　　　　　　　　　　　　　　　　（反语序）见表 1 中例句 e)

    任何陈述句都可以用正语序或反语序两种方式来表示，意义基本不变，占第一位的通常是上文提到过的某个成分，以此来加强句子间的衔接。

2. 常用的特殊疑问词有：*wer*，*was*，*wann*，*wie*，*wo*，*woher*，*wohin* 等。

    特殊疑问句中变位动词位于第二位，语序一般为：

    a) ①特殊疑问词＋②变位动词＋③主语＋④其他成分　　见表 2 中例句 a)—d)

    b) 但当特殊疑问词就是主语时，语序就简化为：

    ①特殊疑问词＋②变位动词＋③其他成分　　　　见表 2 中例句 e)

    需要注意的是，疑问词 *wer* 和 *was* 在疑问句中作主语时，动词按第三人称单数来变位，如：

    Was ist im Koffer?

    Wer kommt aus Berlin?

3. 一般疑问句中变位动词位于第一位，语序一般为：

    ①变位动词＋②主语＋③其他成分　　　　　　　见表 3 中的例句

Übungen

1. Antworten Sie bitte!

a) * Wohnen Sie in Shanghai?
   + _Ja, ich wohne in Shanghai_.

b) * Was lernst du am Deutsch-Kolleg?
   + _Ja, ich lerne Deutsch am Deutsch-Kolleg_.

c) * Kommen Sie aus Beijing?
   + _Ja, ich komme aus Beijing_.

d) * Lehrt Herr Müller Deutsch?
   + _Ja, er lehrt Deutsch_.

e) * Fliegt ihr nach Hamburg?
   + _Ja wir fliegen nach Hamburg_.

f) * Sind Sie Chinesin?
   + _Ja, ich bin Chinesin_.

g) * Wie heißt er?
   + _Er heißt Liwei_.

Lektion 2

h) * Ist sie aus Korea?
  + _Ja, sie ist aus Korea._

2. Bilden Sie bitte Sätze!

a) das Lehrbuch, er, braucht
Er braucht das Lehrbuch.

b) sie, in München, arbeiten
Sie arbeitet in München.

c) was, in London, Sie, machen?
Was machen Sie in London?

d) zeichnen, Sie?
Zeichnen Sie?

e) er, kommt, aus Nanjing?
Kommt er aus Nanjing?

f) Sie, Lehrer, sind?
Sind Sie Lehrer?

g) Wang Dali, heißt, wer?
Wer heißt Wang Dali?

h) woher, sie, kommen?
Woher kommt sie?

3. Bilden Sie bitte Fragen!

Beispiel: Ich heiße Liu Hong. (wie)
Wie heißen Sie / heißt du?

a) Anna wartet im Deutsch-Kolleg. (wo)
Wo wartet Anna?

b) Er ist unser Lehrer. (wer)
Wer ist unser Lehrer?

c) Wir machen jeden Tag Übungen. (was)
Was macht ihr jeden Tag?

d) Das wissen die Studenten. (was)
Was wissen die Studenten?

e) Im Koffer sind Bücher. (wo)
Wo sind Bücher.

f) Mein Betreuer lernt Deutsch. (was)
Was lernt dein Betreuer?
         Ihr

Lektion 2

g) Hans arbeitet in Shanghai. (wo)
   Wo arbeitet Hans?

h) Sein Vorname ist Li. (wie/was)
   Wie / Was ist sein Vorname? / Wie heißt

i) Im Koffer sind Bücher. (was)
   Was ist im Koffer?

4. Setzen Sie *die kursiv gedruckten Satzteile* an die erste Position!

Beispiel: Er kommt *aus Nanjing.*
   →**Aus Nanjing** kommt er.

a) Karin macht *Übungen.*
   Übunge macht Karin.

b) Die Deutschen sprechen *Chinesisch.*
   Chinesisch sprechen Die Deutschen.

c) Ich lerne *an der Tongji Universität* Deutsch.
   An der Tongji Universität lerne Ich Deutsch.

d) Frau Pöppelmann lebt *in Darmstadt.*
   In Darmstadt lebt Frau Pöppelmann.

e) Wir brauchen *euer Buch.*
   Euer Buch brauchen wir.

f) Mein Name ist *Wang Dali.*
   Wang Dali ist mein Name.

g) Sie fliegen *nach Frankfurt.*
   Nach Frankfurt fliegen Sie.

h) Ich wohne *in Shanghai.*
   In Shanghai wohne ich.

i) Herr Pöppelmann arbeitet *an der TU Darmstadt.*
   An der TU Darmstadt arbeitet Herr Pöppelmann.

j) Wir sind *im Flugzeug.*
   Im Flugzeug sind wir.

k) Mein Pass ist *hier.*
   Hier ist mein Pass.

l) Wir fliegen *in die Schweiz.*
   In die Schweiz fliegen wir.

Lektion 2

m) Bücher sind *im Koffer*.
Im Koffer sind Bücher.

5. Stellen Sie bitte Fragen!

a) * _Woher kommen Sie_? + Ich komme aus Deutschland.
b) * _Lernst du Deutsch_? + Nein, ich lerne Französisch.
c) * _Wie heißt sie_? + Sie heißt Nicole Meier.
d) * _Das ist sein Koffer_? + Ja, das ist sein Koffer.
e) * _Wo studieren Sie_? + Ich studiere in Beijing.
f) * _Arbeitest du viel_? + Ja, ich arbeite viel.
g) * _Heißt er Liwei_? + Nein, er heißt Wang Dali.
h) * _Wohin fliegen Sie_? + Wir fliegen nach Beijing.
i) * _Leben Sie in Paris_? + Nein, ich lebe in London.
j) * _Sind Sie Koreanerin_? + Ja, ich bin Koreanerin.
k) * _Wartest du schon lange_? + Ja, ich warte schon lange.

B Woher? - Wohin? - Wo?   特殊疑问词 woher? - wohin? -wo?

Woher kommst du? 你从哪儿来?		
	Aus Deutschland	来自德国。
	Aus England.	来自英国。
	Aus London.	来自伦敦。
	Aus Qingdao.	来自青岛。
	Aus der Schweiz.	来自瑞士。
	Aus den USA.	来自美国。
Wohin fliegst du? 你坐飞机去哪儿?		
	Nach China.	去中国。
	Nach Kiel.	去基尔。
	Nach Hannover.	去汉诺威。
	Nach Heidelberg.	去海德堡。
	In die Schweiz.	去瑞士。
	In die USA.	去美国。
Wo bist du? 你在哪里?		
	In England.	在英国。
	In Hongkong.	在香港。
	In Paris.	在巴黎。
	In Dänemark.	在丹麦。
	In der Schweiz.	在瑞士。
	In den USA.	在美国。

Lektion 2

说明：

1. *woher* 表示方向，询问"从哪儿来"，"由何处来"。在回答中若来的地点是**国家或城市**的时候，要加上介词 *aus*（如表中例句所示）。
2. *wohin* 也表示方向，但与 *woher* 相反，它询问的是"上哪儿"，"去何处"。在回答中若去的地点是**国家或城市**时，要加上介词 *nach*（如表中例句所示）。
3. *wo* 表示地点，它询问的是"在哪里"，"在什么地方"。在回答中若所在的地点是**国家或城市**时，要加上介词 *in*。
4. 一般情况下，国家和城市的名称跟在介词 *aus*，*nach* 或 *in* 后面时不需要加冠词。但也有例外，如 *die Schweiz*（见表中例句）。需要注意的是：当国家名称有定冠词时，表示"去这个国家"时不用 *nach* 而用 *in*，并加上冠词。

Übungen

1. Ergänzen Sie bitte!

Im Zug:

* Guten Tag. __Wohin__ fliegen Sie?

+ Nach Shanghai, und Sie?

* Ich fliege __nach__ Kunshan.

+ Ah, Kunshan! Schön! Und __Woher__ kommen Sie?

* __Aus__ Nanjing, und Sie?

+ Ich komme aus Yangzhou.

* Arbeiten Sie in Shanghai?

+ Nein, ich arbeite __in__ Suzhou, aber ich wohne __in__ Shanghai. Und Sie, __Was__ machen Sie __in__ Kunshan?

* Ich studiere in Kunshan.

2. Stellen Sie bitte Fragen!

a) Hans wohnt in Berlin.
   __Wo wohnt Hans?__

b) Karin kommt aus München.
   __Woher kommt Karin?__

c) Sie fliegen nach Hamburg.
   __Wohin fliegen Sie?__

d) Frau und Herr Pöppelmann leben in Darmstadt.
   __Wo leben Frau und Herr Pöppelmann?__

Lektion 2

e) Xiao Wang lernt Deutsch in Shanghai.
   Wo lernt XiaoWang Deutsch?

f) Das Flugzeug fliegt in die Schweiz.
   Wohin fliegt das Flugzeug?

3. Woher, Wohin oder Wo?

a) Wie heißen Sie?   _4)_   1) Herr Schmidt.
b) Wohin fahren Sie? _6)_   2) In Salzburg.
c) Wo wohnen Sie?   _2)_   3) Ich arbeite.
d) Woher kommen Sie? _5)_   4) Max Pöppelmann.
e) Was machen Sie? _3)_   5) Aus Düsseldorf.
f) Wer kommt heute? _1)_   6) Nach Berlin.

4. Stellen Sie bitte Fragen!

a) * _Woher kommen Sie_ ?   + Aus Düsseldorf.
b) * _Wo leben Sie_ ?   + In München.
c) * _Wohin fährt er_ ?   + Nach Italien.
d) * _Wohin fliegen Sie_ ?   + Wir fliegen nach Berlin.
e) * _Wo studieren sie_ ?   + Sie studieren in Amerika.
f) * _Woher kommt er_ ?   + Er kommt aus Nanjing.
g) * _Wo wohnt sie_ ?   + Sie wohnt in Österreich.
h) * _Wohin fliegst du_ ?   + Ich fliege in die Schweiz.

Lektion 3

Grammatik I

Konjugation der Verben im Präsens (3) 动词现在时变位（3）

人称代词	动词			特殊形式
	A	B	C	
	lesen	**schlafen**	**nehmen**	**haben**
ich	lese	schlafe	nehme	habe
du	liest	schläfst	nimmst	*hast*
er sie es	liest	schläft	nimmt	*hat*
wir	lesen	schlafen	nehmen	haben
ihr	lest	schlaft	nehmt	habt
sie	lesen	schlafen	nehmen	haben
Sie	lesen	schlafen	nehmen	haben

说明：

1. 表中 A，B，C 项所列的是不规则动词。与规则动词不同的是，不规则动词在现在时的第二、第三人称单数变位时，词干元音要发生变化，如：

   e→ie: lesen (liest), sehen (sieht) ...

   e→i: sprechen (spricht), nehmen (nimmt), essen (isst) ...

   a→ä: schlafen (schläft), fahren (fährt) ...

   au→äu: laufen (läuft) ...

   o→ö: stoßen (stößt) ...

Lektion 3

2. **haben** 是具有特殊变位形式的不规则动词。

Übungen

1. Konjugieren Sie die Verben in der Tabelle!

	nehmen	sehen	fahren	geben	haben	essen
ich	nehme	sehe	fahre	gebe	habe	esse
du	nimmst	siehst	fährst	gibst	hast	isst
er/sie/es	nimmt	sieht	fährt	gibt	hat	isst
wir	nehmen	sehen	fahren	geben	haben	essen
ihr	nehmt	seht	fahrt	gebt	habt	esst
sie/Sie	nehmen	sehen	fahren	geben	haben	essen

2. Üben Sie bitte!

Beispiel: Ich lese den Text.
→ **Du liest** den Text.   **Er liest** auch den Text.

a) Ich spreche Chinesisch.
   Du sprichst Chinesisch. Er spricht …

b) Ich fahre zum Flughafen.
   Du fährst zum Flughafen. Er fährt …

c) Ich nehme ein Taxi.
   Du nimmst ein Taxi. Er nimmt …

d) Ich laufe schnell.
   Du läufst schnell. Er läuft …

e) Ich sehe das Buch.
   Du siehst das Buch. Er sieht …

f) Ich schlafe im Flugzeug.
   Du schläfst im Flugzeug. Er schläft …

g) Ich habe viele Fotos.
   Du hast viele Fotos. Er hat …

h) Ich esse italienisch.
   Du isst italienisch. Er isst …

Lektion 3

3. Fragen Sie einen Freund oder eine Freundin!

Beispiel: *Wohin fahren Sie?* → ***Wohin fährst du?***

a) Haben Sie viele Bücher? → _Hast du viele Bücher?_
b) Essen Sie gern Schokolade? → _Isst du gern Schokolade?_
c) Was lesen Sie im Flugzeug? → _Was liest du im Flugzeug?_
d) Sprechen Sie Russisch? → _Sprichst du Russisch?_
e) Nehmen Sie ein Taxi? → _Nimmst du ein Taxi?_
f) Wo schlafen Sie? → _Wo schläfst du?_
g) Wen sehen Sie? → _Wen siehst du?_

4. Ergänzen Sie die Verben in richtiger Form!

a) * Peter, wohin _fährst_ du? | fahren
   \+ Ich _fahre_ jetzt nach Hamburg. | fahren
b) * _Arbeitest_ du?   \+ Ja, das _siehst_ du doch. | arbeiten, sehen
c) * Was _liest_ du? | lesen
   \+ Ich _lese_ den Text. | lesen
d) Im Flugzeug

Max Pöppelmann und Mary Pöppelmann fliegen jetzt nach London. Im Flugzeug _schlafen_ sie nicht. Max Pöppelmann _holt_ eine Zeitung. Die Zeitung _heißt_ „Xinmin-Abendzeitung". Er _liest_ die Zeitung. Mary Pöppelmann _hört_ Musik und _isst_ Schokolade. Aber Max Pöppelmann _isst_ nicht gern. Er _trinkt_ Tee. Das Essen _kommt_. Max Pöppelmann _wartet_ schon lange. Er _nimmt_ das Essen und _isst_. Mary Pöppelmann _isst_ nicht. Sie _trinkt_ Kaffee und _liest_ ein Buch.

| schlafen
| holen,
| heißen lesen
| hören,
| essen, essen,
| trinken
| kommen, warten
| nehmen, essen
| essen, trinken
| lesen

5. Ergänzen Sie das Verb *haben* oder *sein*!

a) Ich _komme/bin_ aus München. München _ist_ sehr schön.
b) * _Hast_ du Zeit? Fahren wir nach Hangzhou?
   \+ Ja, ich _habe_ Zeit, aber ich _habe_ keine Lust.
c) * _Sind_ Sie Franzose?
   \+ Nein, ich _bin_ Deutscher.

Lektion 3

d) * __Habt__ ihr Geld?
   + Nein, wir __haben__ kein Geld.

e) * __Ist__ sie Sekretärin?
   + Nein, sie __ist__ Lehrerin.

f) * __Hast__ du Kinder?
   + Ja, ich __habe__ einen Sohn und eine Tochter.

g) * Wie viele Geschwister __hast__ du?
   + Ich __habe__ eine Schwester und einen Bruder. Meine Schwester __ist__ verheiratet. Mein Bruder __ist__ ledig.

h) * __Sind__ Sie schon lange in Deutschland?
   + Nein, nur ein Jahr.

Grammatik II

Personalpronomen im Akkusativ (A)   人称代词第四格

人称代词第一格	人称代词第四格
ich	**mich**
du	**dich**
er	**ihn**
sie	sie
es	es
wir	**uns**
ihr	**euch**
sie	sie
Sie	Sie
Fragepronomen: wer	**wen**

说明：
人称代词的第四格在句中一般充当直接宾语，提问时用 wen。

Übungen

1. Beantworten Sie die Fragen mit Personalpronomen!

Beispiel： Besuchen Sie den Lehrer? → Ja, ich besuche **ihn**.

Lektion 3

a) Fragen Sie den Lehrer? — Ja, ich frage ihn.
b) Fragen Sie das Kind? — Ja, ich frage ~~ihn/sie~~ es.
c) Brauchst du die Uhr? — Ja, ich brauche ~~es~~ sie.
d) Braucht er den Koffer? — Ja, er braucht ~~es~~ ihn.
e) Öffnet er das Lehrbuch? — Ja, er öffnet es.
f) Kauft sie den Pullover? — Ja, ich kaufe ihn.
g) Kauft sie den Bleistift? — Ja, ich kaufe ihn.
h) Kennst du das Mädchen? — Ja, ich kenne es.
i) Kennen Sie Dr. Ralf Weber? — Ja, ich kenne ihn.
j) Nimmt sie das Radio? — Ja, ~~ich nehme sie~~ nimmt es.
k) Nehmt ihr die Bücher? — Ja, ihr nehmt sie.
l) Nimmst du die Tasse? — Ja, ich nehme sie.

2. Bilden Sie bitte Sätze!

~~Freund~~, Vater, Frau,
Heft (notebook), Tasche (bag), Zeitung,
Foto, Pullover

Beispiel: Wo ist mein Freund? Ich suche **ihn**.

a) Wo ist mein Vater? Ich suche ihn.
b) Wo ist meine Frau? Ich suche sie.
c) Wo ist mein Heft? Ich suche es.
d) Wo ist meine Tasche? Ich suche sie.
e) Wo ist meine Zeitung? Ich suche sie.
f) Wo ist mein Foto? Ich suche es.
g) Wo ist mein Pullover? Ich suche ihn.

3. Bilden Sie bitte Fragesätze mit Personalpronomen!

Beispiel: Ich kenne (know) seine Frau nicht. → Kennst du **sie**?

a) Ich sehe Franz nicht. — Siehst du ihn?
b) Ich verstehe die Leute (people) nicht. — Verstehst du sie?
c) Ich besuche Herrn Pöppelmann nicht. — Besuchst du ihn?
d) Ich kaufe den Koffer nicht. — Kaufst du ihn?
e) Ich brauche das Buch nicht. — Brauchst du es?
f) Ich kenne Herrn Strauß nicht. — Kennst du ihn?
g) Ich nehme die Tasche nicht. — Nimmst du sie?

Lektion 3

h) Ich brauche das Fahrrad nicht.   *Brauchst du es?*
i) Ich sehe Mary nicht.   *Siehst du sie?*
j) Ich verstehe den Lehrer nicht.   *Verstehst du ihn?*

Grammatik III

Bestimmter und unbestimmter Artikel im Nominativ（N）und Akkusativ（A） 定冠词和不定冠词的第一格和第四格

A Nominativ（Subjekt/Prädikativ） 第一格(主语/表语)

a) Das ist **ein** Mann. 这是一位男士。	**Der** Mann ist Chinese. 这位男士是中国人。
b) Das ist **ein** Kind. 这是一个小男孩。	**Das** Kind ist Japaner. 这个小男孩是日本人。
c) Das ist **eine** Frau. 这是一位女士。	**Die** Frau ist Deutsche. 这位女士是德国人。
d) Das sind/Studenten. 这些是大学生。	**Die** Studenten sind Ausländer. 这些大学生是外国人。

不定冠词					定冠词				
	m	n	f	Pl.		m	n	f	Pl.
N	ein	ein	eine	/	N	der	das	die	die

Fragepronomen 疑问代词：wer(人)/ was(物)

| Wer ist das?（人）
这是**谁**？ | Das ist **der** Zollbeamte.
这位是海关官员。 | Das **sind** Herr und Frau Meier.
这是麦尔夫妇。 |
| Was ist das?（物）
这是**什么**？ | Das ist **ein** Kugelschreiber.
这是一支圆珠笔。 | Das **sind** Lehrbücher.
这些是教科书。 |

说明：

1. 德语名词有三种性：阳(m)、中(n)、阴(f)性。绝大多数名词都有复数形式(Pl.)。名词无论在何处，第一个字母必须大写。
2. 德语名词前的不定冠词或定冠词要根据该名词的性、数、格进行相应的词尾变化。不定冠词没有复数形式。不定冠词和定冠词第一格的变化形式可见上列简表。
3. 德语中名词第一格在句中通常做主语或表语，对表示"人"的名词提问时，第一格用 *wer*。而对表示"物"的名词提问时，第一格则用 *was*。
4. 在提到未知的人或事物或者非特指的人或事物时，用不定冠词。在提到已知的或特指的人或事物时，用定冠词。一般在叙述中先用不定冠词引出第一次提到的人或事物，当该人或事物再次被提到时就用定冠词。

B Akkusativ (Objekt) 第四格(宾语)

a) Der Mann kauft **einen** Koffer. 这位男士买一只箱子。	Er öffnet **den** Koffer. 他打开这只箱子。
b) Das Kind sieht **ein** Buch. 这个小孩看着一本书。	Es öffnet **das** Buch. 他打开这本书。
c) Die Frau holt **eine** Zeitung. 这位女士去拿一份报纸。	Sie liest **die** Zeitung. 她看这份报纸。
d) Wir kaufen / Bücher. 我们买书。	Wir lesen **die** Bücher. 我们阅读这些书。

	不定冠词					定冠词			
	m	n	f	Pl.		m	n	f	Pl.
A	einen	ein	eine	/	A	den	das	die	die

Fragepronomen 疑问代词：**wen**(人)/ **was**(物)

Wen ruft er? (人) 他在叫谁？	Er ruft **den** Mann. / Er ruft **die** Kinder. 他在叫这位男士。 他在叫这些孩子们。
Was braucht sie? (物) 她需要什么？	Sie braucht **einen** Bleistift. / Sie braucht Bücher. 她需要一支铅笔。 她需要书。

说明：
1. 德语中名词的第四格通常在句中做直接宾语。不定冠词没有复数形式。不定冠词和定冠词在第四格中的变化形式见上列简表。
2. 对表示"人"的名词提问时,第四格用 *wen*。对表示"物"的名词提问时,第四格与第一格相同,均用 *was*(见上表中的例句)。常用的要求第四格宾语的动词有：kaufen, suchen, brauchen, besuchen, haben, nehmen, lernen, trinken, machen, essen, sehen, öffnen, bilden, lesen, erklären, lehren, studieren 等。

Übungen

1. Bilden Sie bitte Sätze!

Was suchst du?

_____

~~Foto~~, Pullover, Fahrrad, Bleistift, Uhr, Heft, Radio, Tasse, Ball, Pass, Koffer

_____

Lektion 3

Beispiel: Ich suche ein Foto. Siehst du das Foto?

a) _Ich suche einen Pullover. Siehst du den Pullover?_
b) _____ ein Fahrrad. _____ das Fahrrad
c) _____ einen Bleistift _____ den Bleistift
d) _____ eine Uhr _____ die Uhr
e) _____ ein Heft _____ das Heft
f) _____ ein Radio _____ das Radio
g) _____ eine Tasse _____ die ~~das~~ Tasse
h) _____ einen Ball _____ den Ball
i) _____ einen Pass _____ den Pass
j) _____ einen Koffer _____ den Koffer

2. Ergänzen Sie bitte den unbestimmten Artikel!

a) Peter hat __ein__ Auto, __einen__ Haus und __einen__ Kamera.
b) Karl hat __ein__ Buch, __eine__ Tasche und __eine__ Hausaufgaben.
c) Max hat __einen__ Familie, __eine__ Frau und __ein__ Kinder.
d) Wang Dali hat __einen__ Pass, __einen__ Koffer und __ein__ Fahrrad.

3. Antworten Sie bitte mit dem bestimmten Artikel!

*Beispiel: Wer sagt das? (Mutter) → **Die Mutter**.*

a) Wer macht das? (Vater) _Der Vater_
b) Wen besucht er? (Bruder) _Den Bruder_
c) Was sucht sie? (Buch) _Das Buch_
d) Was braucht er? (Pullover) _Den Pullover_
e) Wen kennst du? (Arzt) _Den Arzt_

4. Ergänzen Sie bitte den bestimmten Artikel und unbestimmten Artikel!

a) Ich trinke noch __eine__ Tasse Tee.
b) Wir warten schon lange. Wann kommt __der__ Zug?
c) Markus hat __einen__ Sohn. __Der__ Sohn ist 12 Jahre alt.
d) Ich verstehe __die__ Wörter, aber ich verstehe __den__ Satz nicht.
e) Marias Familie ist sehr groß. Sie hat noch beide (both) Eltern, __eine__ Großmutter, __einen__ Großvater und vier Geschwister: drei Schwestern und __einen__ Bruder. __Die__ Schwestern heißen Luise, Julia und Jana, __der__ Bruder heißt Thomas.

5. Fragen Sie bitte nach unterstrichenen Satzteilen!

a) Ich kaufe <u>einen Koffer</u>.

Lektion 3

Was kaufst du?

b) Jana trinkt eine Tasse Kaffee.
   Was trinkt Jana?

c) Das Kind fragt die Großmutter.
   Wen fragt das Kind?

d) Frau Liu kenne ich.
   Wen kenne ich? Sie

e) Er liest im Flugzeug ein Buch.
   Was liest er im Flugzeug?

f) Der Lehrer erklärt den Text.
   Was erklärt der Lehrer?

g) Er bildet einen Satz.
   Was bildet er?

h) Frau und Herr Pöppelmann fahren zum Flughafen.
   Wer fährt zum Flughafen?

Grammatik IV

Nullartikel 零冠词

说明：

部分名词不带任何冠词，也可以说这部分名词使用的是"零冠词"。名词在下列几种情况下使用"零冠词"：

1. 泛指的复数名词

   Sie kaufen *eine Tasche*.（Sg.）⟶ Sie kaufen *Taschen*.（Pl.）

   Sie braucht *einen Koffer*.（Sg.）⟶ Sie braucht *Koffer*.（Pl.）

2. 表示职业、身份

   Herr Müller ist *Arzt*.

   Sie ist *Studentin*.

   但是如果该名词前有形容词定语，则必须加上冠词。

   Herr Müller ist *ein guter Arzt*.

   Sie ist *eine fleißige Studentin*.

3. 表示国籍

   Herr Lin ist *Chinese*.

   Frau Ono ist *Japanerin*.

Lektion 3

但是如果该名词前有形容词定语,则必须加上冠词。

Herr Lin ist *ein großer Chinese*.

Frau Ono ist *eine schöne Japanerin*.

4. 一些中性的城市名、国家名和联邦州名

Deutschland ist ein Land in *Europa*.

China ist ein Land in *Asien*.

Berlin hat 3,4 Mio. Einwohner.

Paris ist die Hauptstadt.

但是如果该名词前有形容词定语,则必须加上冠词。

das schöne Berlin, *das große China*

有几个国家必须用定冠词,如:

die Schweiz, *die USA*

Er fliegt in die Schweiz/in die USA(复数).

Er lebt in der Schweiz/in den USA(复数).

Er kommt aus der Schweiz/aus den USA(复数).

有些国家的全称有定冠词,如:

Die Bundesrepublik Deutschland(die BRD)

Die Volksrepublik China（die VR China）

5. 泛指的物质名词

Wir kaufen *Bier*, *Milch*, *Zucker*, *Wasser*, *Tee*, *Kaffee*.

但这些名词前可以加上相应的量词:

Wir kaufen *eine Flasche Bier*, *eine Dose Cola*.

6. 泛指的抽象名词

Ich habe *Zeit/ Geld/ Geduld/ Hunger/ Durst*.

7. 表示学科的名词

Er studiert *Chemie*.

Sie studiert *Medizin*.

Übung

Ergänzen Sie bitte Artikel, wenn nötig!

a) Er ist _____ Musiker. Er ist sogar _ein_ guter Musiker.

b) Er lebt in _____ Japan und in _den_ USA schon lange.

c) _Die_ Schweiz, _____ Österreich und _die_ Bundesrepublik Deutschland sind drei schöne Länder.

d) Trinken Sie _____ Kaffee oder _____ Tee? _____ Tee bitte.

Lektion 3

e) Morgens trinke ich _eine_ Flasche Milch.

f) Er ist _____ Engländer und sie ist _____ Japanerin.

g) Hast du _____ Geld?

h) Habt ihr _____ Hunger?

i) Mein Bruder ist _____ Ingenieur.

j) _Das_ schöne Wien ist _die_ Hauptstadt von Österreich.

k) Ich lebe in _____ Deutschland und komme aus _____ China.

l) Frau Neumann lehrt an der Universität. Sie ist _____ Lehrerin.

m) Eva studiert noch. Sie ist _____ Studentin.

n) * Haben Sie _____ Zeit?
   + Nein, ich habe Unterricht.

o) * Hast du _____ Kinder?
   + Ja, _einen_ Sohn und _eine_ Tochter. Sie leben in China.

p) Das ist Peter. Er ist _____ Deutscher. Er ist _____ Arzt. Er spricht _____ Deutsch. Er studiert _____ Medizin. Er hat _____ Geld.

q) Hans hat _____ Hunger und _____ Durst. Er kauft _eine_ Dose Bier, _____ Milch, _____ Wasser, _____ Tee, und _eine_ Tasse Kaffee.

Grammatik V

Possessivpronomen im Akkusativ (A)　物主代词第四格

人称代词 （第一格）	物主代词（第四格）		
	单数 m	n	f / 复数
ich	mein-**en** *Koffer*	mein *Buch*	mein-**e** *Tasche / Bücher*
du	dein-**en**	dein	dein-**e**
er	sein-**en**	sein	sein-**e**
sie	ihr-**en**	ihr	ihr-**e**
es	sein-**en**	sein	sein-**e**
wir	unser-**en**	unser	unser-**e**
ihr	eur-**en**	euer	eur-**e**
sie	ihr-**en**	ihr	ihr-**e**
Sie	Ihr-**en**	Ihr	Ihr-**e**
wer?	wessen?		

Lektion 3

说明：

1. 第四格尊称 Sie 的物主代词 Ihr 永远大写。
2. 物主代词第四格在单数名词前的变化规则与不定冠词词尾相同。在复数名词前物主代词的第四格加 -e。这里以物主代词 mein 为例将其变化规则总结如下：

	m	n	f	Pl.
N	mein	mein	meine	meine
A	meinen	mein	meine	meine

但是物主代词 euer 若有词尾变化时，必须先去掉词干中的 e，即：

euer-e → eure， euer-en → euren

	m	n	f	Pl.
N	euer	euer	eure	eure
A	euren	euer	eure	eure

Übungen

1. Ergänzen Sie bitte Possessivpronomen!

Beispiel： Ich habe ein Buch. Ich brauche **mein** Buch.

a) Du hast eine Schwester. Ich kenne _deine_ Schwester.
b) Er hat einen Bruder. Ich lehre _seinen_ Bruder Deutsch.
c) Sie hat einen Freund. Ich suche _ihren_ Freund.
d) Ihr habt eine Uhr. Ich nehme _eure_ Uhr.
e) Wir haben eine Tasche. Wir finden _unsere_ Tasche gut.
f) Ihr habt ein Auto. Ich brauche _euer_ Auto.
g) Ihr habt einen Onkel. Ich besuche _euren_ Onkel.
h) Sie haben viele Freunde. Ich kenne _ihre_ Freunde.

2. Ergänzen Sie bitte Possessivpronomen!

a) Wir besuchen _unseren_ Lehrer. Er ist krank.
b) Oma sucht _ihren_ Koffer. Siehst du _ihren_ Koffer?
c) Helga öffnet _ihr_ Buch und liest es.
d) Ich finde _meinen_ Pass nicht. Wo ist er?

Lektion 3

e) Erika! Jörg! Was macht ihr? Macht ihr _eure_ Hausaufgaben?
f) Kennst du _meinen_ Freund? Mein Freund heißt Florian.
g) Das Kind sucht _seine_ Mutter. Sie ist nicht da.
h) Ich suche _mein_ Fahrrad. Ich brauche _mein_ Fahrrad.

Lektion 4

Grammatik I

Negation 否定

A Negation mit *kein* 用 *kein* 否定

a) 不定冠词的否定形式

例句：

第一格			
	* Ist das *ein* Apfel? 这是（一个）苹果吗？	+ Nein, das ist *kein* Apfel. 不，这不是苹果。	m.
	* Ist das *ein* Buch? 这是（一本）书吗？	+ Nein, das ist *kein* Buch. 不，这不是书。	n.
	* Ist das *eine* Banane? 这是（一根）香蕉吗？	+ Nein, das ist *keine* Banane. 不，这不是香蕉。	f.
第四格			
	* Hat er *einen* Apfel? 他有（一个）苹果吗？	+ Nein, er hat *keinen* Apfel. 不，他没有苹果。	m.
	* Hat er *ein* Buch? 他有（一本）书吗？	+ Nein, er hat *kein* Buch. 不，他没有书。	n.
	* Hat er *eine* Banane? 他有（一根）香蕉。	+ Nein, er hat *keine* Banane. 不，他没有香蕉。	f.

b) 零冠词的否定形式

例句：

第一格			
	* Ist das Kaffee? 这是咖啡吗？	+ Nein, das ist *kein* Kaffee. 不，这不是咖啡。	m.
	* Ist das Geld? 这是钱吗？	+ Nein, das ist *kein* Geld. 不，这不是钱。	n.
	* Ist das Milch? 这是牛奶吗？	+ Nein, das ist *keine* Milch. 不，这不是牛奶。	f.
	* Sind das Bücher? 这些是书吗？	+ Nein, das sind *keine* Bücher. 不，这些不是书。	Pl.

Lektion 4

第四格

* Hat er Kaffee? 他有咖啡吗?	+ Nein, er hat *keinen* Kaffee. 不,他没有咖啡。	m.
* Hat er Geld? 他有钱吗?	+ Nein, er hat *kein* Geld. 不,他没有钱。	n.
* Hat er Milch? 他有牛奶吗?	+ Nein, er hat *keine* Milch. 不,他没有牛奶。	f.
* Hat er Bücher? 他有书吗?	+ Nein, er hat *keine* Bücher. 不,他没有书。	Pl.

说明:

1. 不定冠词和零冠词的否定用 *kein*。
2. 否定词 *kein* 在第一格和第四格中的词尾变化可总结如下:

	m	n	f	Pl.
N	kein	kein	keine	keine
A	keinen	kein	keine	keine

B Negation mit *nicht* 用 *nicht* 否定

例句:

a) * Trinkt er? 他喝吗?	+ Nein, er trinkt *nicht*. 不,他不喝。
b) * Kaufen wir das Brot? 我们买面包吗?	+ Nein, wir kaufen das Brot *nicht*. 不,我们不买面包。
c) * Ist das dein Glas? 这是你的杯子吗?	+ Nein, das ist *nicht* mein Glas (, sondern sein Glas). 不,这不是我的杯子(,而是他的杯子)。
d) * Haben Sie viel Zeit? 您有许多时间吗?	+ Nein, ich habe *nicht* viel Zeit (, sondern wenig Zeit). 不,我没有许多时间(,只有一点时间)。
e) * Sind Sie hungrig? 您饿吗?	+ Nein, ich bin *nicht* hungrig. 不,我不饿。
f) * Kommen die Erdbeeren aus Italien? 这些草莓是来自意大利的吗?	+ Nein, sie kommen *nicht* aus Italien. 不,不是来自意大利的。

说明:

1. 一般情况下,在否定全句时 *nicht* 放在句末,见例句 a)和 b)。
2. 在否定一个成份时, *nicht* 放在该成分前,见例句 c),d)和 e)。

Lektion 4

3. 在有介词短语的情况下，nicht 放在介词短语前，见例句 f)。

Übungen

1. Ergänzen Sie bitte ein- oder kein-, wenn notwendig!

a) * Haben Sie _einen_ Füller?
   + Nein, ich habe _keinen_ Füller.

b) * Trinkst du _____ Kaffee?
   + Nein, ich trinke _keinen_ Kaffee.

c) * Brauchen Sie _eine_ Uhr?
   + Nein, ich brauche _keine_ Uhr.

d) * Haben Sie heute _____ Zeit?
   + Nein, wir haben _keine_ Zeit.

e) * Hat er _____ Kinder?
   + Nein, er hat _keine_ Kinder.

f) * Habt ihr _____ Bücher?
   + Nein, wir haben _keine_ Bücher.

g) * Haben Sie heute _____ Unterricht?
   + Nein, heute haben wir _keinen_ Unterricht.

2. Verneinen Sie bitte die Sätze!

Beispiele: Liest er das Buch? → Nein, er liest das Buch **nicht**.
Haben Sie heute Unterricht? → Nein, ich habe heute **keinen** Unterricht.

a) Fährt sie zum Supermarkt? _Nein, sie fährt nicht zum Supermarkt_
b) Hast du einen Füller? _Nein, ich habe keinen Füller_
c) Kaufen wir auf dem Markt? _Nein, wir kaufen nicht auf dem Markt_
d) Ist hier eine Banane? _Nein, hier ist keine Banane_
e) Hat er ein Kind? _Nein, er hat kein Kind_
f) Öffnet er die Tür? _Nein, er öffnet die Tür nicht_
g) Machst du Hausaufgaben? _Nein, ich mache Hausaufgaben nicht. (keine)_

3. Ergänzen Sie bitte kein oder nicht!

a) Heute sind Äpfel _nicht_ frisch.
b) Er möchte ein Buch kaufen, aber er hat _kein_ Geld.
c) Er möchte Hausaufgaben machen. Aber er hat _keinen_ Kugelschreiber.
d) Wir haben _keine_ Erdbeeren.

Lektion 4

e) Er hat ~~kein~~ das Geld, aber viel Zeit. Sie hat nicht viel Zeit, aber viel Geld.

f) * Das ist mein Pass.
   + Nein, das ist nicht dein Pass, das ist mein Pass.
   * Wo ist mein Pass?
   + Das weiß ich nicht.

g) * Ich möchte zu Abend essen. Ich bin hungrig. Hast du auch Hunger?
   + Nein, ich bin nicht hungrig. Ich möchte nicht zu Abend essen. Aber ich habe Durst. Ich möchte Wasser trinken.

Grammatik II

Modalverben 情态助动词

A Konjugation der Modalverben 情态助动词的变位形式

	möchten	wollen	müssen	dürfen	können	sollen
ich	**möchte**	**will**	**muss**	**darf**	**kann**	**soll**
du	möchtest	willst	musst	darfst	kannst	sollst
er sie es	**möchte**	**will**	**muss**	**darf**	**kann**	**soll**
wir	möchten	wollen	müssen	dürfen	können	sollen
ihr	möchtet	wollt	müsst	dürft	könnt	sollt
sie	möchten	wollen	müssen	dürfen	können	sollen
Sie	möchten	wollen	müssen	dürfen	können	sollen

(handwritten annotations above columns: möchten = would like/想; wollen = want/desire/想要; müssen = must/必须; dürfen = may/be allowed/被允许,可以; können = can/能够; sollen = ought to/be supposed to/应该)

说明:
1. 情态助动词属于特殊变位动词,其第一人称单数与第三人称单数的变位形式相同。
2. 情态助动词现在时在复数及尊称 *Sie* 的情况下,变位形式与规则动词相同。

Lektion 4

B Verbstellung der Modalverben 情态动词在句中的位置

在陈述句中

I	II	III...	Ende
Stefan	**möchte**	Bier	*kaufen.*
Ich	**will**	Schokolade	*essen.*

在疑问句中

I	II	III...	Ende	Antwort
* Was	**möchte**	Monika	*trinken?*	+ Sie **möchte** Kaffee trinken.
* **Möchte**	Monika	Tee	*trinken?*	+ Nein. Sie **möchte** Kaffee trinken.
* Was	**will**	die Tochter	*essen?*	+ Sie **will** Schokolade essen.
* **Will**	die Tochter	Schokolade	*essen?*	+ Ja. / Nein.

说明：
1. 情态助动词一般与实义动词连用。
2. 在陈述句与特殊疑问句中情态助动词放在句子第二位，并随主语进行变位。
3. 在一般疑问句中，情态助动词位于句子第一位，并进行相应变位。
4. 与情态动词连用的实义动词永远以动词原形位于句末。

C Gebrauch der Modalverben 情态助动词的用法

möchten（Wunsch, Plan, Absicht—höflicher Ausdruck）
客气地表达某种愿望、打算或意图

a) Ich möchte bitte ein Kilo Kartoffeln.
   我想要一千克土豆。

b) Ich möchte ihn morgen besuchen.
   我想明天去拜访他。

wollen（starker Wunsch, Plan, Absicht）
表达某种强烈的愿望、打算或意图

a) Ich will jetzt keine Hausaufgaben machen.
   我现在不想做作业。

b) Ich will in Deutschland Physik studieren.

我要在德国学物理。

müssen（*Pflicht*，*Befehl*，*Notwendigkeit*）
表达某种义务、命令或必要性

a) Mit 6 Jahren müssen alle Kinder zur Schule gehen.
   孩子们六岁都得上学。
b) Herr Müller sagt：„Sie müssen die Modalverben lernen."
   米勒先生说："您必须学情态助动词。"
c) Hans ist krank. Er muss zu Hause bleiben.
   汉斯生病了。他不得不待在家里。

dürfen（*Erlaubnis*，*Verbot*，*höfliche Frage*）
表示某种许可、禁令（否定句）或在一般疑问句中客气地征得对方的许可

a) Man darf hier parken.
   这里可以停车。
b) Hier dürfen Sie nicht rauchen.
   您不准在这儿抽烟。
c) * Darf ich im Bus rauchen?
     我可以在车里抽烟吗？
   + Nein, Sie dürfen nicht rauchen.
     不可以，您不准在这儿抽烟。

können（*Fähigkeit*，*Möglichkeit*，*Erlaubnis*）
表示某种能力、可能性或许可

a) Meine Tochter ist 3 Jahre alt. Sie kann laufen. Aber sie kann nicht schreiben.
   我女儿三岁了。她会走路了。但她不会写字。
b) * Können Sie mich morgen besuchen?
     您明天能来看我吗？
   + Nein, ich kann Sie morgen nicht besuchen. Ich habe keine Zeit.
     不行，明天我不能来看您。我没时间。
c) * Kann ich hier schwimmen?
     我能在这儿游泳吗？
   + Ja, Sie können hier schwimmen. / + Nein, Sie dürfen hier nicht schwimmen.
     可以，您可以在这儿游泳。／ + 不行，您不允许在这里游泳。

Lektion 4

注意：

口语中经常用 *können* 来代替 *dürfen*，如例句 c)。

sollen（*Weitergabe einer Information*；*Auftrag*；*Bitte um einen Rat*；*moralische Verpflichtung*）

转述他人的话；表达别人委托的任务；征求对方意见；表述道德方面的义务

a) Arzthelferin：Sie sollen viel Obst essen und viel Wasser trinken. Das hat der Arzt gesagt.

   医生助理：医生说过，您该多吃水果多喝水。

b) Die Sekretärin soll Kaffee machen.

   女秘书得煮咖啡。（老板给的任务）

c) * Kannst du mich morgen besuchen?

     你明天能来看我吗？

   + Ja. Wann soll ich kommen?

     可以。要我什么时间来呢？

   * Um drei.

     三点。

d) Man soll Rücksicht auf andere Menschen nehmen.

   每个人都应该顾及他人。

Übungen

1. Bilden Sie bitte Sätze!

Beispiel: wollen / nächstes Jahr / in Deutschland / Chemie / sie / studieren [next year]

→ Sie **will** nächstes Jahr in Deutschland Chemie **studieren**.

a) man / nicht / schwimmen / dürfen / hier

   Hier darf man nicht schwimmen.

b) was / ich / kaufen / sollen /?

   Was soll ich kaufen?

c) Michael / Kuchen / ein Stück / essen / möchten

   Michael möchte ein Stück Kuchen essen.

d) Herr Müller / zu Hause / bleiben / müssen

   Herr Müller muss zu Hause bleiben.

e) du / sprechen / Deutsch / können /?

   Kannst du Deutsch sprechen?

Lektion 4

2. *müssen* oder *können*?

a) Im Supermarkt _können_ wir Lebensmittel und Kleidung kaufen.

b) * _Musst_ du Deutsch lernen?   + Nein, ich will Deutsch lernen.

c) Heute _kann_ ich nicht kommen. Ich _muss_ das Abendessen kochen.

d) Fremdsprachen? Ich _kann_ gut Französisch und ein bisschen Chinesisch sprechen.

3. *sollen* oder *müssen*?

a) Es ist schon spät. Sie _soll / müssen_ schnell zur Arbeit gehen.

b) Was meinst du, Peter, _soll_ ich einen Beutel Kartoffeln kaufen?

c) Leider _müssen_ wir morgen wieder zum Unterricht gehen.

d) Herr Wang, Ihre Frau hat gesagt, Sie _sollen_ gleich nach Hause fahren.

4. Ergänzen Sie bitte *wollen*, *können*, *müssen* oder *dürfen*!

Am Freitagnachmittag hat Kai keinen Unterricht. Er _will_ sofort Fußball spielen. Aber er _darf_ nicht.

Die Mutter: Zuerst _musst_ du deine Hausaufgaben machen.

Kai: Aber ich _will_ nicht.

Die Mutter: Dann _kannst / darfst_ du auch nicht Fußball spielen.

Das Telefon klingelt. Sein Freund Michael ruft Kai an.

Michael: Kai, _kannst_ du kommen und spielen?

Kai: Nein, ich _kann_ nicht, ich _muss_ zuerst meine Hausaufgaben machen.

5. Ergänzen Sie die Modalverben!

a) * Peter, _kannst_ du mit uns ins Konzert gehen?

  + Nein, ich _kann_ leider nicht gehen. Meine Eltern sagen, ich _soll_ heute Abend zu Hause bleiben.

b) * _Willst / Musst_ du heute Abend Deutsch lernen oder _willst / kannst_ du mit uns essen gehen?

  + Ich _muss_ heute leider Deutsch lernen. Wir haben morgen eine Prüfung. Vielleicht _können_ wir am Wochenende zusammen essen gehen.

c) * _Können_ Sie Japanisch sprechen?

  + Nein. Aber ich _soll_ es lernen, sagt mein Chef.

d) * _Wollen / Möchten_ Sie ein Glas Wein?

  + Nein, danke, ich _will / möchte_ Mineralwasser trinken.

e) Kinder unter 16 Jahren _dürfen_ keinen Alkohol kaufen.

f) Kinder mit 6 Jahren _müssen_ zur Schule gehen.

g) Herr Wang ist krank. Er _kann_ heute leider nicht kommen.

37

Lektion 4

Wortschatz II

Mengeneinheiten und Mengenangaben   量词和计量单位

A   Mengeneinheiten   量词

die Flasche	a) Er kauft eine Flasche Milch. 他买一瓶牛奶。
die Dose	b) Sie kauft eine Dose Wasser und drei Dosen Coca-Cola. 她买一罐水和三罐可乐。
das Glas	c) Wir brauchen ein Glas Honig und zwei Glas Marmelade. 我们需要一瓶蜂蜜和两瓶果酱。
die Packung	d) Eine Packung Zucker kostet 1 Euro und zwei Packungen kosten 2 Euro. 一包糖价格为一欧元，两包糖价格为二欧元。
der Beutel	e) Ich nehme einen Beutel Äpfel und drei Beutel Kartoffeln. 我要一袋苹果和三袋土豆。
das Stück	f) Ich nehme vier Stück Erdbeerkuchen. 我要四块草莓蛋糕。

说明：

中性或阳性的量词没有复数形式，见例句 c)、e)和 f)。但阴性的量词有单复数形式，见例句 b)和 d)。

B   Mengenangaben   计量单位

das Kilo(kg)	Ein Kilo hat zwei Pfund. 1千克有2磅(市斤)。
das Pfund(Pfd)	Ein Pfund hat 500 g (Gramm). 1磅(市斤)有500克。
das Gramm (g)	Ein Kilo hat 1 000 g. 1千克有1 000克。
der Liter (l)	Ein Liter Milch hat 1 000 Milliliter. 1升牛奶有1 000毫升。 In der Flasche sind zwei Liter Wasser. 瓶子里有2升水。

Lektion 4

说明：

Kilo，Pfund，Gramm 和 Liter 这四个计量单位没有复数形式。

Übungen

1. Ergänzen Sie bitte *Flasche, Glas, Liter, Pfund, Tasse, Teller, Becher, Packung* und *Stück*!

   Beispiel: Bier   *ein Glas / eine Flasche / ein Liter* Bier

   a) ein Glas / eine Flasche / ein Liter Wein
   b) eine Tasse / ein Becher / eine Packung Kaffee
   c) eine Tasse / ein Teller Suppe
   d) ein Glas / ein Becher Joghurt
   e) ein Glas Honig
   f) ein Stück / ein Pfund Käse
   g) eine Packung / ein Pfund Brot
   h) ein Stück Kuchen
   i) ein Pfund / ein Stück Wurst
   j) eine Packung Eier

2. Ergänzen Sie bitte!

   a) Geben Sie mir bitte zwei Kilo (2 kg) Kartoffeln und ein Pfund (1 Pfd.) Schweinefleisch.
   b) Kannst du bitte für mich drei Liter (3 l) Milch holen?
   c) Jeden Morgen trinke ich zwei Tassen (Tasse) Kaffee und esse zwei Stück (Stück) Brot.
   d) Ich nehme zwei Packungen (Packung) Eier, drei Glas (Glas) Marmelade und vier Dosen (Dose) Bier.

Wortschatz IV

A Zahlen 13—99   基数词 13—99

13—19	20—90	21—99
13 dreizehn	20 zwanzig	31 einundzwanzig

Lektion 4

续表

13–19	20–90	21–99
14 vierzehn	30 **dreißig**	32 zweiunddreißig
15 fünfzehn	40 vierzig	44 vierundvierzig
16 **sechzehn**	50 fünfzig	57 siebenundfünfzig
17 **siebzehn**	60 **sechzig**	65 fünfundsechzig
18 achtzehn	70 **siebzig**	73 dreiundsiebzig
19 neunzehn	80 achtzig	78 achtundsiebzig
	90 neunzig	96 sechsundneunzig
		99 neunundneunzig

说明：

1. 13 到 19 的构成是：个位数 + zehn，如 13→*dreizehn*，14→*vierzehn*。但是 16→*sechzehn*（省去-s），17→*siebzehn*（省去-en）。

2. 20 到 99 中，整十位数的构成是：个位数 + zig，如 40→*vierzig*，50→*fünfzig*。但是 20→*zwanzig*（个位数词形式有所变化），30→*dreißig*（加的词尾是-ßig），60→*sechzig*（省去-s），70→*siebzig*（省去-en）。

3. 20 到 99 中，非整十位数的构成是：个位数 + und + 十位数，如 32 → *zweiunddreißig*，98 → *achtundneunzig*。

B Zahlen 100—1 000 000 000 基数词 100—1 000 000 000

100，200，...，900					
100	(ein) hundert	200	zweihundert	300	dreihundert
400	vierhundert	500	fünfhundert	600	sechshundert
700	siebenhundert	800	achthundert	900	neunhundert
101—999					
101	(ein) hundert*eins*				
299	zweihundertneunundneunzig				
307	dreihundertsieben				
412	vierhundertzwölf				
534	fünfhundertvierunddreißig				
619	sechshundertneunzehn				
705	siebenhundertfünf				

Lektion 4

续表

825	achthundertfünfundzwanzig
901	neunhunderteins
1 000—1 000 000 000	
1 000	(ein) tausend
1 001	(ein) tausend*eins*
3 022	dreitausendzweiundzwanzig
5 121	fünftausendeinhunderteinundzwanzig
7 415	siebentausendvierhundertfünfzehn
10 000	zehntausend
20 084	zwanzigtausendvierundachtzig
43 005	dreiundvierzigtausendfünf
95 712	fünfundneunzigtausendsiebenhundertzwölf
100 000	(ein) hunderttausend
100 007	(ein) hunderttausendsieben
200 433	zweihunderttausendvierhundertdreiunddreißig
307 000	dreihundertsiebentausend
434 010	vierhundertvierunddreißigtausendzehn
1 Mio. (1 000 000)	*eine* Million
1,5 Mio. (1 500 000)	*eins* Komma fünf Millionen
1 Mrd. (1 000 000 000)	*eine* Milliarde
4,9 Mrd. (4 900 000 000)	vier Komma neun Milliarden

说明：

1. 100 到 900 中，整百位数的构成是：个位数 + hundert

   如： 200→*zweihundert*

   400→*vierhundert*

2. 非整百位数的基本构成是：百位数 + 个位数 + und + 十位数

   如： 307→*dreihundertsieben*

   412→*vierhundertzwölf*

   534→*fünfhundertvierunddreißig*

3. 1 000 到 999 999 中，要用到单位 tausend(千)，这些数词的基本构成是：千位数 + 百位数 + 个位数 + und + 十位数

   如： 1 000→*(ein)tausend*

   95 712→*fünfundneunzigtausendsiebenhundertzwölf*

   200 433→*zweihunderttausendvierhundertdreiunddreißig*

Lektion 4

4. 1 000 000 到 999 999 999 中，要用到单位 Million（die Million，-en 百万），这些数词的基本构成是：百万位数 + 千位数 + 百位数 + 个位数 + und + 十位数，

   如： 1 000 000 → *eine Million*

   999 999 999 → *neunhundertneunundneunzig Millionen neunhundertneunundneunzigtausendneunhundertneunundneunzig*

5. 1 000 000 000 到 999 999 999 999 中，要用到单位 Milliarde（die Milliarde，-en 十亿），这些数词的基本构成是：

   十亿位数 + 百万位数 + 千位数 + 百位数 + 个位数 + und + 十位数

   如： 1 000 000 000 → *eine Milliarde*

   4 900 000 000 → *vier Milliarden neunhundert Millionen*

注意：

1. 在 100 → (*ein*)*hundert* / 1 000 → (*ein*)*tausend* 中，括号中的 *ein* 可加可不加。
2. *Million* 和 *Milliarde* 是阴性名词，要大写，当与 1 以上的数词连用时要用其复数形式 *Millionen* 和 *Milliarden*。
3. 在朗读时要注意数词"1"，当"1"在末尾时读"eins"，如 2 001 = *zweitausendeins*；当"1"不在末尾时读"ein"，如 2 041 = *zweitausendeinundvierzig*。

Übungen

1. Schreiben Sie bitte die Zahlen!

a) 49 *neun und vierzig*
b) 296 *zweihundert sechsund neunzig*
c) 78 *acht und siebzig*
d) 1 207 *eintausend zwei hundert sieben*
e) 820 *achthundertzwanzig*
f) 45 210 *fünf und vierzighundert zwei*
g) 30 450 *dreißig hundert vierhundert fünfzig*
h) 10 339 *zehnhundert hundertzehn*
i) 100 023 009 *ein hundert million drei und zwanzigtausend drei hundert neunund dreißig*
j) 3 256 388 000 *drei milliarden zweihundert sechsund fünfzig millionen drei hundert acht und achtzigtausend* (neun hundert)
k) 6,9 Mrd. *sechs komma neun Milliarden*

2. Rechnen Sie bitte!

Beispiel: 11 + 26 = 37 → *Elf plus sechsundzwanzig ist (gleich) siebenunddreißig.*

a) 2 098 − 1 785 = (minus) _____ _____
b) 18 × 3 = (mal / durch) _____ _____
c) 999 ÷ 111 = _____
d) 1 988 + 201 = _____
e) 2 000 ÷ 25 = _____
f) 1 000 − 789 = _____

g) 8 888÷8＝ _____

3. Antworten Sie bitte!
a) Wie viele Minuten hat eine Stunde? Sechzig
b) Wie viele Stunden hat ein Tag? vierundzwanzig
c) Wie viele Tage hat eine Woche? sieben
d) Wie viele Tage hat ein Monat? dreißig
e) Wie viele Monate hat ein Jahr? zwölf
f) Wie viel kostet ein Fernseher? (650 Euro) sechshundertfünfzig Euro
g) Wie viel kosten zwei Kilo Tomaten? (5,32 Euro) fünf Euro zweiunddreizig Cent
h) Wie viel kostet eine Dose Cola? (3 Yuan) drei Yuan.

Wiederholungsübungen (1)

I. Lesen Sie laut. Welches Wort passt nicht?

Beispiel:

ahnen	warnen	kamen	sahen	Bahn
1. wohnen	holen	Koffer	Kohl	Obst
2. Typ	üben	Prüfung	Lüge	System
3. Fenster	stehen	bestehen	Stichwort	Straße
4. Löwe	Öfen	öffnen	Höhle	König
5. Maul	Mäuse	euch	Teufel	Flugzeug
6. lieben	leben	sieh	fliegen	Sie
7. heißen	nein	Beijing	weinen	leihen
8. machen	Nächte	Aachen	nach	Bach
9. Ende	Endspiel	und	Deutschland	Mond
10. du	tun	Mut	Mutter	Fuß

II. Ordnen Sie bitte zu!

1. **Getränke** drink

Kaffee   Tee   Wasser   Milch   Cola
Saft   Joghurt   Bier   Wein

der _Kaffee_, _Tee_, _~~Cola~~ Wein_,
Saft, _Joghurt_
die _Milch_, _~~Wein~~ Cola_

Wiederholungsübungen (1)

das __Wasser__, __Bier__

2. Gemüse

Chinakohl   Spinat 菠菜大哥   Gurke 黄瓜   Blumenkohl   Zwiebel 洋葱
Kartoffel   Knoblauch   Weißkohl   Tomate

der __Chinakohl__, __Spinat__, __Blumenkohl__, __Knoblauch__, __Weißkohl__

die __Gurke__, __Tomate__, __Zwiebel__, __Kartoffel__

3. Obst

Orange   Apfel   Birne 梨   Banane   Wassermelone
Kiwi   Erdbeere

der __Apfel__, _____

die __Orange__, __Birne__, __Banane__, __Wassermelone__, __Kiwi__, __Erdbeere__

4. Fleischwaren

Fleisch ✓   Huhn 鸡   Hähnchen 鸡   Fisch ✓   Wurst ✓
Ente 鸭   Geflügel 家禽   Rindfleisch   Eisbein 猪腿

der __Fisch__

das __Hähnchen__, __Fleisch__, __Huhn__, ~~Hähnchen~~ __Geflügel__ __Rindfleisch__ __Eisbein__

die __Wurst__, __Ente__

5. Welchen Artikel und welche Pluralform haben solche Wörter?

a) __das__ Auto __s__, Foto __s__, Radio __s__, Büro __s__

b) __die__ Übung __en__, Zeitung __en__, Packung __en__, Wohnung __en__

c) __der__ Vater ____, Brüder ____, Lehrer ____
__die__ Mutter ____, Schwester __n__
__das__ Zimmer ____

d) __die__ Kartoffel __n__, Zwiebel __n__, Schüssel __n__ 碗
__der__ Löffel ____, Schlüssel __钥匙__

e) __die__ Tasse __n__, Tasche __n__, Banane __n__, Tomate __n__
__der__ Chinese __n__, Franzose __n__, Name __n__

Wiederholungsübungen (1)

III. Kreuzen Sie bitte an!

1. Peter und ich ____b____ Studenten.
   a) sein b) sind c) ist d) bin

2. Wie ____c____ du?
   a) heißen b) heisst c) heißt d) heißest

3. Im Koffer ____b____ Bücher.
   a) ist b) sind c) geben d) haben

4. ____d____ du ein Taxi?
   a) Nehmst b) Nehmen c) Nihmst d) Nimmst

5. Ich fahre ____d____ Supermarkt.
   a) zum b) nach c) in den d) nach dem

6. Das ist ____b____ mein Glas.
   a) kein b) nicht c) nein d) keines

7. Ich habe noch keinen Pass. Ich ____d____ noch nicht in Deutschland studieren.
   a) will b) könne c) wolle d) kann

8. Sag mal, was ____b____ ich mitnehmen?
   a) kann b) soll c) muss d) will

9. Er ist ____b____ Musiker.
   a) einer b) — c) ein d) einen

10. Siehst du meinen Koffer? Ich suche ____c____ schon lange.
    a) er b) der c) es d) ihn

IV. Verneinen Sie bitte die Sätze!

1. Er kommt aus Shanghai.
   Er kommt nicht aus Shanghai.

2. Das ist meine Tasche.
   Das ist nicht meine Tasche.

3. Ich suche ein Buch.
   Ich suche kein Buch.

4. Das Kind fragt seine Großmutter.
   Das Kind fragt seine Großmutter nicht.

5. Wer hat einen Pass?
   Wer hat keinen Pass?

6. Wang Dali fährt zum Flughafen.
   Wang Dali fährt nicht zum Flughafen.

Wiederholungsübungen (1)

7. Maria ist Studentin.
   Maria ist nicht Studentin. *(nicht written above, keine crossed out)*
8. Herr Schmidt ist alt.
   Herr Schmidt ist nicht alt.
9. Deine Brille liegt hier.
   Deine Brille liegt hier nicht.
10. Wir lieben sie.
    Wir lieben sie nicht.

V. Ergänzen Sie bitte die Verben in der richtigen Form!

Wang Qiang **kommt** aus Shanghai. Er **studiert** Maschinenbau an der Tongji Universität. Aber jetzt **lernt** er Deutsch am Deutschkolleg. Er **ist** sehr fleißig. Er **liest** viele Bücher und **macht** viele Dialoge mit seinen Studienkollegen. Jetzt **kann** er Deutsch schon gut sprechen. Er **will** in drei Jahren in Deutschland studieren. Sein Vater sagt, er **soll** Ingenieur werden. Aber er **will** nicht. Er **möchte** Lehrer werden. Denn seine Mutter **ist** auch Lehrerin von Beruf und **arbeitet** schon 20 Jahre an einer Universität.

VI. Bilden Sie bitte Sätze!

1. eine   er   nehmen   Tasse   Kaffee
   Er nimmt eine Tasse Kaffee.
2. Wer   kommen   Hans   mit   zusammen
   Wer kommt mit Hans zusammen.
3. Peter   du   besuchen   möchten   heute
   Peter möchte heute dich besuchen.
4. Bruder   Sohn   haben   mein   einen   und   Tochter   eine
   Mein Bruder hat einen Sohn und eine Tochter.
5. heute   nein   wir   Unterricht   keinen   haben
   Nein, heute wir haben keinen Unterricht.
6. Wang Dali   einladen   Abendessen   möchten   Petra   zum
   Wang Dali möchte Petra zum Abendessen einladen.

Lektion 5

Wortschatz I

A Uhrzeiten 钟点

钟点表达有两种形式：一种是官方的，常用于电台、机场、车站等的报时；另一种是非官方的，也是日常生活中最常用的形式。下面是对钟点的提问形式以及两种钟点的表达形式：

例句： * *Wie viel Uhr ist es*?   + Es ist drei Uhr.
       几点了？   3 点。
      * *Wie spät ist es*?   + Es ist fünfzehn Uhr.
       几点了？   15 点。
                                      + Es ist drei.
                                        3 点。

说明：
1. 在上面两个疑问句中，*Wie viel Uhr* 和 *Wie spät* 是疑问词组，须置于句首，充当句子的表语；*ist* 是系动词，须置于句子的第二位；*es* 是非人称代词，充当句子的主语，置于动词之后，不可缺少。
2. 在上面的三个陈述句中，*Es* 作为非人称代词主语位于句首，不可缺少；*ist* 是系动词，置于句子的第二位；*drei Uhr*，*fünfzehn Uhr*，*drei* 分别是三个陈述句的表语。

1. 整点

例句：   官方表达法：   非官方表达法：

  1:00   Es ist ein Uhr.   Es ist eins.
                1 点。   1 点。

  14:00   Es ist vierzehn Uhr.   Es ist zwei.
                14 点。   2 点。

Lektion 5

说明:
1. 官方表达法在钟点数字后必须加上 **Uhr** 一词, **ein** 是数词, 不是不定冠词, 不需加词尾。
2. 非官方表达法表达钟点时只能使用 12 以内的数字, 不用 **Uhr** 一词。

Antworten Sie bitte!

官方表达法:　　　　　非官方表达法:

　　Wie viel Uhr ist es?
或: Wie spät ist es?

	官方表达法	非官方表达法
1:00	*Es ist ein Uhr.*	*Es ist eins.*
3:00	drei Uhr	drei
5:00	fünf Uhr	fünf
6:00	sechs Uhr	sechs
7:00	sieben Uhr	sieben
12:00	zwölf Uhr	zwölf
14:00	vierzehn Uhr	zwei
19:00	neunzehn Uhr	sieben
23:00	dreiundzwanzig Uhr	elf

2. ……点半

例句:　　　　官方表达法:　　　　　非官方表达法:

8:30　　　Es ist **acht Uhr dreißig.**　　Es ist **halb neun.**
　　　　　8 点 30 分。　　　　　　　八点半。

18:30　　Es ist **achtzehn Uhr dreißig.**　Es ist **halb sieben.**
　　　　　18 点 30 分。　　　　　　　六点半。

说明:
　　非官方表达法中……点半用 **halb** 表示, 钟点数用 +1 的方式, 比如 8:30 中, 8+1=9, 那么就用 **neun** 这个数字, 并置于 **halb** 之后。

Antworten Sie bitte!

官方表达法:　　　　　非官方表达法:

　　Wieviel Uhr ist es?
或: Wie spät ist es?

	官方表达法	非官方表达法
1:30	*Es ist ein Uhr dreißig.*	*Es ist halb zwei.*
2:30	zwei Uhr dreißig	halb drei
11:30		halb zwölf
12:30		halb eins
16:30		halb fünf

Lektion 5

23:30 _____ halb zwölf
0:30   Es ist null uhr dreißig   halb eins

3. ……点一刻

例句：官方表达法：
                      a) Es ist **vier Uhr fünfzehn**.
                          4 点 15 分。
                      b) Es ist **sechzehn Uhr fünfzehn**.
                          16 点 15 分。

     非官方表达法：   c) Es ist **Viertel nach vier**.
                          四点一刻。

说明：

    非官方表达法表达……点一刻时用 *Viertel nach* ,如例 c）。

Antworten Sie bitte!

                    官方表达法：   非官方表达法：

    Wie viel Uhr ist es?
或：Wie spät ist es?

13:15	*Es ist dreizehn Uhr fünfzehn.*	*Es ist Viertel nach eins.*
2:15	_____	Viertel nach zwei
14:15	_____	,, ,,
8:15	_____	viertel nach acht
7:15	_____	viertel nach sieben
5:15	_____	Viertel nach fünf
10:15	_____	viertel nach zehn

4. ……点三刻

例句：官方表达法：
                      a) Es ist **acht Uhr fünfundvierzig**.
                          8 点 45 分。
                      b) Es ist **zwanzig Uhr fünfundvierzig**.
                          20 点 45 分。

     非官方表达法：   c) Es ist **Viertel vor neun**.
                          九点差一刻。或：八点三刻。

说明：

    非官方表达法表达……点三刻时用 *Viertel vor* ,如例 c）。

Lektion 5

Antworten Sie bitte!

	非官方表达法：	官方表达法：
	Wie viel Uhr ist es?	
或：	Wie spät ist es?	
14:45	*Es ist vierzehn Uhr fünfundvierzig.*	*Es ist **Viertel vor** drei.*
3:45	_____	*Viertel vor vier*
5:45	_____	*Viertel vor sechs*
13:45	_____	*Viertel vor zwei*
16:45	_____	*Viertel vor fünf*
6:45	_____	*Viertel vor sieben*
0:45	_____	*Viertel vor eins*

5. ……点……分

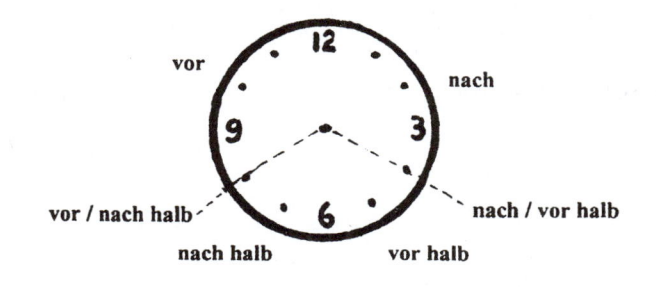

(时钟图示: vor / nach; vor/nach halb; nach halb; vor halb; nach/vor halb)

说明：

上图演示了非官方表达几点几分的各种形式，如何使用这些形式，请见下列例句。

例句：	官方表达法：	非官方表达法：
8:08	Es ist acht Uhr acht. 8 点 08 分。	a) Es ist acht nach acht. 8 点 08 分。
0:03	Es ist null Uhr drei. 12 点 03 分。	b) Es ist drei nach zwölf. 12 点 03 分。
5:50	Es ist fünf Uhr fünfzig. 5 点 50 分。	c) Es ist zehn vor sechs. 6 点不到 10 分。
10:23	Es ist zehn Uhr dreiundzwanzig. 10 点 23 分。	d) Es ist sieben **vor halb** elf. 10 点 23 分。
16:35	Es ist sechzehn Uhr fünfunddreißig. 16 点 35 分。	e) Es ist fünf nach halb fünf. 4 点 35 分。
1:20	Es ist ein Uhr zwanzig. 1 点 20 分。	f) Es ist zwanzig nach eins. 1 点 20 分。
oder：		g) Es ist zehn **vor halb** zwei. 1 点 20 分。

Lektion 5

23:40   Es ist dreiundzwanzig Uhr vierzig.   h) Es ist zwanzig vor zwölf.
        23 点 40 分。   11 点 40 分。
                                           oder： i) Es ist zehn **nach halb** zwölf.
                                                    11 点 40 分。

说明：
1. 官方表达法表达某点某分时,钟点数在前,分钟数在后,钟点数字的后面须用 *Uhr* 一词。
2. 非官方表达法：
   a) 表达某点 1 至 19 分时见例 a)、b),采用介词 *nach*,分钟数字置于 *nach* 之前,钟点数字置于 *nach* 之后。
   b) 表达某点 41 至 59 分时见例 c),采用介词 *vor*,分钟数字置于 *vor* 之前,钟点数字置于 *vor* 之后。
   c) 表达某点 21 至 29 分时见例 d),采用词组 *vor halb*,分钟数字置于该词组之前,钟点数字置于之后。
   d) 表达某点 31 至 39 分时见例 e),采用词组 *nach halb*,分钟数字置于该词组之前,钟点数字置于之后。
   e) 表达某点 20 分时,既可采用 *nach* 加正点数字如 *eins*,见例 f),也可采用 *vor* 加某点半的词组如 *halb zwei*,见例 g)。
   f) 表达某点 40 分时,既可采用 *vor* 加正点数字如 *zwölf*,见例 h),也可采用 *nach* 加某点半的词组如 *halb zwölf*,见例 i)。

Antworten Sie bitte!

官方表达法：   非官方表达法：

Wie viel Uhr ist es?
或：Wie spät ist es?

时间	官方表达法	非官方表达法
13:01	*Es ist dreizehn Uhr eins.*	*Es ist eins nach eins.*
2:43		dreißig nach halb drei
20:10		zehn nach acht
6:20		zwanzig nach sechs
12:19		elf vor halb eins
8:40		zwanzig vor neun
17:20		zwanzig nach fünf
7:55		fünf vor acht
21:05		fünf nach neun
6:44		sechzehn vor sieben
0:02		zwei nach null
11:17		siebzehn nach elf

Lektion 5

1:23 _____ *Sieben vor halb zwei*

B Uhrzeitangabe 钟点作时间状语

钟点在语句中常用作状语。钟点作状语时须在钟点词或词组前加介词 **um**。对它的提问用疑问词 *wann* 或词组 *Um wie viel Uhr*。

例句： a) *Wann* geht Kai zum Unterricht?　　　— *Um* halb acht.
凯什么时候去上课?　　　　　　　　　七点半。
b) *Um wie viel Uhr* geht Lea ins Büro?　— *Um* zehn nach sieben.
雷亚几点去办公室?　　　　　　　　　7 点 10 分。

Antworten Sie bitte auf die Fragen!

Beispiel:

* *Wann frühstücken Sie?*　　　7:30
+ *Um halb acht. / Ich frühstücke um halb acht.*

		钟点
a)	Wann gehen Sie zum Unterricht? *Um viertel vor acht*	7:45
b)	Um wie viel Uhr geht Ihr Vater zur Arbeit? *Um viertel nach sieben*	7:15
c)	Um wie viel Uhr geht Ihre Mutter zur Arbeit? *Um zehn vor halb acht*	7:20
d)	Wann sind Sie im Klassenzimmer? *Um fünf vor acht*	7:55
e)	Um wie viel Uhr machen Sie Pause? 休息 *Um zehn nach halb zehn*	9:40
f)	Wann gehen Sie zum Mittagessen? *Um zehn nach halb zwölf*	11:40
g)	Wann gehen Sie nach Hause? *Um fünf*	17:00
h)	Um wie viel Uhr kommt Ihre Mutter nach Hause? *Um viertel nach fünf*	17:15
i)	Wann kommt Ihr Vater nach Hause? *Um halb sieben*	18:30
j)	Wann essen Sie zu Abend? *Um viertel vor sieben*	18:45
k)	Um wie viel Uhr gehen Sie ins Bett? *Um halb elf*	22:30

Lektion 5

Grammatik

Imperativ in Befehl, Aufforderung, Bitte und Vorschlag
命令式：用于向对方发号施令、提要求、请求以及建议

A　Imperativ（formell）　尊称命令式

例句：a) Herr Pöppelmann sagt zu Wang Dali：„*Kommen Sie* bitte herein!"
　　　　珀佩曼先生对王大力说："请您进来！"
　　　b) Frau Maus sagt zu den Studenten：„*Bilden Sie* bitte einen Satz!"
　　　　毛斯女士对大学生们说："请大家造一个句子！"

尊称陈述句			尊称命令句		
Ⅰ	Ⅱ	Ⅲ	Ⅰ	Ⅱ	Ⅲ
Sie kommen 您不来。		nicht.	Kommen 您来！	Sie!	
Sie arbeiten 您不努力工作。		nicht fleißig.	Arbeiten 您要努力工作！	Sie	fleißig!
Sie sehen 您不看。		nicht.	Sehen 您看一看！	Sie	mal!
Sie fahren 您开车太快。		zu schnell.	Fahren 请您不要开得太快！	Sie	bitte nicht zu schnell!
Sie haben 您没有耐心。		keine Geduld.	Haben 您耐心点吧！	Sie	doch Geduld!
Sie werden 您不要当老师。		nicht Lehrer.	Werden 您当老师吧！	Sie	doch Lehrer!
Sie sind 您不安静。		nicht ruhig.	***Seien*** 请您安静！	Sie	bitte ruhig!

说明：
1. 与尊称陈述句相比，在尊称命令句中动词变位形式除系动词 *seien* 与陈述句中的 *sind* 不一致外，其他动词的变位形式与陈述句中完全一致。
2. 两类句子的区别是：在陈述句中变位动词在第二位，在命令句中变位动词在第一位，主语 *Sie* 则退到动词后的第二位，句末用感叹号。
3. 尊称命令式一般用在和陌生人、生意上一般的合作伙伴、上司、师长以及客人等的语言交际中。

Was sagen Sie da? Bilden Sie bitte Sätze im Imperativ!

Beispiel:

Ihr Student soll den Text lesen.   Lesen Sie (bitte) den Text!

Was sagen Sie da?

a) Ihr Student soll einen Satz bilden. — Bilden Sie bitte einen Satz!
b) Ihr Student soll laut antworten. — Antworten Sie laut!
c) Ihr Student soll das Buch kaufen. — Kaufen Sie das Buch!
d) Ihr Student soll die Übung machen. — Machen Sie die Übung!
e) Ihre Studenten sollen geduldig sein. — Seien Sie geduldig!
f) Ihr Lehrer soll Geduld haben. — Haben Sie Geduld!
g) Ihre Studenten sollen Lehrer werden. — Werden Sie Lehrer!
h) Ihr Student kommt zu spät zum Unterricht. — Kommen Sie pünktlich zum Unterricht, nicht zu spät!
i) Ihr Gast soll hereinkommen. — Kommen Sie herein!
j) Ihr Gast soll den Platz nehmen. — Nehmen Sie den Platz!
k) Ihr Gast soll an den Tisch kommen. — Kommen Sie an den Tisch!
l) Ihr Freund soll einen Augenblick warten. — Warten Sie einen Augenblick!
m) Der Taxifahrer soll langsam fahren. — Fahren Sie langsam!
n) Ihr Lehrer soll freundlich sein. — Seien Sie freundlich!
o) Ihr Lehrer soll den Satz erklären. — Erklären Sie den Satz!
p) Sie kommen zu spät zum Unterricht. — Kommen Sie, Entschuldigen Sie!

B Imperativ (informell)   非尊称命令式

例句：a) Herr Krause sagt zu Stefan: „**Komm** bitte herein!"
克劳泽先生对施黛方说："请进！"

b) Katja sagt zu Lukas und Margit: „**Kommt** bitte herein!"
卡特亚对卢卡斯和马吉特说："请进！"

非尊称陈述句			非尊称命令句	
I	II	III	I	II...
Du komm*st* 你不来。		nicht.	**du-Form：** Komm 请你来！	bitte!
Du arbeite*st* 你工作不努力。		nicht fleißig.	Arbeite 你努力工作吧！	fleißig!

55

Lektion 5

续表

非尊称陈述句			非尊称命令句	
I	II	III	I	II...
Du	sieh*st*	nicht.	Sieh mal!	
你不看。			你看一看!	
Du	fähr*st*	zu schnell.	Fahr	bitte nicht zu schnell!
你开车太快。			请你不要开得太快!	
Du	*hast*	keine Geduld.	*Hab*	doch Geduld!
你没耐心。			你要有耐心!	
Du	*wirst*	nicht Lehrer.	*Werde*	doch Lehrer!
你不当老师。			你当老师吧!	
Du	*bist*	nicht ruhig.	*Sei*	bitte ruhig!
你不安静。			请你安静!	
			ihr-Form:	
Ihr	kommt	nicht.	Kommt	bitte!
你们不来。			请你们来!	
Ihr	arbeitet	nicht fleißig.	Arbeitet	fleißig!
你们工作不努力。			你们努力工作吧!	
Ihr	seht	nicht.	Seht	mal!
你们没看。			你们看一看!	
Ihr	fahrt	zu schnell.	Fahrt	bitte nicht zu schnell!
你们开车太快。			请你们不要开得太快!	
Ihr	habt	keine Geduld.	Habt	doch Geduld!
你们没耐心。			你们耐心点吧!	
Ihr	werdet	nicht Lehrer.	Werdet	doch Lehrer!
你们不当老师。			你们当老师吧!	
Ihr	seid	nicht ruhig.	Seid	bitte ruhig!
你们不安静。			请你们安静!	

说明：

1. 与陈述句相比，在单数命令句 *du-Form* 中：
   a) 必须去掉主语 *du*，
   b) 变位动词置于句子的首位，
   c) 陈述句中的变位动词词尾 -st 必须去掉，
   d) 不规则动词变位后词干元音有变音时，须去掉变音，如 *fährst* 变成 *Fahr*，
   e) 因为发音关系，单数命令式动词词干如果以 -t, -d, -chn, -ffn 等结尾，则须在词干后加上词尾 -e，见例句：*Arbeite fleißig!*

Lektion 5

2. 第二人称为复数时，陈述句中的主语去掉，变位动词的第一个字母改成大写，即成为复数形式 *ihr-Form* 的命令句。
3. 非尊称命令式用在与家人、亲戚、同学、同事、好朋友等之间以及对小孩说话。

Übungen

1. Wandeln Sie die Aussagesätze in Imperativsätze um!

Beispiel:

    Du schläfst nicht gut.   *Schlaf gut!*

Aussagesätze	Imperativsätze
a) Du öffnest das Buch nicht.	Öffne das Buch!
b) Du gehst nicht ins Bett.	Geh ins Bett!
c) Du isst kein Gemüse.	Iss Gemüse!
d) Du fährst nicht langsam.	Fahr langsam!
e) Du hörst nicht täglich Radio.	Hör täglich Radio!
f) Du antwortest nicht.	Antworte bitte!
g) Du öffnest das Fenster nicht.	Öffne das Fenster!
h) Ihr nehmt kein Taxi.	Nehmt ein Taxi!
i) Ihr seid nicht fleißig.	Seid fleißig!

2. Was sagen Sie da? Beantworten Sie die Fragen im Imperativ!

Beispiel:

    Ihr Cousin ist zu faul.   *Sei bitte nicht zu faul!* (lazy)

	Was sagen Sie da?
a) Ihr(e) Freund(in) soll Sie besuchen.	Besucht mich mal!
b) Ihre Eltern sollen zu Hause bleiben.	Bleibt zu Hause!
c) Ihre Gäste sollen Platz nehmen.	Nehmen Sie Platz bitte!
d) Das Kind soll schnell laufen.	Lauf schnell!
e) Ihre Kollegen sollen eine Pause machen.	Machen Sie eine Pause bitte! / Macht eine Pause!

Lektion 6

Grammatik I

Präteritum von *haben* und *sein* 动词 *haben* 和 *sein* 的过去时

例句：

a) Wang Dali <u>ist</u> heute zu Hause. （Präsens/现在时）
   王大力今天在家。
   Er *war* gestern auf der Post. （Präteritum/过去时）
   他昨天去过邮局。

b) Ich <u>habe</u> heute frei. （Präsens/现在时）
   我今天休息。
   Ich *hatte* gestern keine Zeit. （Präteritum/过去时）
   我昨天没有时间。

变位形式：

	haben	sein
ich	**hatte**	**war**
du	hattest	warst
er / sie / es	**hatte**	**war**
wir	hatten	waren
ihr	hattet	wart
sie	hatten	waren
Sie	hatten	waren

Lektion 6

说明：

在过去时中，第一人称和第三人称单数的动词变化形式一致。

Übung

Ergänzen Sie *haben* **oder** *sein* **im Präteritum!**

a) * Wo __wart__ ihr gestern Nachmittag? Ich wollte mit euch Basketball spielen.
   + Wir __hatten__ keine Zeit. Wir __waren__ im Deutschunterricht.

b) * Wie __war__ es denn in Kunming?
   + Es __war__ sehr schön, aber wir __hatten__ leider nicht viel Zeit. Das Wetter __war__ sehr schön, und wir __hatten__ noch drei Tage in Chengdu. __waren__.
   * __Hattest__ du ein Zimmer bei einer Familie oder __warst__ du im Hotel?
   + In Kunming __hatte__ ich ein kleines Privatzimmer, es __war__ ruhig und gemütlich. In Chengdu __hatte__ ich ein großes Zimmer im Hotel.

c) Unsere Lehrerin __war__ letzte Woche krank.

d) Letztes Jahr __war__ sein Bruder im Urlaub in der Schweiz.

e) * Wie __war__ der Unterricht von gestern Nachmittag?
   + Der Unterricht __war__ nicht interessant, denn der Lehrer __hatte__ keinen Humor.

f) In den Sommerferien 2012 __hatte__ das Deutschkolleg der Tongji Universität 600 Kursteilnehmer. Sie __waren__ fleißig.

g) Im letzten Jahr __hatten__ die Chinesen ein gutes Leben.

Grammatik II

Modalverben im Präteritum 情态助动词的过去时

例句：

Er kann heute die Bücher nicht nach China schicken.（Präsens/现在时）
他今天没能把书寄往中国。

Er *konnte* gestern die Bücher auch nicht nach China schicken.（Präteritum/过去时）
他昨天也没能把书寄往中国。

Lektion 6

变位形式:

	wollen (möchten)	müssen	dürfen	können	sollen
ich	**wollte**	**musste**	**durfte**	**konnte**	**sollte**
du	wolltest	musstest	durftest	konntest	solltest
er sie es	**wollte**	**musste**	**durfte**	**konnte**	**sollte**
wir	wollten	mussten	durften	konnten	sollten
ihr	wolltet	musstet	durftet	konntet	solltet
sie	wollten	mussten	durften	konnten	sollten
Sie	wollten	mussten	durften	konnten	sollten

说明:

möchten 没有过去式,以 wollen 的过去式代替。

Übungen

1. Ergänzen Sie die Lücken mit Modalverben im Präteritum!

a) * Warum kommst du so spät? Du ~~solltest~~ _wolltest_ doch früher kommen.

+ Ja. Aber ich _konnte_ nicht, denn ich _musste_ für meine Kinder das Abendessen kochen.

b) * Wie war der Deutschkurs am Goethe-Institut in München? ~~Konntet~~ _Musstet_ ihr viel lernen?

+ Ja. Am Anfang war es besonders schwer für uns. Wir _durften_ nicht Englisch sprechen, wir _mussten_ Deutsch sprechen.

* _Musstet_ ~~Konntet~~ ihr den ganzen Tag Deutsch lernen?

+ Nein. Am Abend _konnten_ wir manchmal auch ins Kino gehen. Jedes Wochenende _konnten_ wir einen Ausflug machen. Das war interessant.

c) Am letzten Sonntag _konnte_ Wang Dali leider nicht auf die Geburtstagsparty von Sabrina gehen, denn er _musste_ seine Hausaufgaben fertig schreiben.

2. Ergänzen Sie den Lückentext mit *haben*, *sein*, *wollen*, *können*, *müssen* oder *sollen* im Präteritum!

Es _war_ einmal im Deutschunterricht. Wang Dali _wollte_ etwas über seine erste Reise nach Deutschland erzählen.

Lektion 6

Es ____ im Juli 1989. Eigentlich ____ er mit der Lufthansa nach Deutschland fliegen, aber er ____ nicht, denn der Flug mit der Lufthansa ____ zu teuer und die Uni ____ den teuren Flug nicht bezahlen. Deshalb ____ er ein billiges Ticket buchen. Er ____ Glück, denn er ____ sehr schnell ein billiges Ticket bekommen. Von Frankfurt aus ____ er mit der S-Bahn nach Darmstadt fahren. Am Abend ____ er in der Mensa zu Abend essen, aber er ____ nicht, denn die Mensa ____ zu. In der Nacht ____ er im Studentenwohnheim übernachten, aber er ____ nicht, denn er ____ noch kein Zimmer im Studentenwohnheim. Was ____ er denn machen?

Nach dem Abendessen ____ er in einem Hotel übernachten, aber er ____ nicht, denn es ____ zu teuer, und er ____ nur wenig Geld. Wo ____ er denn schlafen? Auf der Straße?

Nein, nein. Dort ____ er nicht übernachten.

Grammatik Ⅲ   Ja – Nein – Doch

例句:

a) * Kommst du heute Abend?
你今天晚上来吗?
+ *Ja*, ich komme.
是的,我来的。
+ *Nein*, ich komme *nicht*.
不,我不来。

b) * Kommst du heute Abend *nicht*?
你今天晚上不来吗?
+ *Doch*, ich komme. Vielleicht ein bisschen später.
不,我来的,可能晚一会儿到。
+ *Nein*, ich komme *nicht*. Ich habe keine Zeit.
是的,我不来了。我没时间。

c) * Haben wir heute Unterricht?
我们今天有课吗?
+ *Ja*, natürlich haben wir Unterricht.
是的,我们当然有课。
+ *Nein*. Heute haben wir *keinen* Unterricht. Heute ist Sonntag.
不,我们今天没课。今天是星期天。

Lektion 6

d) * Haben wir heute **keinen** Unterricht?
今天我们没课吗?

+ **Doch**, aber nur am Nachmittag.
不，有的。但只有下午有课。
+ **Nein**. Heute ist Sonntag.
没有。今天是星期天。

说明：
1. 针对一般疑问句作肯定回答时用 *ja*，作否定回答时用 *nein*，见例句 a) 和 c)。
2. 针对有 *nicht*，*kein* 等否定词的一般疑问句作回答时用 *nein* 或 *doch*。用 *nein* 回答时，答句中有否定词，而用 *doch* 回答时，答句中无否定词，见例句 b) 和 d)。

Übung

Bitte beantworten Sie mit *ja*, *nein* oder *doch*!

a) * Waren Sie schon einmal in Österreich? + _Nein_, ich war noch nie in Österreich.

b) * Arbeiten Sie im Export?
+ _Ja_, ich arbeite im Export.
+ _Nein_, ich arbeite im Import.

c) * Wollen wir weitermachen? + _Ja_, gern.

d) * Bist du immer noch nicht fertig? + _Doch_, jetzt können wir gehen.

e) * Warst du schon auf der Post? + _Nein_, noch nicht.

f) * Willst du nicht essen gehen?
+ _Doch_, ich gehe schon.
+ _Nein_, ich habe noch keinen Hunger.

g) * Möchten Sie noch keine Wohnung kaufen? + _Doch_ schon, aber ich habe jetzt noch nicht so viel Geld.

h) * Kannst du alles verstehen? + _Nein_, leider gar nichts.

i) * Habt ihr keine Mittagspause?
+ _Doch_, wir machen gleich Mittagspause.
+ _Nein_, wir haben heute keine Mittagspause.

j) * Können Sie gar nichts hören? + _Doch_, aber nicht alles.

k) * Arbeitest du nicht bei VW Shanghai? + _Nein_, bei Siemens.

l) * Darf ich Hans etwas davon sagen? + _Nein_, kein einziges Wort.

m) * Du musst diese Paketkarte + _Doch_, aber ich weiß nicht, wie.

ausfüllen. Weißt du es nicht?

n) * Schickst du das Päckchen an Klaus? + __Ja__, ich schicke es an ihn.

o) * Hatte Herr Meier keinen Termin mit Herrn Brückner? + __Doch__, aber er konnte nicht kommen.

p) * Möchten Sie zwei Telefonkarten kaufen? + __Nein__, drei.

q) * Kann man das Paket nicht per Schiff nach China schicken? + __Doch__, aber es dauert zu lange.

Lektion 6

63

Lektion 7

Grammatik I

Trennbare und untrennbare Verben 可分动词与不可分动词

例句：

	原形动词 aufstehen			
	I	II	III…	Ende
陈述句	a) Ich 我6点钟起床。	**stehe**	um 6 Uhr	**auf**.
特殊疑问句	b) Wann 你几点钟起床？	**stehst**	du	**auf**?
一般疑问句	c) **Stehst** 你6点钟起床吗？		du	um 6 Uhr	**auf**?
命令句	d) **Stehen** 请您早点起床！		Sie	bitte früh	**auf**!
与情态助动词连用	e) Ich 我必须在6点钟起床。	**muss**	um 6 Uhr	**aufstehen**.

说明：

1. 可分动词由动词词干和可分前缀两部分构成，如 *auf-stehen*。
2. 在现在时、过去时的句型中，动词词干与可分前缀要分开。在陈述句和特殊疑问句中动词词干位于第二位，见例句 a) 和 b)。在一般疑问句和命令句中动词词干位于第一位，见例句 c) 和 d)。动词词干要根据主语人称的不同进行相应动词变位，而可分前缀始终位于句子末尾。
3. 但是当可分动词与情态动词连用时，可分动词不再拆开而是合起来放在句子末尾，见例句 e)。
4. 常见的动词可分前缀有：*ab-, an-, auf-, aus-, bei-, ein-, fest-, her-, hin-, los-, mit-, vor-, weg-, zu-, zurück-, zusammen-* 等：

    ´**auf**schreiben, ´**ab**fahren, ´**ein**laden, ´**frei**haben, ´**mit**kommen, ´**nach**fragen, ´**statt**finden,

´wiedersehen, ´zuhören, ´zurückkommen, …

常见的动词不可分前缀有：be-, emp-, ent-, er-, ge-, miss-, ver-, zer- 等：

ver´stehen, be´stellen, ge´hören, emp´fehlen, ent´schuldigen, er´klären, unter´schreiben, wieder´holen,

以上两组动词都带有前缀，第一组为可分动词，第二组为不可分动词。可分动词发音时重音在可分前缀上，而不可分动词重音在词干上。

5. 部分带有 unter-, wieder-, über-, durch-, hinter-, um- 等前缀的动词既可用作可分动词也可用作不可分动词，但词意不同。例如：

wieder-holen 可分时意为"取回来"，不可分时意为"复习"。
Sie holt den Brief wieder.
她取回那封信。
Sie wiederholt zu Hause das Gelernte.
她在家复习已学过的东西。

über-setzen 可分时意为"使渡过（河）"，不可分时意为"翻译"。
Der Schiffer setzt sie über.
船工渡她过河。
Sie übersetzt den deutschen Roman.
她翻译这本德国小说。

Übungen

1. Bilden Sie bitte Sätze!

a) wann / aufstehen / du / morgens?

Wann stehst du morgens auf?

b) die regelmäßigen Verben / er / wiederholen?

Er wiederholt die regelmäßigen Verben.

c) in zwei Stunden / der Lehrer / beenden / den Unterricht

Der Lehrer beendet den Unterricht in zwei Stunden.

d) anfangen / wann / der Film?

Wann fängt der Film an?

e) am Montag / stattfinden / das Konzert

Das Konzert findet am Montag statt.

f) Wang Dali / den Termin / absagen / müssen

Wang Dali muss den Termin absagen.

g) ausfüllen / sollen / ich / die Paketkarte / noch einmal?

Soll ich die Paketkarte noch einmal ausfüllen?

Lektion 7

2. Ergänzen Sie die Verben in richtiger Form!

a) Er kann nicht Deutsch sprechen. Er _versteht_ den Deutschen nicht _____. (verstehen)

b) _Beginnen_ Sie doch mit dem Essen _____! (beginnen)

c) Am Samstag _kaufe_ ich immer viel _ein_. (einkaufen)

d) Es ist schon spät, _fahren_ wir _los_? (losfahren)

e) Wir gehen ins Kino. _Kommt_ ihr _mit_? (mitkommen)

f) Wann _frühstückst_ du _früh_? (frühstücken)

g) Warum _rufst_ du sie nicht _an_? (anrufen)

h) _Bestellen_ dir doch eine Pizza _____! (bestellen)

i) Er _erzählt_ immer lustige Geschichten _____. (erzählen)

j) Ich bin müde. Ich _höre_ nicht mehr _zu_. (zuhören)

k) Herr Pöppelmann _holt_ Wang Dali vom Flughafen _ab_. (abholen)

l) Es kann regnen. _Nimm_ einen Regenschirm _mit_! (mitnehmen)

m) * Es regnet nicht mehr. Ich _gehe_ jetzt _spazieren_. (spazieren gehen) _Kommst_ du _mit_? (mitkommen)
   + Nein, ich _sehe_ lieber _fern_. (fernsehen)

Grammatik II

Dativ 第三格

A Personalpronomen im Dativ (D) 人称代词第三格

人称代词		
第一格	第四格	第三格
ich	mich	**mir**
du	dich	**dir**
er	ihn	**ihm**
sie	sie	**ihr**
es	es	**ihm**
wir	uns	**uns**
ihr	euch	**euch**
sie	sie	**ihnen**
Sie	Sie	**Ihnen**
wer?	wen?	**wem?**

Lektion 7

例句：

a) Josef braucht Hilfe! Wer *hilft* **ihm**?
   约瑟夫需要帮助。谁帮帮他？

b) * **Wem** gehört das Buch?
   这本书是谁的？
   + Das Buch gehört **mir**.
   这本书是我的。

说明：

1. 德语中某些动词要求支配第三格宾语，例句中的 **helfen** 和 **gehören** 就是这类动词。像这样支配第三格宾语的常用动词还有 *danken*，*gratulieren*，*gefallen*，*antworten*，*schmecken*，*passen* 等。除此以外，在一些固定搭配中也出现第三格形式的人称代词，例如：

   * Wie geht es **Ihnen**/ **dir**?
   您（你）好吗？
   + Danke, **mir** geht es gut.
   谢谢，我挺好的。

   * Meine Mutter ist krank.
   我母亲生病了。
   + Oh, das tut **mir** Leid.
   哦，真遗憾。

2. 对第三格人称代词提问用 **wem**，见例句 b)。

Übungen

1. *mir* oder *mich*?

a) Kannst du ___mir___ helfen?

b) Verstehst du das nicht? Warum fragst du ___mich___ nicht? Ich kann es dir doch mal erklären.

c) Kannst du ___mir___ nicht antworten?

d) Claudia ruft ___mich___ an. Sie möchte ___mich___ besuchen.

e) Wang Dali gratuliert ___mir___ zum Geburtstag.

f) Er lädt ___mich___ zum Kaffee ein.

g) Meine Eltern holen ___mich___ vom Bahnhof ab.

h) Sie dankt ___mir___ für das Geschenk.

2. Ergänzen Sie Personalpronomen im Dativ!

a) * Klaus, schmeckt ___dir___ das Eisbein nicht?

Lektion 7

   + Doch, es schmeckt __mir__ gut.

b) Wie geht es __dir/euch__? Habt ihr jetzt immer noch so viel Arbeit?

c) Herr Müller hat heute Geburtstag. Gratulierst du __ihm__ nicht?

d) * Wem gehört das Buch? Gehört es __dir__?

   + Nein, __mir__ gehört es nicht.

e) * Anne, das Kleid passt __dir__ gut. Kauf es!

   + Es passt __mir__ ja gut, aber die Farbe gefällt __mir__ nicht.

f) Frau Pöppelmann, ich kann __dir/ihnen__ dabei leider nicht mehr helfen. Ich muss zum Unterricht gehen.

B Bestimmter und unbestimmter Artikel im Dativ (D)
定冠词和不定冠词的第三格

例句：

不定冠词			定冠词			
						Sg.
Wir helfen	einem (keinem)	Mann.	Wir helfen	dem	Mann.	m
我们帮助的是(不是)一位男士。			我们帮助这位男士。			
Ich antworte	einem (keinem)	Kind.	Ich antworte	dem	Kind.	n
我(不)回答一个孩子(的问题)。			我回答这个孩子(的问题)。			
Sie dankt	einer (keiner)	Frau.	Sie dankt	der	Frau.	f
她(不)感谢一位女士。			她感谢这位女士。			
Das Auto gefällt	/ (keinen)	Kindern.	Das Auto gefällt	den	Kindern.	Pl.
孩子们(不)喜欢这辆小汽车。			这些孩子们喜欢这辆小汽车。			

说明：

1. 定冠词和不定冠词在第一、第四和第三格中的变化规则可总结为：

	m	n	f	Pl.
N	ein	ein	eine	—
A	einen	ein	eine	—
D	einem	einem	einer	—

	m	n	f	Pl.
N	der	das	die	die
A	den	das	die	die
D	dem	dem	der	den

否定词 *kein* 在第一、第四和第三格中的变化规则可总结为：

	m	n	f	Pl.
N	kein	kein	keine	keine
A	keinen	kein	keine	keine
D	keinem	keinem	keiner	keinen

Lektion 7

2. 名词复数第三格要在复数形式之后再添加 -*n*：

   die Kinder (N) → den Kinder**n** (D)

   die Männer (N) → den Männer**n** (D)

   但当复数形式词尾已有 -*n* 或 -*s*，则不再添加 -*n*：

   die Auto**s** (N) → den Auto**s** (D)

   die Fraue**n** (N) → den Fraue**n** (D)

Übungen

1. Ergänzen Sie bitte!

a) Ich danke _dem Lehrer_ (der Lehrer).
   Er dankt _dem Ingenieur_ (der Ingenieur).
   Dankt ihr _dem Mädchen_ (das Mädchen)?
   Wir danken _dem Studenten_ (der Student).

b) Hans antwortet _einem Lehrer_ (ein Lehrer).
   Peter antwortet _einem Freund_ (ein Freund).
   Wang Liping antwortet _einer Frau_ (eine Frau).
   Li Li antwortet _dem Herrn Pöppelmann_ (Herr Pöppelmann).

c) * Gehört der Schlüssel _dem Mann_ (der Mann)?
   + Nein, er gehört _der Frau_ (die Frau).
   * Gehört das Fahrrad _dem Kind_ (das Kind)?
   + Nein, es gehört _dem Vater_ (der Vater).
   * Gehört die Uhr _der Schülerin_ (die Schülerin)?
   + Nein, sie gehört _dem Lehrer_ (der Lehrer).

2. Ergänzen Sie bitte!

a) Der Kaffee ist dünn. Er schmeckt _der Frau_ (die Frau) nicht.

b) Die Wohnung ist groß und hell. Gefällt sie _den Großeltern_ (die Großeltern) auch?

c) Der Koffer ist schwer. Helfen Sie bitte _der Dame_ (die Dame)!

d) Das Essen in dem Restaurant ist sehr scharf. Es schmeckt _den Kindern_ (die Kinder) nicht.

e) Der Lehrer fragt den Schüler, der Schüler antwortet _dem Lehrer_ (der Lehrer).

f) Familie Müller fährt nach Japan. Sie finden das Land schön, aber das Sushi(寿司) schmeckt _dem Vater_ (der Vater) nicht, der Sake(日本米酒) schmeckt _der Mutter_ (die Mutter) nicht, der Reis schmeckt _dem Sohn_ (der Sohn) nicht und die Hotels

Lektion 7

gefallen __der Tochter__ (die Tochter) nicht. Nächstes Jahr bleiben sie lieber zu Hause.

C Possessivpronomen im Dativ (D) 物主代词第三格

m/n			f			Plural (Pl.)		
mein	-em	Sohn / Kind	mein	-er	Tocher	mein	-en	Kinder**n** /
dein	-em		dein	-er		dein	-en	Studentinnen
sein	-em		sein	-er		sein	-en	
ihr	-em		ihr	-er		ihr	-en	
sein	-em		sein	-er		sein	-en	
unser	-em		unser	-er		unser	-en	
eur	-em		eur	-er		eur	-en	
ihr	-em		ihr	-er		ihr	-en	
Ihr	-em		Ihr	-er		Ihr	-en	

例句：

* Wem gratulieren Sie? 　　＋ Ich gratuliere mein**em** Freund.
  您祝贺谁？　　　　　　　　　我祝贺我的朋友。
* Wem gehört das Buch? 　　＋ Das Buch gehört mein**er** Freundin.
  这本书是谁的？　　　　　　　这本书是我女朋友的。

说明：

1. 物主代词在第一、第四和第三格中的词尾变化和 *kein* 的词尾变化相同：

	m	n	f	Pl.
N	mein	mein	meine	meine
A	meinen	mein	meine	meine
D	meinem	meinem	meiner	meinen

2. 物主代词 *euer* 在有词尾变化的情况下要先去掉词干中的 -e，再加上相应的词尾：euer-e，-en，-en → eure，euren，eurem

	m	n	f	Pl.
N	euer	euer	eure	eure
A	euren	euer	eure	eure
D	eurem	eurem	eurer	euren

Lektion 7

Übungen

1. Antworten Sie bitte!

* *Wem gratulierst du?*

~~Freund,~~	Vater,	Frau,
Bruder,	Tochter,	Schwester,
Onkel,	Großvater,	Kollege

Beispiel: Ich gratuliere **meinem** Freund.

a) Ich gratuliere meinem Vater.
b) meiner Frau.
c) meinem Bruder
d) meiner Tochter
e) meiner Schwester
f) meinem Onkel.
g) meinem Großvater
h) meinem Kollegen

2. Ergänzen Sie bitte!

* *Was gehört wem?*

a) + Das Foto gehört meinem Vater (mein Vater).
b) + Der Pullover gehört eurer Großmutter (eure Großmutter).
c) + Die Uhr gehört unserem Sohn (unser Sohn).
d) + Der Koffer gehört seiner Frau (seine Frau).
e) + Das Buch gehört ihrem Mann (ihr Mann).
f) + Der Bleistift gehört deinem Bruder (dein Bruder).

3. Ergänzen Sie bitte!

a) * Wie geht es denn Ihrem Mann (Ihr Mann), Frau Pöppelmann?
   + Danke, meinem Mann (mein Mann) geht es gut.
   * Und wie geht es Ihren Kindern (Ihr Kinder), Frau Pöppelmann?
   + Meinen Kindern (meine Kinder) geht es auch gut, danke.

b) * Passt eurer Mutter (eure Mutter) das Kleid?
   + Ja. Es gefällt unserer Mutter (unsere Mutter) sehr.

c) * Wie schmeckt deiner Tochter (deine Tochter) die Schokolade?
   + Sie schmeckt ihr sehr.

71

Lektion 7

d) Die Schüler antworten _ihrem Lehrer_ (ihr Lehrer) und der Lehrer hilft _seinen Schülern_ (seine Schüler).

e) Ich danke _meinem Bruder_ (mein Bruder) für sein Geschenk.

f) Mein Vater gratuliert _seinem Kollegen_ (sein Kollege) zum Geburtstag.

Grammatik III

Stellung von Dativ-und Akkusativobjekt（Nomen und Personalpronomen） 第三格、第四格宾语在句中的位置（名词和人称代词）

Ein Ehepaar

Sie：Liebst du mich?
　　你爱我吗？

Er：Natürlich liebe ich dich.
　　我当然爱你。

Sie：Dann zeig **mir** *deine Liebe*!
　　那给我看你对我的爱！

Er：Wie soll ich *sie* **dir** zeigen?
　　怎么给你看呢？

Sie：Kauf **mir** *Kleider* und *Schmuck* und *ein Auto*!
　　给我买衣服、首饰和车！

Er：Ich kann **dir** aber *kein Auto*, *keine Kleider* und *keinen Schmuck* kaufen. Ich habe kein Geld.
　　我不能给你买车、衣服和首饰。我没钱。

Sie：Also liebst du mich nicht.
　　那你不爱我。

Er：Doch, ich liebe dich sehr, und ich schenke **dir** jeden Tag *mein Herz*, aber ich kann **dir** *kein Auto* schenken.
　　不，我很爱你，我每天都把我的真心送给你，但我没法送你车。

I	II	III	IV
a) Er	zeigt	**seiner Frau**	*seine Liebe*.
b) Er	zeigt	**ihr**	*seine Liebe*.
c) Er	zeigt	*sie*	**seiner Frau**.
d) Er	zeigt	*sie*	**ihr**.

Lektion 7

说明：

1. 德语中相当一部分及物动词在支配一个第四格宾语的同时还可以支配一个第三格宾语，第四格宾语是它的直接宾语，第三格宾语是它的间接宾语。常用的可以带双宾语的动词有：*bringen*, *schenken*, *kaufen*, *zeigen*, *geben*, *leihen*, *schreiben*, *empfehlen*, *sagen* 等。

2. 在句中，如果第三格宾语和第四格宾语都是名词，则第三格宾语放在第四格宾语前，见例句 a)；如果两个都是代词，则第四格宾语在第三格宾语前，见例句 d)；如果其中有一个是代词，则代词放在名词前，见例句 b) 和 c)。

Übungen

1. Bilden Sie bitte Sätze!

a) er / mir / Bücher / schenken — Er schenkt mir Bücher.
b) ihr / er / einen Computer / kaufen — Er kauft ihr einen Computer.
c) das Buch / dem Lehrer / sie / bringen — Sie bringt dem Lehrer das Buch.
d) reparieren / das Auto / seinem Vater / er — Er repariert seinem Vater das Auto.
e) geben / ihren Kindern / die Mutter / Geld — Die Mutter gibt ihren Kindern Geld.
f) meinem Mann / ein Paket / ich / schicken — Ich schicke meinem Mann ein Paket.
g) er / ihr / die Zeitung / empfehlen — Er empfiehlt ihr die Zeitung.
h) ich / dir / ein Bild / zeichnen — Ich zeichne dir ein Bild.
i) einen Brief / ihrer Mutter / sie / schreiben — Sie schreibt ihrer Mutter einen Brief.

2. Ergänzen Sie bitte!

a) Möchtest du _deinem Bruder das Paket_ schicken? (dein Bruder, das Paket)
b) Schreib _mir eine Postkarte_ bitte! (ich, eine Postkarte)
c) Der Ober empfiehlt _dem Gast den Salat_. (der Salat, der Gast)
d) Ich erzähle _dir_ jetzt _eine Geschichte_. (du, eine Geschichte)
e) Michael schenkt _seiner Freundin Schmuck_ zum Geburtstag. (seine Freundin, Schmuck)

3. Ergänzen Sie bitte Personalpronomen!

a) Herr Ober, was können Sie _uns_ (wir) heute empfehlen?
b) * Ich habe ein Wörterbuch von Wang Dali.
   + Und wann musst du _es ihm_ zurückgeben?
c) Hans braucht einen Regenschirm. Kannst du _ihm einen Regenschirm_ bringen?
d) Klaus versteht den Satz nicht. Kannst du _ihm ihn_ erklären?
e) Die CD ist für Sabine. Sie hat heute Geburtstag. Schenk _sie ihr_ doch!

Lektion 7

f) Mein Auto ist kaputt. Kannst du ~~meinem~~ es ~~Auto~~ mir reparieren?

4. Fragen Sie bitte nach unterstrichenen Satzteilen:

a) Die Frau schreibt dem Freund einen Brief.
   Wem schreibt die Frau einen Brief?

b) Der Freundin schreibt sie nie einen Brief.
   Wem schreibt der Freundin nie einen Brief?

c) Heute schickt sie der Mutter ein Paket zum Geburtstag.
   Was schick sie heute der Mutter zum Geburtstag?

d) Leo zeigt den Gästen den Weg.
   Wem zeigt Leo den Weg?

e) Ihr kocht uns Tee.
   Was kocht ihr uns?

Grammatik IV

n-Deklination 弱变化名词

第一格	第四格	第三格
der/ein Polizist	den/einen Polizisten	dem/einem Polizisten
der/ein Pessimist	den/einen Pessimisten	dem/einem Pessimisten
der/ein Optimist	den/einen Optimisten	dem/einem Optimisten
der/ein/mein Student	den/einen/meinen Studenten	dem/einem/meinem Studenten
der/ein Assistent	den/einen Assistenten	dem/einem Assistenten
der/ein Dozent	den/einen Dozenten	dem/einem Dozenten
der/ein/mein Junge	den/einen/meinen Jungen	dem/einem/meinem Jungen
der/ein/mein Kollege	den/einen/meinen Kollegen	dem/einem/meinem Kollegen
der/ein Chinese	den/einen Chinesen	dem/einem Chinesen
der/ein/mein Herr	den/einen/meinen Herrn	dem/einem/meinem Herrn
der/ein/mein Nachbar	den/einen/meinen Nachbarn	dem/einem/meinem Nachbarn
der/ein Mensch	den/einen Menschen	dem/einem Menschen

Lektion 7

说明：
1. 几乎所有的弱变化名词都是阳性名词。
2. 弱变化名词单数在第三格、第四格中都要加上词尾-n 或-en。
3. 弱变化名词包括：
   a) 所有以-e 结尾的阳性名词，如 *Chinese*，*Kollege* 等。
   b) 所有以-ent，-ist，-ant，-and 结尾的阳性名词，如 *Assistent*，*Optimist* 等。
   c) 特殊形式：如 *Herr*，*Nachbar*，*Mensch* 等。

Übung

a) Buchstabieren Sie bitte Ihren _Familiennamen_ (Familienname)!
b) Wir kennen das Mädchen, aber nicht den _Jungen_ (Junge).
c) Wie gefällt denn _dem Dozenten_ (der Dozent) seine Arbeit?
d) Kennen Sie schon _Herrn Pöppelmann_ (Herr Pöppelmann), den Betreuer von Wang Dali?
e) * Kennen Sie schon unseren neuen _Nachbarn_ (Nachbar)?
   + Ja, ich finde ihn sehr nett.
f) Ich empfehle _meinem Studenten_ (mein Student) ein gutes Buch.
g) Monika gratuliert _ihrem Kollegen_ (ihr Kollege) zum Geburtstag.
h) Das Abendessen schmeckt _dem Franzosen_ (der Franzose) sehr.

Lektion 8

Übungen

1. Verwenden Sie die Substantive im richtigen Kasus!

a) Wir schenken <u>dem Vater ein Radio</u> (der Vater) (ein Radio).

b) <u>Die Eltern</u> (die Eltern) kaufen <u>einen Schreibtisch</u> (ein Schreibtisch) für <u>die Tochter</u> (die Tochter).

c) Hier ist <u>ein Brief</u> (ein Brief) von <u>der Tante</u> (die Tante).

d) Ich gebe <u>der Kellnerin das Geld</u> (das Geld) (die Kellnerin).

e) Ulrike kommt aus <u>der Bibliothek</u> (die Bibliothek).

f) Du schenkst <u>den Kindern die Bücher</u> (die Kinder) (die Bücher).

g) Die Katze spielt mit <u>einem Ball</u> (ein Ball).

h) Ludwig fährt mit <u>dem Zug</u> (der Zug) nach Köln.

2. Setzen Sie das richtige Possessivpronomen ein!

ihr	unserem	ihrem	unsere	unser
unseren	seinem	seine	unserer	

Wir haben eine neue Wohnung. <u>Unsere</u> Wohnung ist groß. Sabine und <u>ihr</u> Freund Martin besuchen uns. Wir zeigen <u>unseren</u> Gästen die ganze Wohnung. Das kleinste Zimmer gehört <u>unserem</u> Sohn. In <u>seinem</u> Zimmer steht ein großes Aquarium. <u>Unser</u> Sohn ist stolz auf <u>seine</u> Fische. Sabine und <u>ihrem</u> Freund gefällt das Aquarium. Aber besonders begeistert ist Sabine von <u>unserer</u> großen Küche.

3. Ein E-Mail von Wang Dali. Ergänzen Sie bitte die Verben!

anrufen   arbeiten   treffen   gehen   haben   möchten   sitzen   mitkommen

sein   müssen   machen   trinken   gehen   laufen

Hallo, Susanne!

Wie _geht_ es dir? Ich _sitze_ hier wieder im Café „Tchibo" und _trinke_ Espresso. Ich _muss_ dich unbedingt _treffen_. Was _machst_ du morgen Abend? _Arbeitest_ du oder _hast_ du Zeit? Ich _möchte_ ins Kino _gehen_. Da _läuft_ ein toller Film von Li An. _Kommst_ du auch _mit_? _Rufe_ mich heute Abend mal _an_! Meine Telefonnummer _ist_ 543 49 96.

Viele Grüße
Dali

4. *Präsens* oder *Präteritum*? Setzen Sie bitte *sein*, *haben* oder *Modalverben* in richtiger Form ein!

a) * Gestern _war_ ich im Konzert. _Wart_ ihr auch da?
  + Nein. Wir _hatten_ eigentlich Zeit, aber Irena _hatte_ keine Lust. Sie _wollte_ nur zu Haus bleiben und ich _musste_ sie begleiten.

b) Du _bist_ aus Berlin? Da _waren_ wir 1989.

c) * _Sind_ Sie Herr Kim?
  + Nein, ich _bin_ Wang. Herr Kim _war_ eben hier. Er _ist_ jetzt bei Susanne.

d) * _Sind_ Sie verheiratet?
  + Nein, ich _war_ bis zum letzten Jahr verheiratet. Aber ich _habe_ jetzt wieder eine Freundin und wir _wollen_ im nächsten Jahr heiraten.

e) * Mutti, wir _haben_ kein Mineralwasser mehr!
  + Was? Gestern _hatten_ wir doch noch fünf Flaschen!

f) Ein Jahr lang _hatte_ ich keine Arbeit. Ich _wollte_ gerne arbeiten, _konnte_ aber keine finden. Es _war_ ärgerlich! Nun _habe_ ich eine gute Arbeit bei Bosch und _kann_ viel Geld verdienen. Ich _habe_ jetzt ein Auto, aber noch keine Freundin.

5. Ergänzen Sie bitte die Sätze mit Modalverben!

a) * _Kann_ ich hier rauchen?
  + Nein, hier _darf_ man nicht rauchen.

b) Halt, ihr _dürft_ hier nicht durch die Straße gehen!

Lektion 8

77

Lektion 8

c) Ihr _dürft_ heute nur eine Stunde fernsehen, denn morgen _musst_ ihr noch früh aufstehen.

d) * Entschuldigen Sie, wo _kann_ man T-Shirts kaufen?
   + Sie _können_ mit der Rolltreppe in den zweiten Stock fahren.

e) Ich _muss_ heute unbedingt zum Zahnarzt. Ich hatte die ganze Nacht starke Zahnschmerzen.

f) Ich _kann_ erst etwas später kommen. Ich _muss_ vorher noch für Oma einkaufen gehen.

g) _Kannst_ du mir morgen bitte dein Auto leihen?

h) Sie ist erst 15 Jahre alt. Sie _darf_ noch nicht in die Disco gehen.

6. Bilden Sie bitte die Sätze mit den folgenden Wörtern!

a) Herr Pöppelmann - die Nummer 2345 6789 - haben - nicht
   Herr Pöppelmann hat die Nummer 2345 6789 nicht.

b) stattfinden - das Mozartkonzert - heute Abend
   Heute Abend findet das Mozartkonzert statt.

c) wir - wann - losfahren?
   Wann fahren wir los?

d) zu ihrer Geburtstagsfeier - einladen - Petra - wir
   Petra lädt uns zu ihrer Geburtstagsfeier ein.

e) nach Darmstadt - um 16 Uhr - morgen - wir - zurückkommen
   Um 16 Uhr kommen wir morgen nach Darmstadt zurück.

f) Maria - anrufen - mich - heute - doch!
   Maria, heute ruf mich doch an!

g) ich - die Kamera - dir - nächste Woche - zurückgeben - können
   Nächste Woche Ich kann dir die Kamera zurückgeben.

7. Bilden Sie bitte zu den unterstrichenen Satzteilen Fragen!

a) Er muss die Hausaufgaben machen.
   Was muss er machen?

b) Ich möchte eine Flasche Apfelsaft nehmen.
   Wie viele Flaschen Apfelsaft möchtest du nehmen?

c) Morgen gehen wir ins Kino.
   Wann gehen wir ins Kino?

d) Monika muss drei Tage im Bett liegen.
   Wie lange muss Monika im Bett liegen?

e) Es gefällt ihm in Darmstadt gut.

Wie gefällt es ihm in Darmstadt?

f) Ich zeige Frau Schmidt die Wohnung.

Wem zeigst du die Wohnung? Was zeigst du Frau Schmidt?

8. Ergänzen Sie bitte Personalpronomen!

a) Sehr geehrte Frau Stolz, ich danke _Ihnen_ sehr für die Einladung.

b) Hallo Susanne, das war eine ganz tolle Party. Eure neue Wohnung gefällt _mir_ wirklich sehr.

c) Lieber Rainer, liebe Simone, ich gratuliere _euch_ ganz herzlich zu eurem süßen Baby.

d) Hans, kann ich _dir_ noch irgendwie helfen?

e) Lieber Herr Steiner, der Termin nächste Woche passt _uns_ sehr gut. Wir können um 10 Uhr bei Ihnen in Stuttgart sein.

f) * Papa, kannst du ~~deinen~~ _mir_ 80 Euro leihen? Mein Handy ist kaputt, ich brauche ein neues.

  + Kommt gar nicht in Frage!

  * Bitte, Papa. Ich gebe ~~dir~~ _es dir_ ~~meinen~~ ganz sicher nächsten Monat zurück.

  + Muss ich ~~dich~~ _es_ _dir_ noch einmal erklären? Pass besser auf deine Sachen auf!

  * Dann wünsche ich _mir_ eben ein Handy zum Geburtstag! Hm, vielleicht schenkt Oma _es_ _mir_ ja?

9. Wie sagt man es im Imperativ?

Beispiel: Du sollst zum Arzt gehen.

Geh zum Arzt!

a) Ihr sollt euer Zimmer aufräumen.

Räumt euer Zimmer auf!

b) Du sollst die Tabletten einnehmen.

Nimm die Tabletten ein!

c) Ihr sollt Sport treiben.

Treibt Sport!

d) Sie sollen im Bett bleiben.

Bleiben Sie bitte im Bett!

e) Sie sollen leise sein.

Seien Sie leise bitte!

Lektion 9

Wortschatz I

Ordinalzahlen 序数词

der/die/das				
	erste	(1.)	zwanzig**ste**	(20.)
	zweite	(2.)	einundzwanzig**ste**	(21.)
	dritte	(3.)	...	
	vier**te**	(4.)	neunundneunzig**ste**	(99.)
	fünf**te**	(5.)	hundert**ste**	(100.)
	sechs**te**	(6.)		
	siebte	(7.)	hundert**erste**	(101.)
	achte	(8.)		
	neun**te**	(9.)	...	
	zehn**te**	(10.)	zweihundertelf**te**	(211.)
	elf**te**	(11.)	dreihundert**dritte**	(303.)
			...	
	zwölf**te**	(12.)	achthundertachtundachtzig**ste**	(888.)
			tausend**ste**	(1000.)
	...		tausend**erste**	(1001.)
	neunzehn**te**	(19.)	tausend**dritte**	(1003.)

Lektion 9

说明：
1. 从 1 到 19 的序数词（也包括 101 到 119……, 1001 到 1019……等），是在其基数词上加 -t 的形式构成。其中 *der/die/das erste*, *der/die/das dritte*, *der/die/das siebte* 和 *der/die/das achte* 是特殊形式。从 20 开始的序数词是在其基数词上加 -st 的形式构成。
2. 与基数词不同，序数词前要加上定冠词 *der/die/das* 或物主代词。
3. 序数词词尾有变格要求，其变格规则与形容词词尾变格规则相同。表中所列序数词都有词尾 -e，该词尾就是序数词在第一格定冠词情况下的变格词尾。
4. 序数词写成阿拉伯数字时后面要加点，如：*der 50. Geburtstag von Professor Li*

Übungen

1. Schreiben Sie die Ordinalzahlen in Deutsch!

Beispiel: (24.)   der *vierundzwanzigste* Dezember

a) (33.)   der _dreiunddreißigste_ Geburtstag
b) (10.)   Der _zehnte_ September ist der Lehrertag.
c) (30. 05.)   Heute ist der _dreißigste fünfte_.
d) (01.)   Der _erste_ Oktober ist der chinesische Nationalfeiertag.

2. *Der wievielte* oder *am wievielten*…?

Beispiel: Wir fahren am 23. Januar nach Hamburg.
→ *Am wievielten* fahrt ihr nach Hamburg?
Gestern war der 25. Februar.
→ *Der wievielte* war gestern?

a) Am 29. November habe ich Geburtstag.
Am wievielten hast du Geburtstag?

b) Am 30. September ist seine Tochter geboren.
Am wievielten ist ……?

c) Das Semester fängt am 01. September an.
Am wievielten fängt das Semester an?

d) Der 01. Juni ist der Kindertag.
Der wievielte ist der Kindertag?

e) Am 30. April findet das Konzert statt.
Am wievielten findet das Konzert statt?

f) Der 14. Februar ist der Valentinstag.
Der wievielte ist der Valentinstag?

Lektion 9

Grammatik

Perfekt 现在完成时

现在完成时的构成：**haben / sein ＋ Partizip Perfekt（P.Ⅱ）**

例句： Er feiert heute seinen 20. Geburtstag.（现在时）
他今天庆祝他的 20 岁生日。

→ Er hat gestern seinen 20. Geburtstag gefeiert.（现在完成时）
他昨天庆祝了他的 20 岁生日。

Ich stehe um 6 Uhr auf.（现在时）
我 6 点钟起床。

→ Ich bin aufgestanden.（现在完成时）
我已经起床了。

Er schläft drei Stunden.（现在时）
他睡 3 小时。

→ Er hat drei Stunden geschlafen.（现在完成时）
他睡了 3 小时。

Er fährt täglich nach Hause.（现在时）
他每天回家。

→ Er ist nach Hause gefahren.（现在完成时）
他已经回家了。

动词在句中的位置

	I	II	III...	Ende
a)	Ich	**habe**	gestern meinen Geburtstag	**gefeiert.**
b)	Um 6 Uhr	**bin**	ich	**aufgewacht.**
c)	Wer	**hat**	dir noch Geschenke	**gemacht?**
d)	**Hat**	Maria	dir etwas	**geschenkt?**

说明：

1. 现在完成时由助动词 *haben* 或 *sein* 加上第二分词（P.Ⅱ）两部分构成，多用在口语和日常书信中，表示已经发生的行为、事情和状态。

2. 助动词 *haben* 或 *sein* 在陈述句和特殊疑问句中位于句子第二位，见表中例句 a)，b) 和 c)；在一般疑问句中位于第一位，见表中例句 d）；而第二分词（P. Ⅱ）始终位于句末。

3. 第二分词的构成：

a）规则动词的第二分词构成可分为以下四种：

① **ge___t**
kaufen ⟶ **ge**kauf**t**
lernen ⟶ **ge**lern**t**
machen ⟶ **ge**mach**t**

② **ge___et**
arbeiten ⟶ **ge**arbei**tet**
öffnen ⟶ **ge**öff**net**
bilden ⟶ **ge**bil**det**

动词词干以 *-t*，*-d*，*-chn*，*-ffn*，*-gn* 结尾的动词

③ ___**t**
studieren ⟶ studier**t**
diskutieren ⟶ diskutier**t**

以 *-ieren* 结尾的动词

besuchen ⟶ besuch**t**
erzählen ⟶ erzähl**t**

带不可分前缀的动词，如 *ge-*，*be-*，*er-*，*ver-*，*zer-* 等

④ ___**ge___t**
einkaufen ⟶ ein**ge**kauf**t**
nachfragen ⟶ nach**ge**frag**t**

可分动词

b）不规则动词的第二分词构成无规则可循，必须熟记。（见附录：不规则动词表）。

例如：finden→gefunden　nehmen→genommen　fahren→gefahren

4. 助动词 *haben* 和 *sein*

a）大多数动词在现在完成时中助动词都是 *haben*。

b）少部分不及物动词在完成时中要求 *sein* 作助动词。

① 表示地点变化的不及物动词，如 *fahren*，*fliegen*，*gehen* 等。

② 表示状态变化的不及物动词，如 *werden*，*einschlafen*，*aufstehen*，*aufwachen* 等。

③ *sein* 和 *bleiben* 这两个动词是例外，虽然它们不表示地点和状态变化，但也用 *sein* 作助动词。

5. 时间助动词 *haben*，*sein* 和情态助动词一般多用它们的过去时来表示已经发生的状态、行为。

例如：

a）Gestern *war* Montag.

昨天是星期一。

b）Früher *hatte* ich viel Geld.

我以前有很多钱。

c）Damals *konnte* er nicht schwimmen.

当时他不会游泳。

Lektion 9

Übungen

1. Ergänzen Sie bitte!

| schließen | sagen | ~~hören~~ | werden | schreiben | finden |
| empfehlen | fahren | essen | anrufen | ankommen |

Beispiel: Hast du heute schon die Nachrichten **gehört**?

a) Dieses Jahr habe ich keine Postkarte aus dem Urlaub geschrieben.
b) Warum haben sie uns denn nichts davon gesagt?
c) Der Student hat die Tür um 21 Uhr geschlossen.
d) Hans hat einen Pass auf der Straße gefunden.
e) Hast du heute schon etwas gegessen?
f) Warum hast du mich denn nicht angerufen?
g) Wer hat Ihnen das Hotel empfohlen?
h) Wann ist er gestern Abend nach Hause gekommen? gefahren
i) Heute Morgen hat es geregnet, aber am Nachmittag ist es wieder schön geworden.
j) Wann sind Sie angekommen?

2. Ergänzen Sie bitte!

a) Ich bin todmüde. Ich habe letzte Nacht schlecht geschlafen.
b) Er möchte nicht ins Kino gehen. Er hat den Film schon gesehen.
c) Die Kartoffeln habe ich 30 Minuten lang gekocht.
d) Sie dürfen nicht Auto fahren! Sie haben zu viel Alkohol getrunken.
e) * Hast du schon deine Hausaufgaben gemacht?
   + Ja, klar. Ich habe den Text laut gelesen.

3. haben oder sein?

a) * Wie bist du hierher gekommen?
   + Ich habe ein Taxi genommen.
b) * Was hast du am Wochenende gemacht?
   + Ich bin zum Schwimmen gegangen.
c) * Warum bist du so müde?
   + Ich bin gestern mit einer Freundin in die Disco gegangen. Danach konnte ich lange nicht einschlafen, denn ich habe am Nachmittag zu viel Kaffee

Lektion 9

getrunken.

d) * Wann **sind** Sie geboren?
   + Am 12.02.1983.
   * Und wann **haben** Sie mit dem Studium begonnen?
   + 2000.

e) * **Seid** ihr gestern noch lange bei Maria geblieben?
   + Nein, wir **sind** schon um 10 Uhr nach Hause gefahren.

f) * **Seid** ihr letztes Wochenende auf den Huangshan gestiegen?
   + Ja. Da oben **haben** wir unseren Deutschlehrer getroffen.

4. Ergänzen Sie bitte die Verben im Perfekt!

a) Der Film **hat** vor zehn Minuten **begonnen**. (beginnen)
b) Ich **habe** Herrn Pöppelmann gestern auf der Party **getroffen**. (treffen)
c) Wer **hat** das Spiel **gewonnen**? (gewinnen)
d) Oh, meine Tasche! Wo **hast** du sie denn **gefunden**? (finden)
e) In welchem Jahr **ist** Mozart **gestorben**? (sterben)
f) Wo **habt** ihr euch eigentlich **kennen gelernt**? (kennen lernen)
g) Wer **hat** dir das Wörterbuch **empfohlen**? (empfehlen)
h) Ihre Fahrkarte bitte! Wo **sind** Sie **eingestiegen**? (einsteigen)
i) Mama, sieh mal, Peter **hat** mir den Ball **geschenkt**. (schenken)

5. Ergänzen Sie bitte die Verben im Perfekt!

Heute ist Samstag. Um halb neun **ist** Monika **aufgestanden** (aufstehen). Zuerst **hat** sie **geduscht** (duschen). Um zehn **hat** sie **gefrühstückt** (frühstücken). Dann **hat** sie Kaffee **gekocht** (kochen). Nach dem Kaffeetrinken **hat** sie Zeitung **gelesen** (lesen). Danach **hat** sie mit ihrer Freundin einen Spaziergang **gemacht** (machen). Am Nachmittag **ist** sie mit ihr zusammen ins Kino **gegangen** (gehen). Am Abend **hat** sie in der Disco **getanzt** (tanzen). Um zwei **ist** sie ins Bett **gegangen** (gehen).

Lektion 10

Grammatik

Adjektivdeklination 形容词变格

A Bei bestimmten und unbestimmten Artikeln und Possessivpronomen
形容词在定冠词、不定冠词和物主代词后的变格

例句：

a) Ein Mann ist alt. Ein Pullover ist grau.
   一位男士年纪大。一件毛衣是灰色的。

→ Ein alt**er** Mann möchte ein**en** grau**en** Pullover kaufen.
   一位年长的男士想买一件灰色的毛衣。

b) Der Vater ist jung. Sein Kind ist klein. Die Geschichte ist lang.
   这位父亲是年轻的。他的孩子年幼。这个故事长。

→ Der junge Vater erzählt sein**em** klein**en** Kind eine lange Geschichte.
   这位年轻的父亲给他年幼的孩子讲一个长故事。

变格形式：

	单数			复数
	阳性	中性	阴性	
N.	der neu -**e** Hut ein kein } neu -**er** mein	das neu -**e** Kleid ein kein } neu -**es** mein	die neu -**e** Hose eine keine } neu -**e** meine	die neu -**en** Hüte keine } neu -**en** meine
A.	den neu -**en** Hut einen keinen } neu -**en** meinen	das neu -**e** Kleid ein kein } neu -**es** mein	die neu -**e** Hose eine keine } neu -**e** meine	die neu -**en** Hüte keine } neu -**en** meine

Lektion 10

续表

	单数			复数
	阳性	中性	阴性	
D.	dem neu-**en** Hut einem keinem } neu-**en** meinem	dem neu-**en** Kleid einem keinem } neu-**en** meinem	der neu-**en** Hose einer keiner } neu-**en** meiner	den neu-**en** Hüten keinen meinen } neu-**en**

说明：

1. 德语句子中的形容词可用作名词的定语放在该名词之前，并必须加上相应的词尾。
2. 作定语用的形容词加什么词尾，取决于它后面名词的性、数、格以及它前面的冠词种类，即：是用定冠词还是不定冠词，是用物主代词还是否定词 *kein*。

注意：

1. 下列形容词作定语时，词尾变化很特殊，它们不仅有词尾变化，而且形容词本身也有变化。

dunkel：	eine dun**kle** Hose	die dun**kle** Hose
teuer：	ein teu**res** Buch	das teu**re** Sakko
hoch：	ein ho**her** Preis	der ho**he** Preis

2. 下列以元音 *a* 结尾的形容词作定语时，它们不加任何词尾。

rosa：	ein rosa Kleid	das rosa Kleid
lila：	eine lila Bluse	die lila Bluse
prima：	eine prima Idee	die prima Idee

Übungen

1. Ergänzen Sie bitte die Adjektivendungen im Nominativ!

a) mein neu**es** Fahrrad (das)

b) ein alt**er** Film (der)

c) ein heiß**er** Sommer (der)

d) ein frisch**es** Brot (das)

e) seine warm**en** Socken (Pl.)

f) ihr rot**es** Kleid (das)

g) mein dick**er** Mantel (der)

h) meine bunt**e** Krawatte (die)

i) die **teure** (teuer) Kleidung (die)

j) ihr **rosa** (rosa) Seidentuch (das)

Lektion 10

2. Ergänzen Sie bitte die Adjektivendungen!

a) Das ist ein neu**er** Schal. Ich kaufe den neu**en** Schal.
b) Das ist ein klein**es** Kind. Ich helfe dem klein**en** Kind.
c) Das ist mein zweit**er** Onkel. Ich zeige meinem zweit**en** Onkel das schön**e** Bild.
d) Das sind meine alt**en** Freunde. Ich lade meine alt**en** Freunde zum Essen ein.
e) Das sind deutsch**en** Zeitungen. Ich lese oft deutsch**e** Zeitung.
f) Das ist ein neu**es** Buch von mir. Hoffentlich gefällt es dir.
g) Du Eva, hast du meinen **dunklen** (dunkel) Mantel gesehen?
h) * Wer ist die Dame da? + Wen meinst du? Die klein**e** Dame im dunkelblau**en** Kleid?
i) Gestern habe ich einen interessant**en** amerikanisch**en** Film gesehen.
j) Mein Vater hat heute einen blau**en** Mantel, einen grau**en** Anzug und eine schwarz**e** Hose an.
k) Gefällt Ihnen diese weinrot**e** Sportjacke? Das ist wirklich eine schön**e** Jacke.
l) Sehen Sie unsere billig**en** Preise, zum Beispiel diese modisch**en** Damen- und Kinderwäsche!
m) Tragen Sie immer einen blau**en** Hut? Ich trage meist einen schwarz**en**.

B Nullartikel 形容词在零冠词后的词尾变化

例句：

a) * Ich möchte Tee trinken.
   我想喝茶。
   + Trinken Sie schwarz**en** Tee oder grün**en** Tee?
   您喝红茶还是绿茶？
   * Grün**en** Tee, bitte.
   绿茶。
b) Sie möchte zwei moderne Kleider kaufen.
   她想买两件时尚的连衣裙。

Lektion 10

变格形式：

	阳性	中性	阴性	复数
N.	(der) grün-**er** Tee	(das) warm-**es** Wasser	(die) kalt-**e** Milch	(die) hoh-**e** Preise
A.	(den) grün-**en** Tee	(das) warm-**es** Wasser	(die) kalt-**e** Milch	(die) hoh-**e** Preise
D.	(dem) grün-**em** Tee	(dem) warm-**em** Wasser	(der) kalt-**er** Milch	(den) hoh-**en** Preise**n**

说明：

1. 当形容词前没有任何冠词即零冠词时，形容词就根据被修饰名词的性、数、格添加词尾，它们的词尾就是定冠词的词尾。
2. 当形容词前出现 1 以上的数词时，它的词尾变化仍与零冠词的词尾变化形式相同。

Übungen

1. Ergänzen Sie bitte die Adjektivendungen im Nominativ!

a) warm _e_ Kleidung

b) schwarz _er_ Kaffee

c) deutsch _es_ Bier

d) schön _es_ Wetter

e) italienisch _e_ Schokolade

f) grün _er_ Tee

g) teuer _er_ Schmuck — jewelry der

h) frisch _es_ Gemüse

i) warm _e_ Milch

j) französisch _er_ Wein

k) drei dunkel _e_ Hüte

l) zwei lang _e_ Röcke

2. Ergänzen Sie bitte!

a) ∗ Haben Sie _dunkle_ (dunkel) Pullover?   pl.

   \+ Tut mir Leid, die _dunklen_ sind leider schon ausverkauft. sold out Wir haben nur _helle_ (hell) Pullover.

b) Ich trinke _kalte_ (kalt) Milch, aber meine Mutter trinkt lieber _warme_

Lektion 10

(warm) Milch.

c) Was möchten Sie? _grünen_ (grün) Tee oder _schwarzen_ (schwarz) Tee?

d) _Französischer_ (französisch) Wein ist weltbekannt. world-famous

e) _Deutschen_ (deutsch) Kuchen esse ich gern.

f) Haben Sie _Englische_ (englisch) Zeitung?

g) * Haben Sie keine Kinder?
   + Doch, ich habe zwei _süße_ (süß) Kinder.

h) Was kosten 1,5kg _Deutsche_ (deutsch) Speisekartoffeln? potatoes

i) Im Winter trägt Anna _warme_ (warm) Strümpfe. stockings

j) Gestern habe ich ein Paar _weiße_ (weiß) Schuhe gekauft.

C Fragepronomen für Adjektive: Welch… / Was für (ein…)

对形容词提问的疑问代词 welch… / was für(ein…)

变格形式:

	阳性	中性	阴性	复数
N.	was für ein welch**er** (d**er**)	was für ein welch**es** (d**as** → **es**)	was für eine welch**e** (d**ie**)	was für welch**e** (d**ie**)
A.	was für ein**en** welch**en** (d**en**)	was für ein welch**es** (d**as** → **es**)	was für eine welch**e** (d**ie**)	was für welch**e** (d**ie**)
D.	was für ein**em** welch**em** (d**em**)	was für ein**em** welch**em** (d**em**)	was für ein**er** welch**er** (d**er**)	was für welch**en** (d**en**)

说明:

1. 对名词的定语提问时,我们有两种提问方式:Was für (ein…)意为"怎么的";welch… 意为"哪个(些)"。当我们对特指对象提问时,用 welch…,对泛指对象提问时,则用 was für (ein…)。
2. 当用 Was für (ein…) 提问时要注意 ein 后面的词尾变化。它和不定冠词的词尾变化相同。
3. welche… 的词尾与定冠词词尾一致。

Lektion 10

Übung

Fragen Sie bitte!

Beispiel: Er kauft einen schwarzen Anzug.
Was für einen Anzug kauft er?

a) Die grauen Schuhe gefallen mir.
   Welche Schuhe gefallen dir?

b) Wir möchten Hans eine chinesische CD schenken.
   Was für eine CD möchtet ihr Hans schenken?

c) Peter hat gestern einer alten Dame geholfen.
   Was für einer Dame hat Peter gestern geholfen?

d) Sie hat eine deutsche Zeitung bestellt.
   Was für eine Zeitung hat sie bestellt?

e) Eine gepunktete Krawatte passt zum neuen Anzug.
   Was für eine Krawatte passt zum neuen Anzug?

f) Herr Müller hat seiner Frau zum Geburtstag teuren Schmuck geschenkt.
   Was für Schmuck hat Herr Müller seiner Frau zum Geburtstag geschenkt?

g) Sie möchten einen großen Tisch für neun Personen bestellen.
   Was für einen Tisch möchten sie für neun Personen bestellen?

h) Kurze Röcke tragen junge Damen gern.
   Welche Röcke tragen junge Damen gern?

i) Das karierte Hemd ist dem Mann zu kurz.
   Welches Hemd ist dem Mann zu kurz?

j) Monika möchte eine weiße Bluse kaufen.
   Was für eine Bluse möchte Monika kaufen?

k) Das rote Sakko passt nicht zur gelben Hose.
   Welches Sakko passt nicht zur gelben Hose?

l) Der Mann braucht einen langen Gürtel.
   Was für einen Gürtel braucht der Mann?

Lektion 10

D Bei „alle, einige, viele, manche..."

形容词在 alle, einige, viele, manche 等之后的词尾变化

例句:

Ich habe **alle** warm**en** Kleidungsstücke mitgebracht, aber nur **einige** leicht**e** Kleidungsstücke.

我带了所有的保暖衣服,但只带了几件薄的衣服。

— **bei** *alle*

Nominativ	alle (die)	neuen	Kleider
Akkusativ	alle (die)	neuen	Kleider
Dativ	allen (den)	neuen	Kleidern

说明:

1. *alle* 后面的形容词都加词尾 -en。
2. 和 *alle* 变化情况相同的还有 *solche*, *beide*, *manche*, *welche* 等。

— **bei** *einige*

Nominativ	einige (die)	neue	Kleider
Akkusativ	einige (die)	neue	Kleider
Dativ	einigen (den)	neuen	Kleidern

说明:

1. *einige* 后面的形容词词尾变化同复数零冠词的词尾变化一致。
2. 和 *einige* 变化情况相同的还有 *viele*, *wenige*。

注意:

viel 和 *wenig* 在不可数名词前无词尾变化,而它们后面的形容词词尾变化同零冠词词尾一致。

例句:

Er trinkt *viel* schwarz**en** Kaffee. Zu *viel* schwarz**er** Kaffee ist nicht gesund.

他喝许多清咖啡。(喝)太多的清咖啡是不健康的。

Übungen

1. Ergänzen Sie die fehlenden Endungen im Nominativ!

a) all__e__ neu__en__ Studenten
b) viel__e__ ausländisch__e__ Frauen
c) wenig__e__ krank__e__ Schüler
d) beid__e__ arm__en__ Kinder
e) einig__e__ bekannt__e__ Schriftsteller
f) viel__/__ warm__er__ Tee
g) wenig__/__ kalt__es__ Wasser
h) manch__e__ chinesisch__en__ Geschichten
i) solch__e__ schwer__en__ Aufgaben
j) all__e__ grammatisch__en__ Übungen

2. Ergänzen Sie bitte!

a) Herr Müller hat gestern viel__e__ deutsch__e__ Bücher gekauft.
b) All__e__ chinesisch__en__ Studenten müssen an der Semesterprüfung teilnehmen.
c) Nur wenig__e__ neu__e__ Studenten von uns kommen aus Nordchina.
d) Er hat immer viel_____ Zeit, aber wenig_____ Geduld.
e) Beid__e__ Deutsch__en__ sind zum ersten Mal nach China gekommen.
f) Gestern habe ich einig_____ interessant__er__ Nachrichten in der Zeitung gelesen.
g) Vor dem Frühlingsfest besuchte die Regierung viel__e__ Arbeitslos__e__ und hat ihnen all__en__ etwas für das Fest mitgebracht.
h) Bei uns in China trinkt man viel_____ Tee, aber in Deutschland viel_____ Kaffee.
i) Viel__e__ jung__en__ Leute möchten ins Ausland fahren. Manch__e__ von ihnen möchten in die USA fahren, ander__e__ nach Europa.
j) Er hat einen Witz erzählt. Aber all__e__ Anwesend__en__ haben seinen Witz nicht verstanden.
k) Wenn man erkältet ist, sollte man viel_____ Wasser trinken und viel_____ Obst essen. Man darf nicht viel_____ rauchen und viel_____ arbeiten.

Lektion 10

Lektion 11

Grammatik

Komparation der Adjektive 形容词变级

A Der Positiv 原级

例句：

a) Herr Fisch ist 20 Jahre alt. Ich bin auch 20 Jahre alt.
   费舍先生20岁。我也20岁。

→ Er ist *so* alt *wie* ich.
   他的年龄与我一样大。

b) Frau Schön hat eine schöne Figur. Frau Hübsch hat auch eine schöne Figur.
   舍恩太太有漂亮的身材。许布施太太也有漂亮的身材。

→ Frau Schön hat eine *genauso* schöne Figur *wie* Frau Hübsch.
   舍恩太太有一个与许布施太太同样漂亮的身材。

c) Frau Schön liest gern Zeitungen. Frau Schön liest auch gern Zeitschriften.
   舍恩太太喜欢看报。舍恩太太也喜欢看杂志。

→ Frau Schön liest *ebenso* gern Zeitungen *wie* Zeitschriften.
   舍恩太太喜欢看报如同喜欢看杂志一样。

d) Es ist in Shanghai kalt. Es ist in Hainan nicht kalt
   上海冷，海南不冷。

→ Es ist in Hainan *nicht so* kalt *wie* in Shanghai.
   海南不像上海那样冷。

Lektion 11

说明：

用形容词原级进行比较有肯定和否定两种形式：

1. 肯定形式的结构是 *so*（*genauso*/*ebenso*）＋ 形容词原级 ＋ *wie*，见例句 a)，b)和 c)，表示"与……一样"。
2. 否定形式的结构是 *nicht so* ＋ 形容词原级 ＋ *wie*，见例句 d)，表示"与……不一样"。
3. 被比较的两个对象在原句中所充当的成分是一致的，如例句 a)和 b)是两个主语的比较，例句 c)是两个第四格宾语的比较，例句 d)是两个地点状语的比较。

Übung

Vergleichen Sie bitte!

Beispiel:

Frau Ma ist 50 Kilo schwer. Frau Li ist auch 50 Kilo schwer.

→ Frau Ma ist so schwer wie Frau Li.

a) Meine Wohnung ist 100 m² groß. Seine Wohnung ist 110 m² groß.

   Meine Wohnung ist nicht so groß wie seine Wohnung.

b) Ich esse gern Obst. Ich esse auch gern Gemüse.

   Ich esse gern ebenso Obst wie Gemüse.

c) Chinesen essen viel Reis. Chinesen essen nicht viel Kartoffeln.

   Chinesen essen nicht so viel Kartoffeln wie Reis.

d) Der Lehrer spricht fließend Deutsch. Der Lehrer spricht Englisch nicht so fließend.

   Der Lehrer spricht nicht so fließend Englisch wie Deutsch.

e) Herr Groß ist ein kluger Mann. Herr Fischer ist auch ein kluger Mann.

   Herr Groß ist ein genauso kluger Mann wie Herr Fischer.

f) Der Anzug steht meinem Bruder sehr gut. Er steht mir nicht gut.

   Der Anzug steht mir nicht so gut wie meinem Bruder.

g) Gestern stand ich um sechs auf. Heute stand ich erst um halb acht auf.

   Heute stand ich nicht so früh auf wie gestern.

h) Am Samstag war es warm. Am Sonntag war es auch warm.

   Es war ebenso warm am Samstag wie am Sonntag.

i) Im Bett kann man gut schlafen. Auf dem Sofa kann man nicht gut schlafen.

   Auf dem Sofa kann man nicht so gut wie im Bett schlafen.

j) Ich gehe oft ins Kino. Ich gehe nicht oft ins Theater.

   Ich gehe nicht so oft ins Theater wie ins Kino.

Lektion 11

B Regelmäßige Komparation der Adjektive 形容词的规则变级

1. als Prädikativ oder Adverbialbestimmung 作表语或状语

例句：

a）**als Prädikativ**　作表语

　　Der Hase ist *klein*.

　　兔子是小的。

　　Der Hase ist *kleiner als* das Schaf.

　　兔子比羊小。

　　Das Schaf ist *kleiner als* das Pferd.

　　羊比马小。

　　Der Hase ist *am kleinsten*.

　　兔子最小。

b）**als Adverbialbestimmung**　作状语

　　例句：

　　Das Schaf läuft *schnell*.

　　羊跑得快。

　　Der Hase läuft *schneller als* das Schaf.

　　兔子比羊跑得更快。

　　Das Pferd läuft *am schnellsten*.

　　马跑得最快。

说明：

1. 在上面的例句中，*klein* 和 *schnell* 是原级形式。
2. *kleiner* 和 *schneller* 是比较级形式。
3. 用比较级对人或物进行比较时，其结构是：形容词比较级（*kleiner*）+ *als* + 被比较的对象。
4. 形容词最高级用在对三个或三个以上的人或事物进行比较，排名第一或最后的都可用最高级来表达，比如 *am kleinsten* 表示最小，*am schnellsten* 表示最快。
5. 被比较的两个对象在原句中所充当的成分也是一致的。

形容词按规则变级的 4 种类型：

原级	比较级	最高级
1. billig schnell fleißig voll	billig-er schnell-er fleißig-er voll-er	am　billig-sten am　schnell-sten am　fleißig-sten am　voll-sten

续表

原级	比较级	最高级
2. lang jung	läng-er jüng-er	am läng-sten am jüng-sten
3. alt heiß kurz hübsch	ält-er heiß-er kürz-er hübsch-er	am ält-e-sten am heiß-e-sten am kürz-e-sten am hübsch-e-sten
4. dunkel teuer	dunkl-er teur-er	am dunkel-sten am teuer-sten

说明：

1. 形容词比较级的构成是：形容词原级 + 词尾 -*er*，
2. 形容词最高级的构成是：形容词原级 + 词尾 -*st*，
3. 最高级作表语或状语时，必须在其前面使用 *am*，在最高级的词尾添加 -*en*。
4. 单音节形容词，若词干元音为 *a/o/u* 时，须先变音即变为 *ä/ö/ü*，然后再加相应的词尾，但是形容词 *voll* 以及 *schlank* 的变化是例外，它们在变级时不需要变音：*voll* → *voller* → *am vollsten*；*schlank* → *schlanker* → *am schlanksten*。
5. 形容词原级以 -*t*, -*ß*, -*z*, -*sch* 等结尾时，因为发音关系，其最高级的形式必须在最高级词尾 -*st* 之前加上字母 -*e*，但 *groß* 的变化是例外：*groß* → *größer* → *am größten*。
6. 形容词原级以 -*el* 结尾时，因为发音关系，变成比较级时先去掉原级词尾中的 -*e*，然后再加上比较级词尾；形容词 *teuer* 变成比较级时先去掉原级词尾中的 -*e*，然后再加上比较级词尾（*teurer*）。

Übungen

Vergleichen Sie mit Komparativ oder Superlativ!

Beispiel:

das Mofa/der Bus/der Zug (*schnell fahren*)

→ *Das Mofa fährt schnell.*
→ *Der Bus fährt schneller als das Mofa.*
→ *Der Zug fährt am schnellsten.*

a) der Perlfluss/der Gelbe Fluss/der Yangtse-Fluss (lang sein)

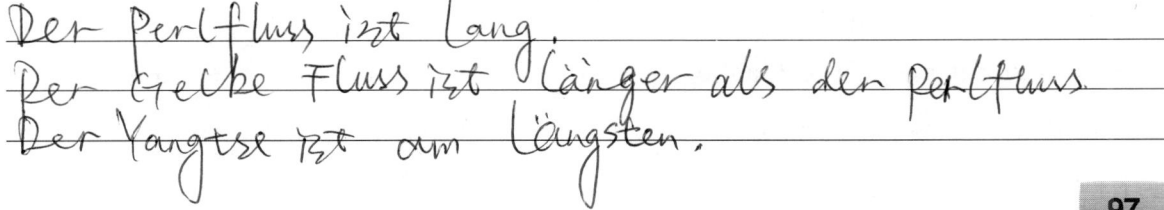

Lektion 11

b) die Katze/der Hund/der Affe (klug sein)

Die Katze ist klug.
Der Hund ist klüger als die Katze.
Der Affe ist am klügsten.

c) das Schwein/das Rind/der Elefant (schwer wiegen)

Das Schwein wiegt schwer.
Das Rind wiegt schwerer als das Schwein.
Der Elefant wiegt am schwersten.

d) in Shanghai/in Hongkong/in Hainan (im Sommer heiß sein)

Im Sommer ist es heiß in Shanghai.
Im Sommer ist es heißer in Hongkong als in Shanghai.
Im Sommer ist es am heißesten in Hainan.

e) der Sohn/der Vater/der Großvater (alt sein)

Der Sohn ist alt.
Der Vater ist älter als der Sohn.
Der Großvater ist am ältesten.

f) Amerika/China/Russland (groß sein)

Amerika ist groß.
China ist größer als Amerika.
Russland ist am größten.

2. als Attribut 作定语

例句：

a) Tianjin ist eine große Stadt.

天津是一个大城市。

Beijing ist eine größere Stadt als Tianjin.

北京是比天津更大的城市。

Shanghai ist **die** größte Stadt.

上海是最大的城市。

b) China hat eine große Fläche.

中国面积很大。

Kanada hat eine größere Fläche als China.

加拿大比中国的面积更大。

Russland hat **die** größte Fläche.

俄罗斯的面积最大。

Lektion 11

说明：
1. 形容词的比较级作定语时，只需在比较级形式后再加相应的形容词词尾。
2. 最高级作定语时，最高级前须用定冠词（在一定的上下文中也可用物主代词），最高级形容词后须加上相应的形容词词尾。

Übung

Bilden Sie Sätze!

Beispiel:

die Shanghai Universität, die Jiaotong Universität, die Fudan Universität / eine gute Universität sein

→ Die Shanghai Universität ist eine gute Universität.
Die Jiaotong Universität ist eine bessere Universität als die Shanghai Universität.
Die Fudan Universität ist die beste Universität in Shanghai.

a) Fahrräder, Motorräder, Autos / teure Waren sein

b) Kim, Anne, Susanne / ein langes Kleid tragen

c) der Affe, der Mensch, der Computer / ein starkes Gedächtnis haben

d) das Arbeitszimmer, das Schlafzimmer, das Kinderzimmer / ein kleiner Raum sein

C Unregelmäßige Komparation der Adjektive und einiger Adverbien

形容词及一些副词的不规则变级

Berliner Fernsehturm (365 m)   Shanghaier Fernsehturm (468 m)   Fernsehturm in Toronto (553,34 m)

Lektion 11

例句:

Der Berliner Fernsehturm ist **hoch**.

柏林电视塔是高的。

Der Shanghaier Fernsehturm ist **höher** als der Berliner Fernsehturm.

上海电视塔比柏林电视塔更高。

Der **höchste** Fernsehturm ist aber in Toronto.

但是最高的电视塔在多伦多。

形容词及一些副词的不规则变级形式:

原级	比较级	最高级
gut	besser	am besten / der, die, das beste
hoch	höher	am höchsten / der, die, das höchste
nah(e)	näher	am nächsten / der, die, das nächste
viel	mehr	am meisten / der, die, das meiste
gern	lieber	am liebsten / der, die, das liebste
oft/häufig	öfter/häufiger	am häufigsten / der, die, das häufigste

说明:

　　mehr 和 weniger 作定语时无需另加词尾, viel 和 wenig 作定语时,在可数名词前需根据名词的格添加相应的词尾,在不可数名词前则不需加词尾:

a) Hans hat _viel_ Geld, aber Maria hat _mehr_ Geld.

汉斯有许多钱,但玛丽娅有更多的钱。

Susanne hat _wenig_ Geld, aber ich habe noch _weniger_ Geld.

苏珊娜有少量的钱,但我的钱更少。

b) Hans hat _viele_ Bücher gelesen, aber Maria hat _mehr_ Bücher gelesen.

汉斯看了许多书,但玛丽娅看的书更多。

Susanne hat _wenige_ Bücher gelesen, aber ich habe noch _weniger_ Bücher gelesen.

苏珊娜看了少量的书,但我看的书更少。

Übungen

1. Bilden Sie bitte je drei Sätze!

Beispiel:

　　ich, Wang Dali, Li Jianguo / gut Tischtennis spielen

→ Ich spiele Tischtennis gut.

　　Wang Dali spielt Tischtennis besser als ich.

　　Li Jianguo spielt Tischtennis am besten.

Lektion 11

a) Fisch, Schweinefleisch, Rindfleisch / gern essen (ich)

Ich esse Fisch gern.
Ich esse lieber Schweinefleisch als Fisch.
Ich esse Rindfleisch am liebsten.

b) Nanjing, Wuxi, Suzhou / nah von Shanghai sein

Nanjing ist nah von Shanghai.
Wuxi ist näher als Nanjing von Shanghai.
Suzhou ist am nächsten von Shanghai.

c) am Vormittag, am Nachmittag, nach dem Abendessen / die Hausfrau viel Hausarbeit haben

Die Hausfrau hat viel Hausarbeit am Vormittag.
Die Hausfrau hat mehr am Nachmittag als am Vormittag.
Die Hausfrau hat die meiste nach dem Abendessen.

d) der Staatschef, der Firmenleiter, der Reiseführer / oft reisen

Der Staatschef reist oft.
Der Firmenleiter reist öfter als der Staatschef.
Der Reiseführer reist am häufigsten.

e) Hangzhou, Tianjin, Shanghai / eine große Stadt sein

Hangzhou ist eine große Stadt.
Tianjin ist eine größere Stadt.
Shanghai ist die größte Stadt.

f) abends: nach neun, nach zehn, nach elf / wenige Menschen auf der Straße sein

Abends nach neun sind auf der Straße wenige Menschen.
Abends sind auf der Straße nach zehn weniger Menschen als nach neun.
Abends sind auf der Straße nach elf die wenigsten Menschen.

2. Ergänzen Sie den Komparativ oder Superlativ!

a) Die Münchener müssen viel Geld verdienen. Denn dort sind die Wohnungen am teuersten (teuer).

b) In Bonn wird man am ältesten (alt). Leben dort die Einwohner besonders gesund?

c) Das Ergebnis des Glücksatlas 2012: Die Menschen in Hamburg sind am glücklichsten (glücklich).

d) Die Deutschen reisen am meisten (viel). 70 Millionen Deutsche sind im Jahr 2011 per Flugzeug ins Ausland gereist.

e) Leider ist die Arbeitslosigkeit im Bundesland Mecklenburg-Vorpommern am höchsten (hoch).

f) Das Land mit den meisten (viel) Einwohnern ist China.

Lektion 11

g) Die **längste** (lang) Grenze zwischen zwei Ländern ist die zwischen den USA und Kanada.

h) Die Vatikanstadt ist das **kleinste** (klein) Land in der Welt.

i) Auf Grönland, der **größten** (groß) Insel der Welt, wird es im Winter bis zu -40 Grad Celsius kalt.

j) Der **tiefste** (tief) und **älteste** (alt) See ist der Baikalsee in Russland.

k) * Ich bin fünf Zentimeter **größer** (groß) und viel **stärker** (stark) als du. Außerdem bin ich der **beste** (gut) Schüler in der Klasse.
   + Du hast aber in Musik **schlechtere** (schlecht) Noten als ich. Und außerdem habe ich **mehr** (viel) Freunde als du!
   * Na und? Dafür kann ich viel **besser** (gut) Fußball spielen als du.
   + Fußball ist der **langweiligste** (langweilig) Sport. Basketball ist doch viel **interessanter** (interessant)!

Wiederholungsübungen (2)

1. Bilden Sie Fragen im Perfekt!

Beispiel: die E-Mail von Siemens beantworten
→ Haben Sie die E-Mail von Siemens beantwortet?

a) die E-Mails ausdrucken — Haben Sie die E-Mails ausgedruckt?
b) den Computer ausschalten — Haben Sie den Computer ausgeschaltet?
c) den Brief an die Firma schreiben — Haben Sie den Brief an die Firma geschrieben?
d) die Briefe zur Post bringen — Haben Sie die Briefe zur Post gebracht?
e) einen Termin mit Herrn Mayer machen — ... gemacht?
f) mit dem Chef die Termine besprechen — ... besprochen?
g) um 10 Uhr zur Besprechung gehen — ... gegangen?
h) heute in der Kantine essen — ... gegessen?
i) gestern um 16 Uhr 30 Feierabend machen — ... gemacht?

2. Antworten Sie die Fragen wie im Beispiel!

Beispiel: Wann beginnt der Film?
→ Der Film hat schon begonnen.

a) Wann geht ihr spazieren? — Wir sind schon spazieren gegangen.
b) Wann fährt der Bus vom Bahnhof ab? — Der Bus vom Bahnhof ist schon abgefahren.
c) Wann fliegen eure Nachbarn in Urlaub? — Unsere Nachbarn sind schon in Urlaub geflogen.
d) Wann holt er die Post? — Er hat schon die Post geholt.
e) Wann gießt ihr die Blumen? — Wir haben schon die Blumen gegossen.
f) Wann bringst du uns den Schlüssel? — Ich habe euch den Schlüssel schon gebracht.
g) Wann zieht ihr um? — Wir sind schon umgezogen.
h) Wann hilfst du deinem Nachbarn beim Umzug? — Ich habe meinem Nachbarn beim Umzug schon geholfen.

3. Perfekt mit *sein* oder *haben*? Ergänzen Sie!

+ Heute morgen war der Fernseher an. _Bist_ du vor dem Fernseher einge-

Wiederholungsübungen (2)

schlafen?

* Ja, irgendwann **bin** ich dann ins Bett gegangen. **Hat** der Wecker denn schon geklingelt?
+ Den **habe** ich gerade abgestellt. Du **hast** einfach weitergeschlafen. Komm zum Frühstück! Ich **habe** schon Kaffee gemacht und Frank **hat** Brötchen geholt.
* Ich dusche erst. Ich glaube, ich **habe** gestern etwas zu viel getrunken. Vielleicht **habe** ich auch zu viel getanzt. Mir tut alles weh.
+ **Bist** du mit der Straßenbahn zurückgekommen? Oder **hast** du ein Taxi genommen?
* Ich **habe** das Fahrrad von Gina ausgeliehen. Ich **habe** es in die Garage gestellt.
+ Und wo **hast** du mein Auto abgestellt? Ich **habe** dir doch gesagt, ich will mich heute mit Lisa treffen!
* Oh, das **habe** ich ganz vergessen. Für wann **habt** ihr euch verabredet?
+ Für heute Morgen um 10 Uhr.
* Ich beeile mich. Das Auto steht um 9 Uhr 30 vor der Haustür!
+ Das **hast** du das letzte Mal auch gesagt und dann **habe** ich ein Taxi genommen.

4. Ergänzen Sie die Adjektivendungen!

a) Diese neu**e** Jacke von Silke gefällt mir.

b) * Papa, kann ich mit diesem blau**en** Anzug ins Theater gehen?
   + Unmöglich! Warum ziehst du nicht den grau**en** Anzug an?
   * Denn der grau**e** Anzug ist schmutzig.

c) + Die neu**e** Schuhmode finde ich furchtbar.
   * Ich finde die neu**en** Schuhe für diesen Sommer toll.

d) + Ist der alt**e** Wintermantel von meinem Vater noch da?
   * Den alt**en** Wintermantel habe ich Rudi geschenkt.

e) + Ich möchte diese weiß**e** Hose kaufen.
   * Möchten Sie auch dazu den rot**en** Pullover?
   + Nein danke, nur die weiß**e** Hose, bitte.

f) * Mit diesem lang**en** Rock siehst du wie Oma Lore aus.
   + Zum Geburtstag von Oma Lore kann ich aber nicht den kurz**en** Rock anziehen. Das geht nicht!

Wiederholungsübungen (2)

g) * Wie findest du dieses blau__es__ Halstuch?

+ Das finde ich wunderschön.

h) Es läuft ein neu__er__ Film im Kino.

i) „Die Blechtrommel" ist ein gut__es__ Buch, aber ich suche ein dünn__es__ Buch für meinen Sohn.

j) Die neu__e__ CD von *Snoop Dog* gefällt mir, aber ich finde seine letzt__e__ CD noch besser.

k) Deine alt__en__ Filme, Bücher und CDs sind sicher wertvoll.

l) Mit seinem berühmt__en__ Film „Metropolis" wurde der Regisseur Fritz Lang weltbekannt.

5. Benutzen Sie den Komparativ oder den Superlativ!

a) Cola schmeckt gut, aber Milch schmeckt mir __besser__.

b) Ich esse gern in der Kantine, aber bei meiner Mutter esse ich noch __lieber__.

c) Von allen Ländern der Europäischen Union ist Malta am __kleinsten__.

d) Alle Äpfel sind gesund, aber Bioäpfel sind noch __gesünder__.

e) Die Deutschen essen viel Nudeln (7 kg im Jahr), aber noch __mehr__ Kartoffeln (70 kg im Jahr).

f) * Welche Filme gefallen dir am __besten__?

+ Krimis. Das sind meine Lieblingsfilme.

g) Köln ist eine alte Stadt. Aber Trier ist viel __älter__.

h) Die Zugspitze ist der __höchste__ Berg in Deutschland.

i) Fleisch ist oft ziemlich teuer, aber guter Fisch ist heute noch __teurer__.

j) Orangen haben viel Vitamin C, aber ich glaube, Zitronen haben noch __mehr__.

Lektion 12

Grammatik

Lokale Präpositionen　表示地点意义的介词

A　aus, von, nach, zu, bei, gegenüber

1. aus / von，支配第三格，回答 woher 的问题。

aus：　a) 从……里出来，从……出去，强调从一个相对封闭的空间出来。

　　　　　Hans kommt jetzt **aus dem Klassenzimmer**.

　　　　　汉斯现在正从教室里走出来。

　　　　　Er trinkt Bier **aus einer Flasche**.

　　　　　他（直接）从瓶子里喝啤酒。

　　　b) 表示出生地，国籍

　　　　　Wang Dali kommt **aus China**.

　　　　　王大力来自中国/是中国人。

　　　c) 表示来源

　　　　　Die Tasche ist **aus Italien**.

　　　　　这只包产自意大利。

von：　a) 从某人那里来

　　　　　Er kommt **von seinem Freund**.

　　　　　他从朋友那里过来。

　　　b) 从……出发点来，强调从……方向来，不强调从一个相对封闭的空间出来。

　　　　　Mein Vater kommt **vom Bahnhof**.

　　　　　我的父亲从火车站过来。

c) 离开/掉离一个平面的物体；把……从一个平面上取下
   Sie isst Salat **vom Teller**.
   她从盆子里吃色拉。
   Das Bild fällt von der Wand.
   这幅画从墙上掉下了。

d) 固定搭配
   Mein Vater kommt sehr spät von der Arbeit.
   我父亲下班回来很晚。

Übung

Ergänzen Sie *aus* oder *von* und *den Artikel*, wenn es notwendig ist!

a) Woher kommt der Vater? ___Vom___ Büro oder ___von der___ / ___aus der___ Firma?
b) Woher nimmt die Mutter das Tuch? ___Vom___ Tisch oder ___von___ Kleiderschrank?
c) Woher kommt unser Lehrer? ___Aus___ Shanghai oder ___vom___ Land?
d) Woher kommt der Brief? ___Aus___ Österreich, ___aus___ FU Berlin oder ___von___ meiner Freundin?
e) Woher weißt du das? ___Aus der___ Zeitung, ___aus dem___ Fernsehen oder ___von___ meinem Lehrer?
f) Woher kommst du? ___Von___ zu Haus oder ___von___ Hans?
g) Langsam fährt der Zug ___aus___ dem Bahnhof.
h) Ich komme gerade ___vom___ Bahnhof, ich habe meinen Freund dorthin gebracht.
i) Morgen kommt er ___aus___ dem Krankenhaus, er war zwei Wochen dort.
j) Ich bekomme ein Stipendium ___vom___ DAAD.

2. **nach/zu**，支配第三格，回答 wohin 的问题。

nach：向……，到……，往……去

a) 与不带冠词的国名、地名连用
   Wang Dali fliegt **nach Deutschland**.
   王大力坐飞机去德国。

b) 与某些副词及表示东南西北方向的名词连用
   Gehen Sie an der nächsten Kreuzung **nach rechts**.
   您在下一个十字路口向右拐。

zu：向……，到……，往……去

Lektion 12

a) 去某人处

Klaus geht **zu Hans**.

克劳斯去汉斯那里。

b) 去某地方

Herr Zhang geht **zur Universität**.

张先生去大学。

c) 去办某事

Herr Pöppelmann geht jeden Tag sehr früh **zur Arbeit**.

佩普尔先生每天很早去上班。

说明:

1. 与带冠词的国名连用时,用介词 *in* 表示方向,支配第四格,回答 *wohin* 的问题。

   Wang Dali fährt morgen **in die Schweiz.**

   王大力明天去瑞士。

2. *zu Hause*, *nach Hause*, *von zu Hause* 都属固定用法,分别表示在家、回家、从家里来。

   Er will den ganzen Tag **zu Hause** bleiben.

   他想整天呆在家里。

   Jetzt ist er wieder **nach Hause** gefahren.

   现在他又坐车回家了。

   Vor einer Stunde ist Hans **von zu Hause** ins Büro gekommen.

   汉斯一小时前从家里来到了办公室。

Übung

Ergänzen Sie *nach* oder *zu* oder *in* und *den Artikel*, wenn es notwendig ist!

a) Wohin möchte der chinesische Student fahren? _In die_ (die) USA, _nach_ Paris oder _zum_ Flughafen?

b) Wohin möchtest du in den Ferien reisen? _Nach_ Amerika, _nach_ München oder _in die_ (die) Türkei?

c) Wohin geht Herr Wang? _Zur_ Arbeit, _zur_ Post, _zum_ Unterricht, _zum_ Professor Müller, _zur_ Vorlesung, _zum_ Arzt oder _zu_ Hans.

d) Wohin fährst du? _Zu_ Haus oder _zu_ deiner Familie?

e) Morgen muss ich _zur_ Polizei, denn ich muss mich polizeilich abmelden.

f) * Kommst du _zum_ Essen?   + Nein, ich muss _zur_ Universität.

g) Gehen Sie _zur_ Kasse und zahlen Sie dort.

Lektion 12

3. bei/gegenüber 支配第三格，回答 wo 的问题

bei：在……那里

  a）在某人处

   Monika und ihr Sohn sind **bei dem/beim Arzt**.

   莫妮卡和她的儿子在医生那里（看病）。

   Der Student wohnt **bei seinen Eltern**.

   这个大学生住在父母亲那里。

  b）在某公司、银行等单位工作

   Monika arbeitet **bei Siemens**.

   莫妮卡在西门子工作。

gegenüber：在……对面

  a）支配名词时，可前置或后置

   Das Kaufhaus liegt **gegenüber der Post**.

   oder：Das Kaufhaus liegt **der Post gegenüber**.

   百货大楼位于邮局对面。

  b）支配人称代词时，必须后置

   Er wohnt **mir gegenüber**.

   他住在我的对面。

Übung

Ergänzen Sie die Präpositionen *bei*, *gegenüber*!

a) Das Kaufhaus befindet sich _gegenüber_ der Bank.

b) Peters Sohn arbeitet seit 2 Jahren _bei_ Der Deutschen Bank in Pudong.

c) Herr Mayer arbeitet in Dresden. Das letzte Wochenende hat Frau Mayer _bei_ ihrem Mann in Dresden verbracht.

d) Herr Li und Frau Wang besuchen zusammen einen Deutschkurs. Im Unterricht sitzt er ihr _gegenüber_.

B durch, gegen, um, entlang, bis

1. durch, gegen, um

durch：穿过，周游，支配第四格。

  Er geht **durch den Wald**.

  他穿过森林。

Lektion 12

        Er reist **durch China**.

        他周游中国。

gegen：朝，向，对；逆。支配第四格。

        Er läuft **gegen die Wand**.

        他朝墙撞去。

um：支配第四格。

    a) 转过拐角；在拐角处

        Das Auto fährt **um die Ecke**.

        小汽车转过拐角。

    b) 围绕，环绕

        Wir sitzen **um den Tisch**.

        我们围桌而坐。

2. entlang, bis

entlang：沿着，顺着，后置时支配第四格，前置时支配第三格。

        Die Passantin geht **die Bahnhofsstraße entlang**.

    oder：Die Passantin geht **entlang der Bahnhofsstraße**.

        行人沿着火车站路行走。

bis：到……为止，直到，支配第四格。

    a) 与无冠词的地名连用时，单独使用，通常无格数形式。

        Der Zug fährt **bis Berlin**.

        这列火车行驶至柏林。

    b) 有冠词的名词时，与另一个介词联合使用，支配格取决于另一个介词。

        Wir gehen zu Fuß **bis zum Bahnhof**.

        我们步行直至火车站。

        Das Hochwasser reicht **bis an den Bauch**.

        洪水已涨到半身高。

Übung

Ergänzen Sie die Präpositionen *durch*, *gegen*, *um*, *bis* (*zu*), *entlang*!

a) Die S-Bahnstation ist gleich ___um___ die Ecke.

b) Das kleine Kind ist ___gegen___ einen Baum gelaufen.

c) Die Gäste sitzen ___um___ einen runden Tisch herum.

d) Der Zug Nr. 13 fährt ___bis___ Beijing.

Lektion 12

e) Wir fahren mit der U1 ~~entlang~~ der bis zur (die) Endstation.
f) Im Sommer hat er vier Wochen Urlaub. Er will durch Europa reisen.
g) Nach dem Abendessen geht Ralf mit seiner Frau den Rhein entlang spazieren.
h) Der nächste Briefkasten ist um die Ecke.
i) Er schwimmt ~~entlang~~ gegen den Strom.

C an, auf, in, vor, hinter, über, unter, neben, zwischen

以上九个变位介词在表示目的地时，支配第四格，回答 *wohin* 的问题。而在表示地点范围时，支配第三格，回答 *wo* 的问题。

例句：

* **Wohin** fliegt der Vogel?
  这只鸟飞向哪里？
+ Der Vogel fliegt **in den Käfig**.
  这只鸟飞进鸟笼。
* **Wo** fliegt der Vogel?
  这只鸟在哪里飞翔？
+ Der Vogel fliegt **im Käfig**.
  这只鸟在鸟笼里飞翔。

说明：
1. 这九个介词通常与以下动词连用：*stellen* - *stehen* (stand/standing); *legen* - *liegen*; *setzen* - *sitzen*; *hängen*; *stecken* (插)。
2. 以上动词中 *hängen*, *stecken* 既可以用作及物动词也可以当不及物动词使用，其中 *stecken* 用作及物和不及物时的变位形式一致，而 *hängen* 的现在时变位形式一致，过去式和第二分词的形式如下：及物时为 *hängte*, *gehängt*；不及物时为 *hing*, *gehangen*。
3. 变位介词与及物动词 *stellen*, *legen*, *setzen*, *hängen* 和 *stecken* 连用时，支配第四格，与不及物动词 *stehen*, *liegen*, *sitzen*, *hängen* 和 *stecken* 连用时，支配第三格。

    an: a) 紧靠在……上，紧挨着……旁边
        * **Wo** sitzt der Mann?
          这位男士坐在哪里？
        + Der Mann sitzt **an dem Tisch**.
          这位男士坐在桌旁。
       b) 到……旁边去
        * **Wohin** setzt der Mann das kleine Mädchen?

Lektion 12

        这位男士把这个小女孩安坐到哪里？
    + Der Mann setzt es **an den Tisch**.
        这位男士把她安坐到桌旁。

auf：a) 在……上面，在一个平面上

    * **Wo** liegt das Buch?
        书在哪里？
    + Das Buch liegt **auf dem Tisch**.
        书在桌上。

b) 放到……上面，放到一个平面上

    * **Wohin** legt er das Buch?
        他把书放到哪里？
    + Er legt das Buch **auf den Tisch**.
        他把书放到桌上。

in：a) 在……里

    * **Wo** liegt das Buch?
        书在哪里？
    + Das Buch liegt **in der Schublade**.
        书在抽屉里。

b) 放到……里面

    * **Wohin** legt er das Buch?
        他把书放到哪里？
    + Er legt das Buch **in die Schublade**.
        他把书放进抽屉里。

vor：a) 在……前面

    * **Wo** liegt das Buch?
        书在哪里？
    + Das Buch liegt **vor dem Fernseher**.
        书在电视机前面。

b)（放）到……前面

    * **Wohin** legt er das Buch?
        他把书放到哪里？
    + Er legt das Buch **vor den Fernseher**.
        他把书放到电视机前面。

hinter：a) 在……后面，在……背后

Lektion 12

        * **Wo** steht der Staubsauger?

          吸尘器在哪里？

       + Der Staubsauger steht **hinter der Tür**.

          吸尘器在门后面。

    b) 到……后面；把……放到……后面

        * **Wohin** stellt er den Staubsauger?

          他把吸尘器放到哪里？

       + Er stellt den Staubsauger **hinter die Tür**.

          他把吸尘器放到门后面。

über： a) 在……上方

        * **Wo** hängt die Lampe?

          灯挂在哪里？

       + Die Lampe hängt **über dem Tisch**.

          灯挂在桌子上方。

    b) 到……上方

        * **Wohin** hängt er die Lampe?

          他把灯挂到哪里？

       + Er hängt die Lampe **über den Tisch**.

          他把灯挂到桌子上方。

unter： a) 在……下方，在……底下

        * **Wo** steht die Tasche?

          包在哪里？

       + Die Tasche steht **unter dem Tisch**.

          包在桌子下方。

    b) 到……下面；到……底下

        * **Wohin** stellt er die Tasche?

          他把包放到哪里？

       + Er stellt die Tasche **unter den Tisch**.

          他把包放到桌子底下。

neben： a) 在……旁边

        * **Wo** steht der Stuhl?

          椅子在哪里？

       + Der Stuhl steht **neben dem anderen Stuhl**.

          椅子在另一把椅子旁边。

Lektion 12

        b) 到……旁边；把……放到……旁边

          * **Wohin** stellt er den Stuhl?

            他把椅子放到哪里？

          + Er stellt den Stuhl **neben den anderen Stuhl**.

            他把椅子放到另一把椅子旁边。

zwischen： a) 在……（两者）之间，在……中间

          * **Wo** steht der Stuhl?

            椅子在哪里？

          + Der Stuhl steht **zwischen einem Tisch und einem Schrank**.

            椅子在(一张)桌子和(一个)大橱中间。

        b) 到……之间去；到……中间去

          * **Wohin** stellt er den Stuhl?

            他把椅子放到哪里？

          + Er stellt den Stuhl **zwischen einen Tisch und einen Schrank**.

            他把椅子放到(一张)桌子和(一个)大橱中间。

Übung

Erweitern Sie die Sätze und verwenden Sie dabei die Wechselpräpositionen mit Dativ oder Akkusativ!

Beispiel：

Herr Li wohnt (*in*, *ein Hochhaus*).

Herr Li wohnt **in einem Hochhaus**.

a) Das Kind setzt sich (*zwischen*, *die Mutter*, *der Vater*).

    Das Kind setzt sich _zwischen die Mutter und den Vater_.

b) Petra fliegt (*in*, *der Irak*).

    Petra fliegt _in den Irak_.

c) Der Hund liegt (*auf*, *das Sofa*).

    Der Hund liegt _auf dem Sofa_.

d) Ich fahre mein Auto (*vor*, *der Garten*).

    Ich fahre mein Auto _vor den Garten_.

e) Michael hängt das Familienfoto (*an*, *die Wand*).

    Michael hängt das Familienfoto _an der Wand_.

f) Die Lampe steht (*auf*, *der Schreibtisch*).

Lektion 12

Die Lampe steht _auf dem Schreibtisch_.

g) Das Internet-Café liegt (neben, die Mittelschule).

Das Internet-Café liegt _neben der Mittelschule_.

h) Christina legt die Zeitung (auf, der Fernseher).

Christina legt die Zeitung _auf den Fernseher_.

i) Der Spiegel hängt (an, die Wand).

Der Spiegel hängt _an der Wand_.

j) Mein Fahrrad steht (vor, das Kaufhaus).

Mein Fahrrad steht _vor dem Kaufhaus_.

k) Das Bild hängt (über, das Bett).

Das Bild hängt _über dem Bett_.

l) Der Schreibtisch steht (an, das Fenster).

Der Schreibtisch steht _an dem Fenster_.

m) Das Regal steht (zwischen, der Sessel, die Tür).

Das Regal steht _zwischen dem Sessel und der Tür_.

n) Der Schreibtisch kommt (an, das Fenster).

Der Schreibtisch kommt _an das Fenster_.

o) Das Bett kommt (hinter, die Tür).

Das Bett kommt _hinter die Tür_.

p) Er stellt die Couch rechts (in, die Ecke).

Er stellt die Couch rechts _in die Ecke_.

q) Herr Bauer setzt sich (neben, seine Frau).

Herr Bauer setzt sich _neben seine Frau_.

r) Familie Zhang wohnt (in, die Sipingstraße).

Familie Zhang wohnt _in der Sipingstraße_.

s) Der Bus Linie 37 biegt (in, die Nanjingstraße) ein.

Der Bus Linie 37 biegt _in die Nanjingstraße_ ein.

t) Die Tochter sitzt (auf, die Treppe) und wartet auf die Eltern.

Die Tochter sitzt _auf der Treppe_ und wartet auf die Eltern.

u) Er hängt die Lampe (über, der Esstisch).

Er hängt die Lampe _über den Esstisch_.

v) Maria ist krank. Sie muss sich (in, das Bett) legen.

Maria ist krank. Sie muss sich _ins Bett_ legen.

w) Sie stellt die Schuhe (unter, das Bett).

Lektion 12

Sie stellt die Schuhe _unter das Bett_.

x) Der Schrank steht (*neben, die Tür*).
Der Schrank steht _neben der Tür_.

y) Der Vater sitzt (*zwischen, seine beiden Töchter*).
Der Vater sitzt _zwischen seinen beiden Töchtern_.

Lektion 13

Grammatik I

Präteritum 过去时

A Regelmäßige Verben 规则动词的过去时

例句：

Gao Tai *lebt* in Kaifeng und *reist* nach München.（Präsens/现在时）
高泰生活在开封，他去慕尼黑旅行。

Gao Tai *lebte* in Kaifeng. 1987 *reiste* er nach München.（Präteritum/过去时）
高泰曾生活在开封，1987年他去慕尼黑旅行。

变位形式：

	reisen	arbeiten
ich	reis-**te**	arbeit-**ete**
du	reis-**test**	arbeit-**etest**
er sie es	reis-**te**	arbeit-**ete**
wir	reis-**ten**	arbeit-**eten**
ihr	reis-**tet**	arbeit-**etet**
sie	reis-**ten**	arbeit-**eten**
Sie	reis-**ten**	arbeit-**eten**

说明：

1. 规则动词过去时的构成：动词词干后加上相应的过去时人称词尾，单数第一人称与单数第三人称的过去时形式相同。
2. 规则动词过去时人称词尾：

Lektion 13

ich	-te	wir	-ten
du	-test	ihr	-tet
er sie es	-te	sie/Sie	-ten

3. 动词词干以 **-t**，**-d**，**-ffn**，**-chn**，**-gn** 结尾的动词过去时人称词尾：

ich	-ete	wir	-eten
du	-etest	ihr	-etet
er sie es	-ete	sie/Sie	-eten

与 *arbeiten* 词尾变位形式相同的动词还有：

heiraten，*mieten*，*übernachten*，*baden*，*bilden*，*reden*，*schaden*，*öffnen*，*rechnen*，*regnen* 等

B Unregelmäßige Verben 不规则动词的过去时

例句：

Gao Tai *gefällt* die Kleidung nicht. （Präsens/现在时）
→ Gao Tai *gefiel* die Kleidung nicht. （Präteritum/过去时）
高泰不喜欢这种服装。

Er *bringt* ein Silberschiffchen *mit*. （Präsens/现在时）
→ Er *brachte* ein Silberschiffchen *mit*. （Präteritum/过去时）
他带去了一个银元宝。

变位形式：

	tragen	geben	leihen	bringen	kennen
ich	trug	gab	lieh	brachte	kannte
du	trugst	gabst	liehst	brachtest	kanntest
er sie es	trug	gab	lieh	brachte	kannte
wir	trugen	gaben	liehen	brachten	kannten
ihr	trugt	gabt	lieht	brachtet	kanntet
sie	trugen	gaben	liehen	brachten	kannten
Sie	trugen	gaben	liehen	brachten	kannten

Lektion 13

说明：

1. 不规则动词过去时的构成：动词词干须换元音字母，动词词干后加上相应的人称词尾，第一和第三人称单数没有词尾，例如 *sprechen* 的过去时变位形式为：

ich	sprach	wir	sprach-en
du	sprach-st	ihr	sprach-t
er sie es	sprach	sie/Sie	sprach-en

2. 混合变化动词过去时既要换词干元音字母，动词词干后还要加上相应的人称词尾形式，其人称词尾形式与规则动词过去时人称词尾形式相同，例如 *bringen* 的过去时变位形式为：

ich	brach-te	wir	brach-ten
du	brach-test	ihr	brach-tet
er sie es	brach-te	sie/Sie	brach-ten

不规则动词过去时的形式详见不规则动词表（本书附录）。

3. 过去时通常用来叙述过去发生的事情，时间意义上与现在完成时相同。区别在于过去时用于叙述体语篇，如长篇小说、童话、寓言，即文学语言或称书面语言。而现在完成时往往用于交际语言中，如日常口语或书信往来。

Übung

Schreiben Sie die Verben ins Präteritum um!

Ein Erlebnis

Gestern ___gab___ (geben) der Lehrer den Studenten die folgende Hausaufgabe: Sie sollen über ein Erlebnis schreiben. Li Jianguo ___schreibt___ (schreiben) über sein Erlebnis auf der Reise nach Deutschland.

Es ___war___ (sein) ein Sommertag in Beijing. Es ___regnete___ (regnen) sehr stark. Am Himmel ___es gab___ (es gibt) dicke und schwarze Wolken. Am Abend um sieben ___flog___ (fliegen) Li Jianguo von Beijing nach Berlin. Damals ___war___ (sein) das Wetter sehr schlecht. Das Flugzeug ___konnte___ (können) nicht pünktlich starten. Erst um acht ___flog___ die Maschine ___ab___ (abfliegen).

Lektion 13

Etwa 9 Stunden später __landete__ (landen) sie auf dem Flughafen Berlin Ost. Dann __musste__ (müssen) Li Jianguo durch die Zollkontrolle gehen. Bei der Zollkontrolle __musste__ (müssen) er seinen Koffer aufmachen, denn ein Zollbeamter __wollte__ (wollen) den Koffer kontrollieren. Nach der Kontrolle __konnte__ (können) Li Jianguo alleine seinen Koffer nicht mehr zumachen, denn er __war__ (sein) sehr voll. Deshalb __half__ (helfen) ihm dieser Zollbeamte dabei. Li Jianguo __dankte__ (danken) ihm dafür, __nahm__ (nehmen) einen Flughafenbus und __fuhr__ (fahren) bis zum Hauptbahnhof Berlin. Dort __stieg__ er __aus__ (aussteigen), __kaufte__ (kaufen) eine Zugkarte und __fuhr__ (fahren) dann mit dem Zug weiter nach Frankfurt.

Um sieben morgens __stieg__ er in den Zug __ein__ (einsteigen). Der Zug __war__ (sein) ziemlich leer. In seinem Abteil __saß__ (sitzen) nur noch eine deutsche Frau und __las__ (lesen) eine Zeitung. Sie __trug__ (tragen) ein rotes Kleid. Li Jianguo __grüßte__ (grüßen) sie und __setzte__ (setzen) sich. Ein paar Minuten später __sprach__ ihn die Frau __an__ (ansprechen). Dann __begannen__ (beginnen) sie sich zu unterhalten. Die deutsche Frau __fragte__ (fragen) Li Jianguo nach seiner Herkunft, seinem Studium und nach dem Leben der Chinesen im modernen China. Zum Schluss __erzählte__ (erzählen) ihm die deutsche Frau auch von ihrer Familie und ihren Kindern. Sie __hatte__ (haben) 3 Kinder, zwei Söhne und eine Tochter. Die Tochter __studierte__ (studieren) an der Universität Mannheim. Die Söhne __gingen__ (gehen) noch aufs Gymnasium. Heute __besuchte__ (besuchen) sie ihre Tochter in Mannheim.

Die Zugfahrt bis Frankfurt __dauerte__ (dauern) etwa sechs Stunden. Am Frankfurter Hauptbahnhof __stieg__ Li Jianguo in die S-Bahn __um__ (umsteigen). Damit __fuhr__ (fahren) er weiter nach Darmstadt.

Grammatik II

Temporale Präpositionen 表示时间意义的介词

an, zu, vor, bei, nach, in, zwischen, gegen, um, seit, bis, von ... bis ..., ab

an：在……时候，支配第三格，回答 **wann** 的提问。

　　a) 与 **Tag** 连用：　　　　**Am Dienstag** haben wir Videounterricht.
　　　　　　　　　　　　　　星期二我们有录像课。

b) 与 **Datum** 连用：　　　　Er ist **am 20. 8. 1961** geboren.
　　　　　　　　　　　　　他出生于 1961 年 8 月 20 日。
c) 与 **Tageszeit** 连用：　　**Am Nachmittag** haben wir keinen Deutschunterricht.
　　　　　　　　　　　　　下午我们没有德语课。
d) 与 **Wochenende** 连用：　**Am Wochenende** machen wir oft einen Ausflug.
　　　　　　　　　　　　　周末我们经常郊游。

zu：在……时；在……（一段时间内），支配第三格，回答 **wann** 的提问。

a) 与节日连用，当与 **kirchliche Feiertage**（宗教节日）连用时，**zu** 后面不加冠词。
Zu Weihnachten/Zu Ostern bekommen die Kinder viele Geschenke.
孩子们在圣诞节/复活节的时候得到许多礼物。
Zum Frühlingsfest/Zum Geburtstag bekommen die Kinder viele Geschenke.
孩子们在春节/生日的时候得到许多礼物。

b) 也可与 **Anfang/Ende** 连用，表示持续一段时间，**zu** 后面不加冠词。
Zu Anfang/Ende des Jahres bekommt die Firma Bosch meistens sehr viele Aufträge.
博世公司通常在年初/年末的时候有许多订单。

c) 与 **Zeit** 连用，表示一个时间段，**zu** 后面加冠词。
Zur Zeit des Otto von Bismarck war Deutschland militärisch am stärksten.
奥托·冯·俾斯曼时代的德国在军事上是最强大的。

vor：在……之前，支配第三格，回答 **wann** 的提问。
Vor dem Fahren dürfen die Autofahrer keinen Wein trinken.
驾驶员开车前不准喝酒。

bei：当……时，在……期间，支配第三格，回答 **wann** 的提问。
Beim Fahren dürfen die Autofahrer keinen Wein trinken.
驾驶员开车时不准喝酒。

nach：在……之后，支配第三格，回答 **wann** 的提问。
Erst **nach dem Fahren** können die Autofahrer Wein trinken.
驾驶员开完车后才可以喝酒。

in：1. 在……（时间）内；在……期间，支配第三格，回答 **wann** 的提问。

Lektion 13

a) 与 **Jahr**，**Monat**，**Jahreszeit**，**Woche**，**Jahrhundert** 连用：

Im letzten Jahr machte sie eine Urlaubsreise nach Österreich.
她去年度假时旅行去了奥地利。

Im Oktober fliege ich nach Deutschland und beginne mit meinem Studium an der TU München.
我10月份飞往德国，并且在慕尼黑理工大学开始我的学业。

Im Herbst mache ich Urlaub in Spanien.
我秋天去西班牙度假。

In der übernächsten Woche machen wir einen Test in Deutsch.
我们再下一周做一次德语测验。

Im 20. Jahrhundert hat sich China sehr stark verändert.
中国在21世纪中发生了巨大的变化。

b) 与 **Nacht** 连用：

In der Nacht läuft ein Student um den Sportplatz.
深夜里有一位学生绕着操场跑步。

2. 在……之后，支配第三格，回答 **wann** 的提问。

In einer Stunde beginnt das Fußballspiel im Fernsehen.
电视里的足球比赛一小时之后开始。

说明：

in 和 *nach* 都可以表达在……之后的意思：

1. *in* 是从说话开始计算的，只能与时间单位搭配，例如：

Der Unterricht ist **in ein paar Minuten** zu Ende.
几分钟后下课。

Der Chef kommt **in 5 Minuten** zurück.
上司5分钟后回来。

2. *nach* 表示时间顺序，可指过去、现在或将来的某时或某事，例如：

Gestern Abend war ich im Kino, aber **nach etwa 10 Minuten** ging ich wieder nach Haus zurück, denn der Film war sehr langweilig.
昨天晚上我去看电影了，但大约过了10分钟后我就回家了，因为那部电影太无聊了。

Im Deutschunterricht hören die Kursteilnehmer einen Text. **Nach dem Hören** müssen sie 2 Fragen beantworten.
学员们在德语课上听一篇课文，听完之后必须回答两个问题。

Nach dem Unterricht gehen die Studenten in die Mensa essen.
课后学生们去食堂吃饭。

Lektion 13

zwischen：在……之间，支配第三格，回答 **wann** 的提问。

Sein Freund kommt **zwischen 14.00 und 14.15 Uhr**.

他的朋友14点和14点15分之间来。

gegen：将近，大约，支配第四格，**gegen** 后面不加冠词，回答 **wann** 的提问。

Frau Müller geht **gegen 10.00 Uhr** zum Arzt.

米勒女士大约10点去看医生。

um：a) 与钟点连用，在……时（刻），支配第四格，**um** 后面不加冠词，回答 **wann** 的提问。

Der Unterricht endet **um 11.30 Uhr**.

课11点30分结束。

b) 表示不确定的时间，在……时（刻），支配第四格，**um** 后面不加冠词，回答 **wann** 的提问。

Jürgen ist ein fleißiger Schüler, erst **um Mitternacht** geht er schlafen.

约根是一位勤奋的学生，他子夜时才上床睡觉。

seit：自从；从……（时间）起，从……以来（直到现在），句子一般用现在时，支配第三格，回答 **seit wann** 的提问。

Seit September lerne ich in der Grundstufe Deutsch.

9月份以来我在初级班学习德语。

bis：直到……，支配第四格，回答 **bis wann** 的提问。

a) 单独使用，**bis** 后面不加冠词。

Bis Januar lerne ich in der Grundstufe Deutsch.

我在初级班学习德语直到一月为止。

b) 与其他介词连用，支配格取决于跟它连用的那个介词。

Er lernt jeden Tag **bis in die tiefe Nacht**.

他每天学习到深夜。

Bis vor zwei Wochen hörte er mit dem Rauchen auf.

直到两周前他才戒烟。

von...bis... 从……时间起，到……时间为止，回答 **von wann bis wann** 的提问。

a) 与 **Monat**，**Wochentage** 以及副词连用，不加冠词。

Lektion 13

Von September bis Januar lerne ich in der Mittelstufe Deutsch.
9月至1月我在中级班学习德语。

Von Montag bis Freitag lernen wir Deutsch.
我们周一至周五学习德语。

Von morgens bis abends lernen wir Deutsch.
我们从早到晚学习德语。

b) 与 **Datum**，**Tageszeit** 连用，加冠词，须另配其他介词联合使用。

Das neue Semester dauert **vom 20. Februar bis zum 30. Juni**.
新学期2月20日开学，6月30日结束。

Vom Morgen bis zum Abend sitzt er über den Büchern.
他从早到晚看书学习。

ab：从现在起，从将来某一个时刻起，支配第三格，回答 **ab wann** 的提问。

Ab dem 20. Februar lerne ich in der Mittelstufe Deutsch.
从2月20日起我将在中级班学习德语。

Ab sofort/heute/jetzt lerne ich noch fleißiger Deutsch.
我马上/今天/现在开始会更加努力地学习德语。

Übung

Ergänzen Sie die Präpositionen und Artikel，wenn nötig ist!

a) * Wann stehst du auf? + ~~Am~~ Morgen ~~um~~ 6.30 Uhr.
b) * Wann lernst du Deutsch?
   + ~~Bis~~ am Vormittag, ~~am~~ am Nachmittag und auch ~~der~~ am Abend.
c) * Wann gehst du schlafen?
   + ~~Zu~~ der Nacht um 23.30 Uhr, manchmal ~~um~~ Mitternacht.
d) * Wann treiben viele alte Menschen Sport?
   + ~~Am~~ frühen Morgen, ~~vor~~ dem Frühstück.
e) * Wann wandern viele Deutsche gern?
   + ~~Am~~ Wochenende, ~~in~~ der Urlaubszeit. seit   seitdem
f) * Wie lange lernst du schon Deutsch? + ~~vor~~ 6 Monaten, ~~nach~~ 3. September.
g) * Wann kannst du nach Deutschland fahren?

Lektion 13

+ Ich weiß nicht, vielleicht ___in___ der nächsten Woche / ___im___ Oktober / ___im___ kommenden Sommer / ___im___ Frühjahr / ___im___ nächsten Jahr.

h) * ~~Bis~~ Ab wann kannst du in deinem Studienfach studieren?
   + ~~Bis~~ nächstem Semester, ~~bis~~ ab dem 20. März.

i) * ~~Bis~~ Von wann ~~kom~~ bis wann dauert das Sommersemester?
   + Vom 20. Februar bis zum 30. Juni.

j) * ~~Ab~~ wann lernst du noch Deutsch in Shanghai?
   + ~~In~~ Bis Januar, ~~Ab~~ bis zum 23. Januar, bis Mitte Juli.

k) * Wann kommst du wieder zurück?
   + ~~Am~~ Mittag, ~~nach~~ in 2 Wochen, in einer halben Stunde.

l) * Wann hörst du Musik? + ~~Nach~~ Essen ~~nach~~ Fahren ~~nach~~ Lesen, vor dem Schlafengehen. Beim beim beim

m) * In welcher Jahreszeit reist du am liebsten?
   + Im Herbst, ~~nach~~ den Sommerferien, ~~in~~ zwischen Juli und August.

n) * Wann trinkst du Kaffee?
   + ~~Beim~~ Frühstück, ~~bei~~ in der Kaffeepause, ~~bei~~ nach dem Mittagessen.

o) * Wann hast du Zeit für mich?
   + Am Mittwochnachmittag, Am Donnerstag, ~~an~~ an Nationalfeiertagen, in den Winterferien.

p) * Wann machst du Gymnastik?
   + Nach dem Abendessen, am Abend ~~zum~~ zwischen 7 und 8 Uhr.

Grammatik III

Andere Präpositionen: mit, ohne, für, außer, zu

其他介词：mit, ohne, für, außer, zu

mit：（支配第三格）

 1. 表示使用的工具，手段等。

  Heute reisen viele Leute gern **mit dem Flugzeug**.

  当今许多人喜欢乘坐飞机旅行。

 2. 和……一起；跟……，同……

  * Ich möchte Herrn Hoffmann sprechen.

   我想跟豪夫曼先生谈话。

  + Rufen Sie bitte später an! Er hat jetzt eine wichtige Besprechung **mit sei-**

Lektion 13

nem Kollegen.
请您过后再打电话来！他现在正与他的同事有一个重要的谈话。

3. 添加……，带有……

* Sie wünschen?
您想要点什么？
+ Ich möchte ein Eis **mit Schlagsahne**, bitte.
我想要一份奶油冰淇淋。

ohne： 不添加……，不带有……，没有……，支配第四格。

* Sie wünschen?
您想要点什么？
+ Ich möchte ein Eis **ohne Schlagsahne**, bitte.
我想要一份不放奶油的冰淇淋。

Deutsche können **ohne Visum** in Europa reisen.
德国人没有签证可以在欧洲（各国）旅游。

für：（支配第四格）

1. 表示目的，为了……，
Wir lernen **für das Studium** in Deutschland Deutsch.
我们学习德语是为了在德国上大学。

2. 表示对象，对……而言，适合于……，
Es ist **für ihn** sehr schwer, Deutsch zu lernen.
德语对他而言很难学。
Für einen neuen Anzug braucht man eine neue Krawatte und ein Paar neue Lederschuhe.
一套新西装需要配上一条新领带和一双新皮鞋。

3. 表示代表……，代替……做某事。
Da ich keine Zeit habe, muss Herr Li **für mich** eine Geschäftsreise nach Beijing machen.
因为我没时间，所以李先生不得不代替我去北京出差。

4. 表示报酬，等值交换，花……钱买下某物。
Er hat das moderne Kleid **für** 600 **Euro** gekauft.
马克思花 600 欧元买下了这件时髦的连衣服。

außer： 除了，除……之外，支配第三格。
Wir arbeiten täglich **außer samstags und sonntags**.
除了星期六和星期天我们每天上班。

Lektion 13

Außer dir liebe ich niemand.

除了你我不爱任何人。

Außer Deutsch lerne ich noch Englisch.

除了德语我还学习英语。

zu：表示目的，用途，为了……，用来……；支配第三格。

Zum Essen komme ich immer, aber **zur Arbeit** komme ich selten.

我总是来吃饭，但是很少来工作。

Das Wasser **zum Trinken** wird immer knapper.

饮用水将越来越短缺。

说明：

zu 和 für 都有表达目的的意思。zu 回答 wozu, zu welchem Zweck 的提问；für 回答 wofür 的提问。

1. 用 zu 的句中，介词通常与动名词连用，强调动作，例如：

   Ich kaufe Buntstifte **zum Zeichnen**.

   我买彩笔为了画画。

2. 用 für 的句中，介词经常与非动名词连用，表达"做某事为了……"的含义，例如：

   Wir lernen **für das Studium** in Deutschland Deutsch.

   我们学习德语是为了在德国的学业。

   Wir brauchen eine Klimaanlage **für unser Klassenzimmer**.

   我们需要为我们的教室安上一台空调。

Übung

Ergänzen Sie die Präpositionen *mit, ohne, für, außer, zu*!

a) Frau Müller liebt ihren Mann sehr. Oft sagt sie zu ihm: „ _ohne_ dich kann ich nicht leben." Herr Müller ist fast immer _mit_ seiner Frau zusammen. Er reiste niemals _ohne_ seine Frau.

b) Viele chinesische Studenten fahren nach Shanghai _zum_ Deutschlernen. _Für_ das Deutschlernen brauchen sie etwa ein Jahr Zeit, denn _ohne_ ausreichende Deutschkenntnisse dürfen sie in der Regel nicht _zum_ Studium nach Deutschland fahren.

c) Deutsch ist _für_ die meisten chinesischen Studenten schwer, deshalb muss man fleißig lernen. Ein deutsches Sprichwort lautet: _Ohne_ Fleiß kein Preis.

d) _Außer_ dem Fleiß spielen die guten Lernmethoden auch eine wichtige Rolle beim Deutschlernen.

e) Die Bücher in Deutschland sind meistens sehr teuer. _Für_ ein Fachbuch hat

Lektion 13

der Student aus Hangzhou 30 Euro bezahlt.

f) Die ausländischen Studenten in Deutschland brauchen die Ferien nicht nur ___zur___ Erholung sondern auch ___zum___ Geldverdienen.

g) Die Eltern machen ___ohne___ Kinder ihre Urlaubsreise.

h) Viele chinesische Eltern müssen ___für___ ihre Kinder eine Heiratswohnung kaufen, denn die meisten jungen Leute in China verdienen nicht viel.

i) Eine Reisegruppe aus Hannover hat in Shanghai ___außer___ dem Deutschkolleg der Tongji-Universität noch die Fremdsprachenschule besichtigt.

j) ___Außer___ Shanghai kann bisher das Expo noch in keiner anderen Stadt aus einem Entwicklungsland stattfinden.

k) Es ist im Sommer in Shanghai sehr heiß, ___ohne___ Klimaanlage kann man überhaupt nicht schlafen.

Lektion 14

Übungen

1. Ergänzen Sie bitte Personalpronomen!

a) Kannst du _mir_ bitte ein Glas aus der Küche mitbringen?

b) Wir haben schon verstanden. Mehr musst du _uns_ nicht erklären.

c) * Haben Sie schon mit Herrn Müller gesprochen?
   + Nein, ich habe _ihn_ noch nicht getroffen.

d) Du hast _mir_ wirklich viel geholfen. Ich weiß gar nicht, wie ich _dir_ danken soll.

e) Sie hat heute Geburtstag. Hast du _ihr_ schon gratuliert?

f) * Haben Sie schon gehört, sie hat ein neues Auto?
   + Ja, sie hat _es_ _mir_ schon gezeigt. shown

2. Ergänzen Sie das richtige Modalverb!

a) Wir _möchten_ jetzt gern frühstücken gehen. Kommst du mit?

b) Mein Mann _kann_ leider nicht mitkommen. Er hat heute keine Zeit.

c) Der Chef sagt, Sie _sollen_ ihn irgendwann anrufen.

d) Wir _können_ diese Wohnung nicht mieten. Sie ist zu teuer.

e) _Darf_ ich Ihnen in den Mantel helfen?

f) Du _musst_ noch deine Hausaufgaben machen. Vergiss das nicht!

3. Ergänzen Sie bitte die Sätze mit passenden Präpositionen oder Pronominaladverbien, wenn nötig, auch Artikel!

a) * Wo arbeiten Sie? + _____ Bosch.

b) * Der Film dauert _____ 10.30 Uhr _____ 13.00 Uhr.
   + Wann ist er _____ Ende? _____ 13.00 Uhr?

Lektion 14

c) _____ Markplatz gibt es heute eine Theatervorführung.

d) * Wohin gehst du jetzt? + _____ Bett. Ich bin schon müde.

e) * Ich fahre in den Ferien _____ Berge oder _____ Meer.

+ Ich bleibe lieber _____ mein _____ Freundin _____ Haus.

f) * Du, Peter, wir haben keine Zeit mehr!

+ Na gut, dann fahren wir _____ Taxi.

g) Meine Schwester studiert jetzt _____ USA. Sie ist vor zwei Jahren _____ Studium _____ Amerika geflogen.

h) Hans lädt mich oft _____ Essen ein. Aber dieses Wochenende möchte er mich _____ Konzert einladen.

i) Kim ist krank. Er war heute Morgen _____ Arzt.

j) _____ samstags und sonntags gehe ich täglich _____ Büro.

k) * Ich wohne _____ 10 Jahren _____ Bismarckstraße.

+ Was? _____ 10 Jahren bin ich auch _____ Bismarckstraße umgezogen.

l) * Wohin haben Sie die Brille gelegt?

+ _____ Esstisch _____ Sofa.

m) * Häng das Bild _____ Wand _____ Ecke!

+ Aber da _____ Wand _____ Ecke hängt schon ein Bild.

* Dann häng es doch _____ Wand _____ Bett.

n) Schau mal, der Schlüssel steckt immer noch _____ Auto. Das ist gefährlich.

o) * Wann kommt Wang Dali _____ uns?

+ _____ 16.00 Uhr und 16.30 Uhr.

* Wie spät ist es jetzt?

+ 15.00 Uhr.

* _____ 15.30 Uhr gehen wir _____ Haus.

4. Ergänzen Sie die Adjektivendungen!

a) Mein jünger _____ Bruder hat ein schnell _____ Motorrad gekauft.

b) Das Mädchen mit der rund _____ Brille heißt Anna.

c) Er wohnt bei einem gut _____ Freund.

d) Wir brauchen frisch _____ Brot, spanisch _____ Wein, grün _____ Salat und neu _____ Kartoffeln.

e) Silvia hat viele ausländisch _____ Freundinnen.

Lektion 14

5. Setzen Sie die richtigen Formen der Adjektive in den Text ein!

Die _____ (modern) Stadt Shanghai liegt am Huangpu-Fluss. Mit fast 24 Mio. Einwohnern ist sie _____ (groß) als die anderen Städte in China. Die _____ (gut) Universitäten in Shanghai sind die Fudan Universität und die Jiaotong Universität. Die Jiaotong Universität ist auch die _____ (alt) Universität in Shanghai.

6. Setzen Sie die Verben ins Präteritum ein!

a) Wir _____ (sehen) gestern einen interessanten Film.

b) Früher _____ (schreiben) ich Gedichte.

c) Unsere Tochter _____ (bekommen) im April eine starke Erkältung, aber nach einer Woche _____ (werden) sie wieder gesund.

d) Es ist fast Mitternacht! Wo _____ (sein) ihr so lange?

e) Früher _____ (lesen) wir in der Schule viele interessante Geschichten.

7. Was hat Familie Müller heute alles gemacht? Sagen Sie es im Perfekt!

a) Der Wecker klingelt um 6.15 Uhr.

_____

b) Frau Müller steht auf.

_____

c) Um 7.00 Uhr frühstücken alle in der Küche.

_____

d) Um 7.15 Uhr geht Herr Müller ins Büro.

_____

e) Dann fährt die Tochter mit dem Rad in die Schule.

_____

f) Frau Müller geht um 7.45 Uhr aus dem Haus.

_____

g) Ihre Arbeit beginnt um 8.30 Uhr.

_____

h) Sie beendet um 17.00 Uhr ihre Arbeit.

_____

i) Um 18.00 Uhr kommt sie nach Hause.

_____

j) Herr Müller macht das Essen und die Tochter deckt den Tisch.

_____

k) Nach dem Essen spült Frau Müller das Geschirr.

Lektion 14

l) Um 22.00 Uhr gehen sie schlafen.

8. Bilden Sie bitte Fragen zu den unterstrichenen Satzteilen!

a) Viele Deutsche wohnen gern auf dem Land.

b) Wang Dali treibt täglich zwei Stunden Sport.

c) Ich finde die Musik toll.

d) Er zeigt seiner Frau seine Liebe.

e) Zeigen Sie mir bitte das höchste Gebäude!

f) Ich habe eine schöne Frau kennen gelernt.

9. Wie sagt man es im Imperativ?

a) Kannst du das Badezimmer putzen?
   Putz bitte das Badezimmer!

b) Kannst du das Geschirr spülen?

c) Du sollst ihn einfach ansprechen.

d) Könnt ihr die Betten machen?

e) Sie sollen ihn zu einem Bier einladen.

f) Können Sie den Pullover waschen?

10. Antworten Sie bitte!

a) Was machen Sie morgens nach dem Aufstehen? (Schreiben Sie 3 Sätze.)

Lektion 14

b) Wie kommen Sie täglich zum Unterricht?

c) Ein neuer Kursteilnehmer kommt in den Deutschkurs. Stellen Sie drei Fragen:

   Wie...

   Woher...

   W...

d) Stellen Sie sich in mindestens drei Sätzen vor.

e) Was machen Sie gern am Wochenende? (drei Tätigkeiten)

f) Was haben Sie heute gemacht? Formulieren Sie drei Sätze.

g) Was machen Sie im Urlaub am liebsten? Nennen Sie drei Aktivitäten.

Lektion 15

Grammatik I

Reflexive Verben　反身动词

A　**Reflexiv gebrauchte Verben**　用作反身的动词（假反身动词）

例句：

a) Sie wäscht **das Kind**.
她给孩子洗澡。

b) Sie wäscht **sich**.
她（自己）洗澡。

Reflexivpronomen：反身代词

	A	D
ich	mich	mir
du	dich	dir
er sie es	**sich**	**sich**
wir	uns	uns
ihr	euch	euch
sie	**sich**	**sich**
Sie	**sich**	**sich**

说明：

1. 所谓的假反身动词是指动词既可用反身代词,（见例句 b),也可用其他名词或代词,作第四格宾语,见例句 a)。这类动词用反身动词作宾语时,我们称之为假反身动词。
2. 当宾语与句子中的主语是同一个人或同一个物时,我们使用反身代词,见例句 b)。反身代词只有第三格和第四格两种形式。

Lektion 15

Verben wie (*sich*) *waschen*:
（sich）anmelden　　（sich）erinnern　　（sich）ärgern　　（sich）entschuldigen
（sich）freuen　　　（sich）langweilen　（sich）informieren（sich）interessieren
（sich）kämmen　　　（sich）rasieren　　（sich）setzen

Reflexivpronomen im Dativ ＋ Akkusativobjekt　作第三和第四格宾语的反身代词

例句：

Die Mutter wäscht **dem Kind** die Hände.　　Die Mutter wäscht **sich** die Hände.
这位妈妈给孩子洗手。　　　　　　　　　　这位妈妈洗（自己的）手。

说明：

　　当句子中出现双宾语时，一般我们可套用"人三物四"的口诀：反身代词是间接宾语，用第三格，物是直接宾语，用第四格。

Verben wie (*sich*) *etwas waschen*:
（sich）etwas bestellen　　（sich）etwas holen　　（sich）etwas kaufen
（sich）etwas kochen　　　（sich）etwas leihen　　（sich）etwas wünschen
（sich）etwas kämmen　　　（sich）etwas putzen

Übung

Ergänzen Sie bitte die passenden Reflexivpronomen!

a) Jeden Tag steht Frau Biele sehr früh auf. Sie muss _____ waschen und _____ schminken.

b) Herr Biele steht sehr spät auf. Er wäscht _____ nicht, putzt _____ die Zähne nicht und rasiert _____ nicht. Seine Frau ärgert _____ sehr darüber.

c) Ich leihe _____ 20 Euro von meinem Kommilitonen, denn ich möchte eine Theaterkarte kaufen.

d) Kannst du _____ die Zeitung selbst bestellen? Ich habe heute keine Zeit dafür.

e) Familie Schmidt hat schon ein Auto. Aber Herr Schmidt möchte _____ noch ein Auto kaufen.

f) Familie Bauer hat schon drei Kinder. Aber sie wünscht _____ noch einen Sohn.

g) Setzt _____, Kinder, das Essen ist fertig.

h) Das Kind darf keine Computerspiele machen. Es langweilt _____.

i) Heute ist mein Geburtstag. Ich habe _____ ein schönes Kleid gekauft.

j) Was wünschen _____ die chinesischen Eltern?

k) Was wünschst du _____ zu Weihnachten?

Lektion 15

1) Herr Zhang entschuldigt _____, denn er ist zu spät zum Unterricht gekommen.

B Reflexive Verben 反身动词（真反身动词）

例句：

Er hat **sich verspätet** und muss **sich beeilen**.
他迟到了，必须加快赶路了。

说明：

　　真反身动词是由动词和反身代词构成，它们是一个不可分的整体。这类动词我们称之为真反身动词。

Verben wie *sich verspäten*：			
sich auskennen	sich bedanken	sich bewerben	sich erholen
sich erkundigen	sich umsehen	sich verabreden	sich verlaufen
sich verlieben			

C Reziproke Verben 交互反身动词

例句：

Die Mutter wäscht das Kind und das Kind wäscht die Mutter.
母亲帮孩子洗，孩子帮母亲洗。
→Die Mutter und das Kind **waschen sich**. (**reziprok, immer im Plural**)
母亲和孩子互相洗。

说明：

　　使用交互反身动词时，主语为复数。

Verben wie *sich waschen* (*reziprok*)：		
sich anrufen	sich begrüßen	sich kennen
sich lieben	sich streiten	sich treffen
sich unterhalten	sich verabreden	sich verstehen

Übung

Ergänzen Sie bitte die passenden Verben!

sich verabschieden　　*sich kennen lernen*　　*sich begrüßen*　　*sich verabreden*

Lektion 15

| sich treffen | sich verstehen | sich streiten | sich unterhalten |
| sich begegnen | sich trennen | sich sehen | |

Eines Tages _____ _____ Hans und Monika. Sie _____ _____ und _____ _____. Seitdem _____ sie _____ und _____ _____. Sie _____ _____, _____ _____ und wollten _____ immer nicht _____. Aber eines Tages _____ sie _____ und _____ _____. Sie wollten _____ nie mehr _____.

Grammatik II

Verben mit Präpositionen 与介词搭配的动词

a)
Herr Gu hat Herrn Schmidt *zum* Essen *eingeladen*.
Am Abend *wartet* Herr Gu vor dem Restaurant *auf* ihn.
顾先生邀请了史密斯先生吃饭。
晚上顾先生在饭店门口等他。

b)
Sie *unterhalten sich über* Leben und Studium in Deutschland.
他们谈论有关德国的生活和学习。

c)
Herr Schmidt *spricht* viel *von* seinen Töchtern.
史密斯谈起他女儿们的许多事。

d)
Am späten Abend verabschieden sie sich. Herr Schmidt *bedankt sich* bei Herrn Gu *für* das gute Essen.
深夜他们互相道别。史密斯先生感谢顾先生的可口饭菜。

说明：
德语中许多动词可支配不同的介词。而有相当一部分动词必须和固定的介词连用。

A Verben mit Dativpräpositionen

helfen jm.（D）bei   Er *hilft mir* oft *bei* meinen Hausaufgaben.

anfangen mit etw.   Wann können wir *mit* der Diskussion *anfangen*?

Lektion 15

aufhören mit etw.	Herr Lambertz möchte *mit* dem Rauchen *aufhören*.
beginnen mit etw.	Um Viertel vor acht *beginnen* wir *mit* dem Unterricht.
sich beschäftigen mit etw.	Sie *beschäftigt sich mit* klassischer Musik.

sich erkundigen bei jm. (D) nach etw.	Vor dem Bahnhof *erkundigt sich* eine Frau *bei* einem Passanten *nach* dem Weg.
fragen jn. (A) nach etw.	Der Mann *fragt* eine Dame *nach* dem Weg.
sich sehnen nach etw.	Er *sehnt sich nach* seiner Heimat.
suchen nach etw./jm.	Ich *suche nach* meinem Buch. Hilf mir doch!

erzählen jm. (D) von etw./jm.	Eva *erzählt uns* viel *von* Adam.
reden von etw./jm.	Alle *reden von* ihrer Reise nach Aachen.
sich verabschieden von jm.	Die Kinder *verabschieden sich von* ihren Eltern.
sprechen von etw./jm.	Auf der Party haben wir *von* Hans *gesprochen*.

einladen jn. (A) zu etw.	Darf ich *Sie zu*m Essen *einladen*?
gratulieren jm. (D) zu etw.	Wir *gratulieren ihm zu*m Geburtstag.

B Verben mit Akkusativpräpositionen

achten auf etw./jn.	*Achten* Sie bitte *auf* den Verkehr!
antworten jm. (D) auf etw.	Leider kann ich nicht *auf* deine Frage *antworten*.
sich freuen auf etw.	Die Studenten *freuen sich* schon *auf* die Sommerferien.
sich vorbereiten auf etw.	*Auf* die Reise müssen wir *uns* gut *vorbereiten*.
warten auf etw./jn.	Wir dürfen noch nicht gehen. Wir müssen *auf* sie *warten*.

denken an etw./jn.	Er *denkt* oft *an* seinen kranken Vater.
sich erinnern an etw./jn.	Sie *erinnern sich* gern *an* ihre Kindheit.

sich bedanken bei jm. (D) für etw.	Eva *bedankt sich bei* Adam *für* die Blumen.
sich interessieren für etw./jn.	Die Männer *interessieren sich* sehr *für* Fußball.
sich entschuldigen bei jm. (D) für etw.	Er *entschuldigt sich bei* ihr *für* seine Verspätung.

diskutieren mit jm. (D) über etw.	Im Unterricht *diskutieren* die Studenten *über* Deutschland.

erzählen jm. (D) über etw.	Er *erzählt* viel *über* die Reise durch Deutschland.
sich freuen über etw.	Wir *freuen uns über* deinen langen Brief.
sich informieren bei jm. über etw.	Man kann *sich bei*m DAAD *über* das Stipendium *informieren*.
sprechen über	Er *spricht* gern *über* sein Leben an der Universität.
sich unterhalten mit jm. (D) über etw.	Wang Dali *unterhält sich* mit Sabine *über* seine erste Reise nach Deutschland.
sich kümmern um etw./jn.	Die Mutter *kümmert sich um* ihr Kind.
bitten jn. (A) um etw.	Sie *bittet mich um* Hilfe.
es geht um etw.	*Es geht* in dem Text *um* die Wegbeschreibung.

C Präpositionen mit Fragewort und Pronominaladverbien
疑问词、代副词和介词连用

与事或物相关时
例句：

a) * **Wozu** hat Herr Gu Herrn Schmidt eingeladen? **Zum** Essen?
史密斯邀请顾先生干什么？吃饭？

+ Ja, **dazu** hat er ihn eingeladen.
是的，他邀请他吃饭了。

* **Worüber** haben sie sich unterhalten? **Über** Leben und Studium in Deutschland?
他们交谈了什么？有关德国的生活和学习吗？

+ Ja, **darüber** haben sie sich unterhalten.
是的，他们谈论了这方面的事。

问句中：wo＋介词
答句中：da＋介词
注意：
如果介词是元音开头的，需在 wo / da 和介词之间加上 -r-：

wo ＋ zu → wozu   da ＋ zu → dazu
wo ＋ über → wo-r-über   da ＋ über → da-r-über

Lektion 15

与人相关时

例句：

b) * **Auf wen** wartet Herr Gu? **Auf** seinen Vater?

   顾先生等谁？等他父亲吗？

   + Nein, er wartet nicht **auf ihn**.

   不，他没等他。

   * **Von wem** erzählt Herr Schmidt? **Von** seinen Töchtern?

   史密斯先生谈论谁？有关他的女儿们吗？

   + Ja, er erzählt **von ihnen**.

   是的，他在谈论她们。

问句中：介词＋疑问代词

答句中：介词＋人称代词

Übungen

1. Üben Sie wie Beispiele!

Beispiele：

a) warten auf   das Taxi

   * *Worauf warten Sie?*

   + *Ich warte auf das Taxi. Und Sie? Worauf warten Sie?*

   * *Darauf warte ich auch.*

b) warten auf   Hans

   * *Auf wen wartest du?*

   + *Ich warte auf Hans. Und du? Auf wen wartest du?*

   * *Ich warte auch auf ihn.*

a) sich kümmern um   die alten Leute
b) achten auf   der Verkehr
c) sich informieren bei   die Sekretärin
d) bitten um   Hilfe
e) denken an   die Eltern
f) einladen zu   die Party
g) fragen nach   der Prüfungstermin
h) sprechen von   der Urlaub
i) beginnen mit   die Arbeit

j) diskutieren über   die Wahl

k) sich freuen auf   die Ferien

l) danken für   die Unterstützung

2. Stellen Sie bitte zu den unterstrichenen Satzteilen Fragen!

a) Herr Wang spricht viel <u>über sein Leben in Deutschland</u>.

b) Frau Müller erinnert sich gern <u>an ihre Kindheit</u>.

c) Wir interessieren uns <u>für klassische Musik</u>.

d) Ich unterhalte mich gern <u>mit Deutschen</u>.

e) Er gratuliert Peter herzlich <u>zum Geburtstag</u>.

f) Die alte Dame erzählt viel <u>von ihren Kindern</u>.

g) Wang Dali fragt einen Passanten <u>nach dem Weg zum Dom</u>.

h) Sabine hat <u>mit dem Rauchen</u> aufgehört.

i) Herr Li verabredet sich <u>mit einer hübschen Studentin</u>.

j) Frau Gu bereitet sich <u>auf das Vorstellungsgespräch</u> vor.

k) Wir freuen uns <u>über die Geschenke</u> von Herrn Schmidt.

l) Frau Ding bedankt sich <u>bei Familie Schuhmacher</u> <u>für das Abendessen</u>.

m) Er entschuldigt sich <u>für die Verspätung</u>.

n) Sie kann nicht <u>auf die Frage</u> antworten.

3. Ergänzen Sie bitte, wenn nötig, auch die Artikel!

a) Wir freuen uns sehr _____ Ihr _____ Besuch. Also, bis bald.

b) Ich besorge die Fahrkarten. Du kümmerst dich _____ _____ Gepäck.

c) Er beschäftigt sich jeden Tag viel _____ _____ Deutschlernen.

d) Sie stammt _____ ein _____ Arbeiterfamilie.

e) Chinesen fragten früher gern _____ _____ Einkommen.

f) Niemand hat Sie _____ Ihr _____ Rat gebeten.

g) _____ geht es in diesem Text?

h) _____ hat er dich eingeladen?

i) Der Mann spricht gern _____ hübschen Frauen.

j) Seine Frau ärgert sich _____ _____ Überstunden ihres Mannes.

k) Die Kinder machen sich Sorgen _____ ihr _____ Schulnoten.

l) Die Studenten erkundigen sich _____ _____ Lehrer _____ _____ Stipendium.

m) Viele bewerben sich _____ ein _____ guten Arbeitsplatz.

n) Er denkt oft _____ sein _____ kranke Mutter zu Hause.

Lektion 15

o) Jeder muss _____ _____ Verkehrsregeln achten.

p) _____ redet er?

q) Wann können wir _____ _____ Experiment aufhören?

r) Wann können wir _____ _____ Essen beginnen? Ich habe schon großen Hunger.

s) Wer soll sich _____ _____ Behinderten kümmern?

t) Ich bedanke mich _____ Ihnen _____ Ihr _____ Einladung.

u) Ich danke Ihnen _____ Ihr _____ Besuch.

v) Endlich habe ich die Zulassung bekommen. _____ habe ich lange gewartet. Ich freue mich sehr _____.

w) Ich freue mich auch schon _____ mein _____ Studium in Deutschland.

x) Natürlich lade ich euch alle _____ Abschiedsessen ein.

y) Wir werden _____ dich denken.

Grammatik III

Konjunktionen 连词

A   und, aber, oder, denn, sondern

例句：

Herr Müller muss jeden Morgen früh aufstehen **und** mit der U-Bahn zur Arbeit fahren, **denn** er wohnt in der Bismarckstraße. **Aber** er arbeitet am Görlitzer-Bahnhof. Er kann die U7 nehmen, **oder** er kann auch mit der U1 dorthin fahren. Heute fährt er aber nicht mit der U-Bahn, **sondern** er nimmt ein Taxi, **denn** es ist schon zu spät für ihn.

米勒先生每天早上必须早起并坐地铁去上班，因为他住在俾斯麦街，但他在格力茨火车站工作。他可坐地铁七号线，或一号线去。但今天他不坐地铁，而是打的，因为对他来说已经太晚了。

说明：

以上五个连词是并列连词，它们在句子中不占位。后面的句子用正语序。

Lektion 15

Übung

Verbinden Sie die Sätze mit Konjunktionen *aber*, *und*, *denn*, *sondern*, *oder*!

a) Er hat viel Geld. Er ist nicht glücklich.

b) Ich habe wenig Geld. Ich bin nicht glücklich.

c) Soll ich Deutsch weiter lernen? Soll ich Deutsch nicht mehr lernen?

d) Herr Thomas ist Vater. Er ist auch Mutter. Er ist geschieden. Er hat zwei Kinder.

e) Ich habe sehr fleißig gelernt. Ich habe die Prüfung nicht bestanden.

f) Er ist faul und lernt nicht viel. Er hat immer gute Noten.

g) Ist sie nach Deutschland gefahren? Bleibt sie noch in Shanghai?

h) Das ist nicht mein Mann. Das ist mein Bruder.

i) Heute hat sich Li Ming ordentlich angezogen. Er muss heute seine zukünftigen Schwiegereltern besuchen.

j) Vom Flughafen können Sie mit dem Flughafenbus Linie 4 fahren. Sie können ein Taxi nehmen.

k) Ich esse gern Fisch. Ich esse gern Fleisch.

B   entweder ... oder, weder ... noch, nicht nur ... sondern auch, zwar ... aber

说明：
  这是四对常用的成对连词，它们既可连接两个句子成分又可连接两个句子。

Lektion 15

例句：

entweder ... oder 或者……或者……

a) * Wie komme ich zum Bahnhof?

　　我怎么去火车站？

　+ **Entweder** fahren Sie mit der U-Bahn, **oder** Sie gehen zu Fuß.

　　您或者坐地铁或者步行去。

b) * Wie komme ich zum Flughafen?

　　我怎么去机场？

　+ Sie fahren **entweder** mit dem Bus 505 **oder** mit einem Taxi.

　(= *Sie fahren **entweder** mit dem Bus 505, **oder** Sie fahren mit einem Taxi.*)

　　您或者坐505公交车或者打的去。

说明：

entweder 既可放在句首，动词随后，也可放在句中。*oder* 后面是正语序。如果前后两句中的主语一致，并且前句是正语序，*oder* 后面的主语可省去，见例句：

Sie fahren **entweder** mit der U-Bahn, **oder** (Sie) nehmen ein Taxi.

weder ... noch 既不……又不……

a) **Weder** fahre ich mit dem Bus, **noch** gehe ich zu Fuß.

　我既不坐公交车又不走着去。

b) * Können Sie mich am Wochenende besuchen?

　　您周末能来看我吗？

　+ Nein, ich habe **weder** am Samstag **noch** am Sonntag Zeit.

　　不行，星期六和星期日我都没时间。

说明：

同 *entweder* 一样，*weder* 既可位于句首，动词随后，也可位于句中。但是 *noch* 连接句子时，它的后面必须紧跟动词，见例句 a)。

nicht nur ... sondern auch 不仅……而且……

a) In Zukunft leben die Menschen **nicht nur** auf der Erde **sondern auch** auf dem Mond.

　将来人们不仅生活在地球上而且生活在月球上。

b) Ich lese **nicht nur** Gedichte, **sondern** schreibe **auch** Romane.

　我不仅读诗，而且写小说。

说明：

sondern 后面是正语序。当 *sondern auch* 连接句子成分时，*sondern auch* 必须连写，见例句 a)，而连接句子时，动词放在 *sondern* 之后，见例句 b)。

Lektion 15

zwar ... aber   虽然……但是……

a) **Zwar** ist es schon sehr spät, **aber** er arbeitet noch.

   （= Es ist zwar schon sehr spät, aber er arbeitet noch.）

   尽管已经很晚了，但他还在工作。

b) Das Zimmer ist **zwar** klein **aber** gemütlich.

   这个房间尽管小，但是温馨。

说明：

zwar 既可放在句首，紧跟动词，也可放在句中。*aber* 后面是正语序。

Übungen

1. Ergänzen Sie bitte!

a) Ich sehe _____ hässlich aus, _____ bin zärtlich.

b) Wir können _____ Deutsch sprechen, _____ Deutsch schreiben.

c) Der Mann vergisst immer was. _____ hat er sein Lehrbuch _____ seine Brille nicht mitgebracht.

d) Die Autos fahren _____ schnell, _____ erzeugen auch Abgase.

e) Unser Buch ist _____ billig _____ interessant.

2. Formen Sie bitte die Sätze mit Konjunktionen *entweder — oder, weder — noch, zwar — aber, nicht nur — sondern auch* um!

a) Er kann Englisch. Er kann auch Deutsch und Französisch.

_____

b) Der arme Mann hat kein Geld, keine Frau. Er lebt ganz einfach und einsam.

_____

c) Alle stehen unter Druck. Wir müssen mehr Fachkenntnisse haben. Wir müssen auch bessere Fremdsprachenkenntnisse haben.

_____

d) Die Waren sind sehr teuer. Viele kaufen sie noch.

_____

e) Zum Bahnhof kann ich mit dem Bus fahren. Ich kann auch mit der U-Bahn fahren.

_____

f) Das große Theaterhaus in Shanghai ist groß und modern.

_____

Lektion 15

g) Zum Frühlingsfest fahre ich nach Hause. Oder meine Eltern besuchen mich in Shanghai.

___

h) In China gibt es noch viele Leute. Sie können nicht lesen und schreiben.

___

i) Es ist sehr kalt. Er hat wenig an.

___

Lektion 16

Grammatik I

Nebensatz mit „dass" und „ob"　由连词"dass"和"ob"引出的从句

A　„dass" und „ob"　连词"dass"和"ob"

dass-Satz

例句：

> a)　Er sagt：„Viele Jungen und Mädchen spielen heute Volleyball."
> 　　他说："许多男孩和女孩如今都打排球。"
> →Er sagt, **dass** viele Jungen und Mädchen heute Volleyball **spielen**.
> 　　他说,许多男孩和女孩如今都打排球。
>
> b)　Er spielt sehr gut Fußball. Es ist bekannt.
> 　　他足球踢得非常好。这是众所周知的。
> →Es ist bekannt, **dass** er sehr gut Fußball **spielt**.
> 　　他足球踢得非常好是众所周知的。
>
> c)　Ich bin der Meinung, **dass** Dortmund am besten **spielt**.
> 　　我认为,多特蒙德踢得最好。

说明：

　　dass 句是德语从句的一种形式。从句一般与主句连用,构成主从复合句。在从句中连词 *dass* 放在首位,主语一般紧跟在连词之后,变位动词始终位于句末,并按主语要求变位。所有主句和从句必须用逗号分开。

1. 根据 *dass* 从句与主句的关系,可分为宾语从句和主语从句等。在例句 a)中,从句是 sagen 的宾语,我们称其为宾语从句,也可视作间接引语。它的构成通常由主句中的及物动词作引导。连词 *dass* 只起到主从句的连接作用,本身无具体意义。对该宾语从句提问用 *was*。如：

Lektion 16

Was sagt er?

Er sagt, **dass** viele Jungen und Mädchen heute Volleyball **spielen**.

2. 带出宾语从句最为常用的及物动词有：sagen, wissen, glauben, hoffen, meinen, finden, feststellen, erzählen, schreiben, hören, vergessen 等。

3. *dass* 从句作主句的主语，我们称其为主语从句，见例句 b）。这类主从复合句通常用的结构是：

   es + ist + 形容词/名词，dass ...

   下面是这类复合句中常见的主句：

   Es ist schön, dass ... ……很好
   (sicher/gut/klar/unglaublich/schade/interessant/schwer/möglich/peinlich/wichtig)

   Es ist eine Überraschung, dass ... ……是件意想不到的事
   (eine Freude/ein Zufall/ein Problem/ein Glück/ein Vor- Nachteil/ein Wunder)

   还有一些比较常见的句型：

   Es tut mir Leid, dass ...（很遗憾/很抱歉……）

   Es fällt mir auf, dass ...（我发觉……）

   Es gefällt mir (nicht), dass ...（我〈不〉喜欢……）

   Es freut mich sehr, dass ...（我高兴……）

4. *dass* 从句作主句中某一名词的定语，我们称其为定语从句，见例句 c）。引出 *dass* 从句的名词通常是抽象名词，如：

   die Möglichkeit, dass ...（……的可能性）

   die Notwendigkeit, dass ...（……的必要性）

   der Wunsch, dass ...（……的愿望）

ob-Satz

例句：

a)   Sie fragt：„Schwimmt Frau Li täglich?"
     她问："李太太天天游泳吗？"
     → Sie fragt, **ob** Frau Li täglich **schwimmt**.
     她问，李太太是否天天游泳。

b)   Hat er einen Ball zum Geburtstag bekommen? Ich weiß es nicht.
     他生日得到一个球吗？这我不知道。
     → Ich weiß ■ nicht, **ob** er einen Ball zum Geburtstag bekommen **hat**.
       (es)
     我不知道，他生日是否得到一个球。

c)   Hat er am Fußballspiel teilgenommen? Es ist mir unbekannt.
     他参加足球赛了吗？这我不知道。
     → Es ist mir unbekannt, **ob** er am Fußballspiel teilgenommen **hat**.
     我不知道，他是否参加了足球赛。

d) Ich habe keine Ahnung, **ob** Dortmund gestern gegen München gewonnen hat.
   我不知道，多特蒙德昨天是否赢了慕尼黑。

说明：

1. *ob* 从句作主句的宾语时，我们称其为宾语从句，见例句 a)。与连词 *dass* 不同的是连词 *ob* 有它的意义，表示"是否"、"是不是"。连词 *ob* 用于引导不带疑问词的一般疑问句。对从句提问用 *was*。
2. 例句 b) 也是由连词 *ob* 带起的宾语从句，与例句 a) 不同的是，原主句中的第四格宾语 *es* 由 *ob* 带起的宾语从句替代（如上表所示），因此 *es* 不能在主句中出现。
3. *ob* 从句作主句的主语，我们称其为主语从句，见例句 c)。
4. *ob* 从句作主句中名词的定语，如例句 d) 的从句是修饰主句的 Ahnung，我们称其为定语从句。

B Verbstellung im Satzgefüge 动词在主从复合句中的位置

主　　句			从　　句			
I			I	II	...	Ende
Er	hat	gesagt,	**dass**	er	morgen zwei Karten	**kauft.**
Sie	fragt	ihn,	**ob**	er	das Fußballspiel sehen	**will.**
Michael	weiß	nicht,	**ob**	er	ins Kino	**geht.**
Es	ist	schade,	**dass**	Michael	nicht	**mitkommt.**

由 *dass* 或 *ob* 带起的从句一般放在主句的后面，从句中的谓语动词始终处于从句末位。主从句之间要用逗号分开。

从句				主句		
I	II	...	Ende	I		
Dass	er	morgen zwei Karten	**kauft,**	**hat**	er	gesagt.
Ob	er	das Fußballspiel sehen	**will,**	**fragt**	sie	ihn.
Ob	er	ins Kino	**geht,**	**weiß**	Michael	nicht.
Dass	Michael	nicht	**mitkommt,**	**ist**	schade.	

从句也可以放在主句之前。若从句置于主句之前时，主句中的变位动词必须放在第一位，主语紧随其后。

注意：

在 *dass* 从句中，如果从句位于主句前，主句中不用相关词 es；只有从句在主句后面时，es 才在主句中作形式主语。在口语中往往还会省略相关词和系词，如：

Schade, dass Michael nicht mitkommt. 可惜，米夏埃尔没一起来。

Lektion 16

Schön, dass Shanghai beim Fußballspiel gewonnen hat. 太好了，上海赢了足球赛。

Kein Wunder, dass Deutschland den Weltcup gewonnen hat. 德国赢得了世界杯不奇怪。

Übungen

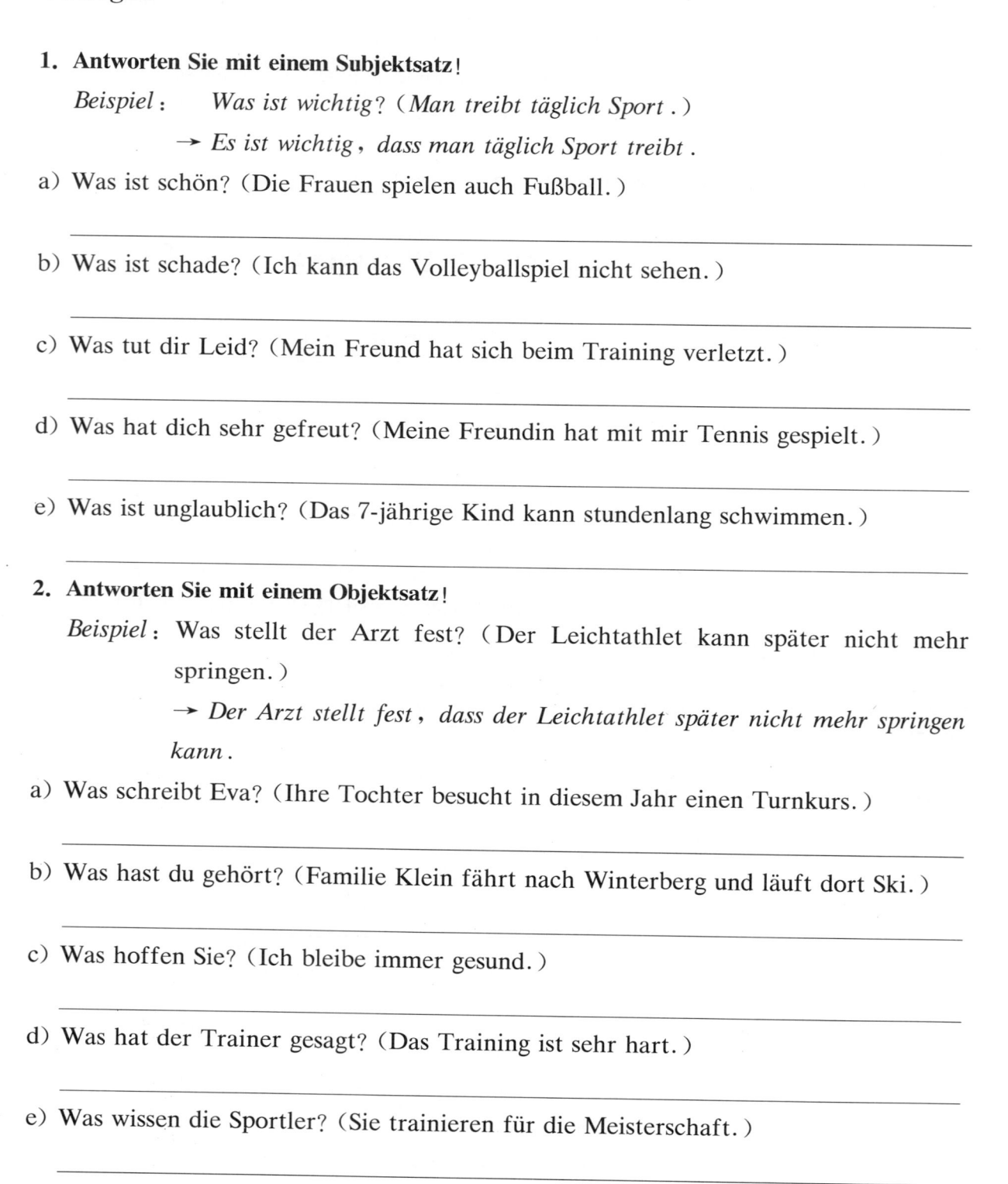

1. Antworten Sie mit einem Subjektsatz!

Beispiel: *Was ist wichtig? (Man treibt täglich Sport.)*

→ *Es ist wichtig, dass man täglich Sport treibt.*

a) Was ist schön? (Die Frauen spielen auch Fußball.)

b) Was ist schade? (Ich kann das Volleyballspiel nicht sehen.)

c) Was tut dir Leid? (Mein Freund hat sich beim Training verletzt.)

d) Was hat dich sehr gefreut? (Meine Freundin hat mit mir Tennis gespielt.)

e) Was ist unglaublich? (Das 7-jährige Kind kann stundenlang schwimmen.)

2. Antworten Sie mit einem Objektsatz!

Beispiel: Was stellt der Arzt fest? (Der Leichtathlet kann später nicht mehr springen.)

→ *Der Arzt stellt fest, dass der Leichtathlet später nicht mehr springen kann.*

a) Was schreibt Eva? (Ihre Tochter besucht in diesem Jahr einen Turnkurs.)

b) Was hast du gehört? (Familie Klein fährt nach Winterberg und läuft dort Ski.)

c) Was hoffen Sie? (Ich bleibe immer gesund.)

d) Was hat der Trainer gesagt? (Das Training ist sehr hart.)

e) Was wissen die Sportler? (Sie trainieren für die Meisterschaft.)

Lektion 16

3. Bilden Sie Sätze mit „dass" oder „ob"!

a) Ist er in die Sporthalle gegangen? Ich weiß es nicht.

_____

b) Der Spaziergang ist gesund für uns. Es ist allen bekannt.

_____

c) Sind seine Eltern mit der Reise nach Spanien einverstanden? Er weiß es nicht.

_____

d) Gibt es noch Eintrittskarten für Fußballspiel? Es ist nicht sicher.

_____

e) Die Lehrer verbringen ihre Sommerferien in Deutschland. Es ist möglich.

_____

f) Herr Robert treibt keinen Sport. Es ist ein Problem.

_____

g) Ist Herr Huber im nächsten Kurs mein Lehrer? Ich habe keine Ahnung.

_____

h) Er hat sich beim Basketballspiel schwer verletzt. Es fällt mir auf.

_____

i) Stefan raucht immer im Büro. Es gefällt seinen Kollegen nicht.

_____

4. „dass" oder „ob"? Ergänzen Sie!

a) Frau Liu sagte, _____ ein Sportlehrer sie fürs Tischtennis entdeckt hatte.

b) Sie erzählte, _____ sie hart für verschiedene Tischtenniswettkämpfe trainierte.

c) Wir wissen nicht, _____ man das Spiel im Fernsehen überträgt.

d) _____ die Chinesen beim Spiel schnelle Angriffe spielen, ist ein Vorteil.

e) Kein Wunder, _____ bekannte Sportler Werbungen für viele Produkte machen.

f) Ich bin der Meinung, _____ der Hochleistungssport der Gesundheit schadet.

g) Es ist nicht sicher, _____ er am Spiel teilnimmt.

h) _____ die Jugendlichen Tennis aus Spaß spielen, kann ich Ihnen leider nicht sagen.

i) _____ du morgen wieder Dienstreise machen musst, tut mir Leid.

j) Sie weiß nicht, _____ sie später durch Tennisspiel berühmt wird.

Lektion 16

Grammatik II

Fragewörter im Nebensatz　由疑问词(组)引出的从句

例句：

a) * **Was** machen Sie am Wochenende?
   您周末干什么？
   + Wie bitte?
   您说什么？
   * Ich möchte wissen, **was** Sie am Wochenende **machen**.
   我想知道，您周末干什么。

b) * **Welche Sportart** gefällt Wang Dali?
   王大力喜欢什么体育运动项目？
   + Leider weiß ich auch nicht, **welche Sportart** ihm **gefällt**.
   可惜我也不知道他喜欢什么体育运动项目。

以上带下划线的两句例句均是疑问词(组)引出的宾语从句，它们都是 wissen 的宾语，用法与 ob 带起的从句相同。在这类从句中，疑问词(组)作从句的引导词，必须位于从句的句首，主语紧跟其后，变位动词位于句末。

Übung

Bilden Sie den Objektsatz mit Fragewörtern!

Beispiel： *Wie oft finden Olympische Spiele statt?*
　　　　→ *Leider weiß ich auch nicht genau, wie oft Olympische Spiele stattfinden.*

a) * Warum läuft er täglich zur Arbeit?
   + Ich möchte gern wissen, _____
b) * Wann hat Shanghai die U-Bahnlinie 4 zwischen Pudong und Puxi eröffnet?
   + Wer weiß, _____
c) * Wie lange treiben Sie täglich Sport?
   + Können Sie mir sagen, _____
d) * Welche Sportarten sind in China beliebt?

+ Herr Schmidt fragt, _____

e) * Wie viel kostet diese Badehose?
   + Ich habe vergessen, _____

f) * Wo haben Sie Ihren Urlaub gemacht?
   + Ich möchte Ihnen nicht sagen, _____

g) * Wohin fahren die Sportler?
   + Fragen Sie den Busfahrer, _____

h) * Wie teuer ist der Schläger?
   + Niemand weiß, _____

i) * Woher kommt der Fußballer?
   + Wer kann mir sagen, _____

Grammatik III

Genitiv 第二格

A Genitiv bei Artikeln und Possessivpronomen 冠词和物主代词的第二格

	定冠词	不定冠词	物主代词
m	das Büro **des** Lehrer**s**	das Büro **eines** Lehrer**s**	das Büro **meines** Lehrer**s**
n	die Schule **des** Kinde**s**	die Schule **eines** Kinde**s**	die Schule **ihres** Kinde**s**
f	die Uhr **der** Frau	die Uhr **einer** Frau	die Uhr **seiner** Frau
Pl.	die Taschen **der** Frauen		die Taschen **unserer** Frauen

说明:

1. 名词第二格一般用来作前一个名词的定语，说明所属关系。提问用 wessen（谁的）或 welch-e（哪个，哪些）。
2. 第二格名词除了冠词要变化外，阳性及中性单数名词词尾须加-s 或-es。

例句:

a) * **Wessen** Einkommen ist hoch?
   谁的收入高？
   + Das Einkommen **des** Fußballspieler**s** ist hoch.
   足球运动员的收入高。

b) * **Welche** Studenten spielen gut Volleyball?
   哪些大学生排球打得好？

Lektion 16

+ Die Studenten **der** Qinghua-Universität spielen gut Volleyball.
  清华大学的学生排球打得好。

注意：

1. 加词尾-es
   a) 以-s，-ß，-x，-z 结尾的阳性和中性单数名词。
      das Haus→des Hauses, der Fleiß→des Fleißes
   b) 阳性和中性单音节单数名词。
      das Kind→des Kindes, der Arzt→des Arztes, das Buch→des Buches, der Marsch→des Marsches
2. 弱变化阳性单数名词第二格与第三、第四格变法相同，均加词尾-n 或-en。
   der Herr→des Herrn, der Student→des Studenten, der Bauer→des Bauern
3. 以-ismus 结尾的外来阳性名词不加任何词尾。
   der Sozialismus→des Sozialismus, der Kapitalismus→des Kapitalismus

Übungen

1. Ergänzen Sie!

a) Das ist die Sporthalle _____ (die Universität).

b) Das sind Sportschuhe _____ (mein Student).

c) Wie lange dauert das Training _____ (der Leichtathlet)?

d) Das Zimmer _____ (der Basketballspieler) geht nach Süden.

e) Die Schüler laufen täglich auf dem Sportplatz _____ (die Schule).

f) Alle Mitglieder _____ (der Sportverein) sind sehr jung.

g) Viele Länder legen großen Wert auf die Entwicklung _____ (der Tourismus).

2. Bilden Sie Genitiv-Attribute!

Beispiel 1： * *Ist das dein Sportwagen? (mein Chef)*
              + *Nein, das ist der Sportwagen meines Chefs.*

Beispiel 2： * *Wessen Fahrrad gefällt dir? (mein Bruder)*
              + *Mir gefällt das Fahrrad meines Bruders.*

a) * Wessen Uhr ist kaputt? (der Trainer)
   + Die Uhr _____

b) * Wessen Uniform ist das? (der Polizist)
   + Das ist die Uniform _____

c) * Ist das dein Computer? (der Kollege)
   + Nein, das ist der Computer _____

d) * Ist Ihre Tochter beim Trainig verletzt? (mein Nachbar)
   + Nein, die Tochter _____

e) * Mit wessen Hilfe hat die Mannschaft gewonnen? (der Weltmeister)
   + Mit Hilfe _____

B Genitiv bei Namen 人名的第二格

人名或带有称呼的名词第二格经常放在被修饰的名词前面,这时在第二格的人名后也要加-s,并去掉被修饰名词的冠词:

Julian — die Schwester → Julians Schwester

Julians Schwester ist eine bekannte Schwimmerin.

Frau Huber — der Freund → Frau Hubers Freund

Frau Hubers Freund ist Fußballspieler.

Herr Müller — der Sohn → Herrn Müllers Sohn

Herrn Müllers Sohn spielt Tennis nur aus Spaß.

以上的几种形式同样也可以通过介词 von 来表达:

die Schwester von Julian/der Freund von Frau Huber/der Sohn von Herrn Müller

注意:

当人名的最后一个字母为-s,-ß,-x,-z 时,不加-s,只需在人名之后加 ' 即可。

Nils' Arbeit gefällt ihm nicht.

Hans Groß' Frau ist klein.

Max' Vater ist Sportler.

Franz' Schwester möchte eine Reise nach China machen.

Übung

Üben Sie den Genitiv!

Beispiel: Anna — Eltern → Annas Eltern

a) Max — der Schläger →

b) Hans — die Sportjacke →

c) Monika — der Onkel →

d) Carl Lewis — die Heimat →

e) Herr Beckenbauer — Sportschuhe →

Lektion 16

f) Boris — Urlaub →

C Adjektiv — Deklinationen im Genitiv 第二格形容词词尾变化

m	n
das Spiel des neuen Spielers	die Übungen des alten Buches
das Spiel eines neuen Spielers	die Übungen eines alten Buches
das Spiel meines neuen Spielers	die Übungen unseres alten Buches
der Preis schwarzen Tees	der Preis frischen Wassers

f	Pl.
der Sieg der bekannten Mannschaft	die Meinungen der berufstätigen Frauen
der Sieg einer bekannten Mannschaft	
der Sieg unserer bekannten Mannschaft	die Meinungen unserer berufstätigen Frauen
der Preis frischer Milch	die Meinungen berufstätiger Frauen

例句：

a) Alle freuen sich über den Sieg der bekannten Mannschaft.
   大家都为著名球队的胜利感到高兴。

b) Viele sind mit dem Spiel der anderen Mannschaft nicht zufrieden.
   许多人对另一支球队的比赛不满意。

说明：

第二格形容词词尾在零冠词的阴性及复数名词前的变化是-er，其他均是-en。

Übung

Ergänzen Sie bitte!

a) Im Jahr 2000 haben die Deutschen den 100. Geburtstag _____ (der Deutsche Fußball-Bund) gefeiert.

b) Der Deutsche Fußball-Bund ist der größte Sportfachverband _____ (die ganze Welt).

c) Der Karneval _____ (das letzte Jahr) ist besonders bei den jungen Leuten beliebt.

d) Die chinesische Wasserspringerin hat die beste Leistung _____ (die ganze Welt) erzielt.

e) Die Beliebtheit _____ (das chinesische Gongfu) ist bei den aus-ländischen Studenten sehr gestiegen.

D Präpositionen: trotz, wegen, während, statt / anstatt
介词：trotz, wegen, während, statt / anstatt

例句：

trotz	Es regnet sehr stark. Aber er geht spazieren. 雨下得很大。但他仍然去散步。 → **Trotz** des starken Regens geht er spazieren. 尽管下着大雨,他仍然去散步。
wegen	Die Sportlerin war schwer krank. Sie durfte nicht Tennis spielen. 这位女运动员生重病。她不可以打网球。 → **Wegen** ihrer schweren Krankheit durfte sie nicht Tennis spielen. 女运动员由于病重不可以打网球。
während	Die Touristen machen Urlaub. Sie haben vieles gesehen und erlebt. 游客们度假。他们看到和经历了许多事。 → Die Touristen haben **während** des Urlaubs vieles gesehen und erlebt. 游客们在度假期间看到和经历了许多事。
statt / anstatt	Er möchte ein Radio kaufen, findet aber kein gutes Radio. Er kauft einen billigen Fernseher. 他想买一台收音机,却找不到好的收音机。他买一台便宜的电视机。 → **Statt** eines Radios kauft er einen billigen Fernseher. 他没买收音机,(作为替代)而买了一台便宜的电视机。

说明：

以上这些介词都支配第二格。trotz 尽管,不顾,wegen 由于,因为,während 在……的时候,statt/anstatt 代替……。

Übungen

1. Setzen Sie passende Präpositionen und Endungen ein!

a) _____ weniger finanziell ____ Unterstützung müssen die Sportlerinnen selbst ihre Sportkleidung waschen.

b) _____ d____ kurz____ Aufenthalt____ in Deutschland ist er mit seinen Freunden durch Deutschland gereist.

c) _____ ein____ Frauenzeitschrift hat er seiner Frau eine Sportzeitung gekauft.

d) _____ d____ lang____ Zugfahrt hat Maria einen dicken Roman fertig gelesen.

Lektion 16

e) Seine Freundin hat ihm _____ ein _____ groß _____ Torte einen Schokoladenkuchen zum Geburtstag geschenkt.

f) _____ d____ teur ____ Eintrittskarten haben nur Fußballfans und junge Leute das Fußballspiel im Stadion gesehen.

g) _____ d____ stark ____ Erkältung geht er zum Training.

h) _____ d____ Fortbildung in Deutschland hat sie einen Schwimmer kennen gelernt.

2. Schreiben Sie die Sätze mit Genitivpräpositionen um!

a) Der Sportarzt ist im Urlaub. Man kann ihn in dringenden Fällen unter der Nummer 959591 erreichen.

b) Das Fernsehen soll die Sportnachrichten senden. Aber es sendet sehr viel Werbungen.

c) Herr Rau spielt Golf. Er will nicht rauchen.

d) Es ist Geschäftszeit. Wir bekommen keine Bedienung.

e) Die Ferien beginnen. Die Studenten können sich gut erholen oder jobben.

f) Es ist dunkel. Die Sportler trainieren immer noch.

g) Eva soll einen Tischtennisball mitbringen. Aber sie hat einen Golfball mitgebracht.

h) Der Fußballspieler ist verletzt. Aber er nimmt am Spiel teil.

i) Der Weltmeister reist nicht ins Ausland. Es ist ihm fremd.

j) Frau Altmeier ist sehr alt. Aber sie besucht noch einen Sportkurs.

k) Er soll die Sportkleidung waschen. Aber er hat seinen Anzug gewaschen.

l) Es ist zu kalt. Niemand will draußen Sport treiben.

Lektion 17

Grammatik I

Nebensatz mit „weil" und „da" (Kausalsatz)
由 weil 和 da 引导的原因从句

连词 *weil* 和 *da* 意为"因为",由它们引导的从句称为原因从句,原因从句和它们的主句一起表达了一种原因和结果的逻辑关系,从句表达原因,主句表达结果。

例句

主句	从句			
	I	II	...	Ende
Ich kann Herrn Weber nicht anrufen, 因为韦伯先生在国外,所以我不能和他打电话。	weil	er	im Ausland	ist.
Er muss im Bett bleiben, 因为他在发烧,所以必须卧床(休息)。	weil	er	Fieber	hat.

说明:
1. 在上列例句中,主句前置,从句后置,主句和从句之间用逗号分开。
2. 从句中的语序是:连词 *weil* 置于首位,第二位紧跟主语,变位动词置于句末,其他句子成分置于主语和变位动词之间。

例句:

从句				主句	
I	II	...	Ende	I	...
Weil / Da	sie	zu Hause bleiben	will,	kommt	sie nicht mit.
因为她想待在家里,所以没有一起来。					
Weil / Da	er	kein Geld	hat,	kann	er kein Auto kaufen.
因为他没钱,所以买不起车。					

说明:
1. 在上面例句中,从句前置,主句后置;从句和主句之间也须用逗号分开。

159

Lektion 17

2. 从句中的语序与后置从句一致，从句后直接跟主句中的变位动词，第二位是主语，其他句子成分置于主语之后。
3. 由连词 weil 引导的从句既可前置，也可后置，是说话人要告诉对方的新信息。
4. 由连词 da 引导的从句一般都置于主句前，引导双方已知的原因。

Übung

Bilden Sie Sätze mit *weil* oder *da*!

Beispiel:

    Mein Freund und ich treiben gern Sport. Sport macht gesund.
→ *Mein Freund und ich treiben gern Sport, **weil** Sport gesund macht. /*
Da/Weil Sport gesund macht, treiben mein Freund und ich gern Sport.

a) In China hat man die Familienplanungspolitik eingeführt. China hat eine sehr große Bevölkerung.

b) Ich lerne Deutsch. Ich möchte in Deutschland studieren.

c) Frau Dick isst Diät. Sie will schlanker werden.

d) Stefan geht zur Post. Er will dort ein Paket abgeben.

e) Ich besuche den Deutschkurs an der Tongji-Universität. Diese Universität hat eine enge Beziehung zu deutschen Universitäten.

f) Komm bitte um drei Uhr zu mir nach Hause! Vor drei bin ich nicht zu Hause.

g) Gabi, nimm den braunen Rock nicht! Er gefällt mir nicht.

h) Du solltest mehr anziehen. Es wird kälter.

i) Sprechübung mache ich täglich. Übung macht den Meister.

j) Letztes Jahr habe ich meinen Urlaub auf der Insel Hainan gemacht. Die Insel

Hainan gefiel mir sehr.

Grammatik II

Hauptsatz mit „deshalb" deshalb 连接两个主句

例句：

主句	从句
	I II …
a) Li Ling ist noch nicht 20 Jahre alt. 李玲还不满 20 岁，所以她不可以结婚。	**Deshalb** darf sie nicht heiraten.
b) Der Mantel ist zu lang, 这件大衣太长，所以它不适合她。	**deshalb** passt er ihr nicht.

说明：
1. 连词 *deshalb* 意为"因此"或"所以"，它只能连接两个主句。
2. *deshalb* 句只能后置，表达结果，前面的句子表达原因。
3. 两个句子之间一般用句号分开，*deshalb* 要大写，见例句 a)。
4. 如果两个句子之间的因果关系被认为非常紧密时，也可以用逗号，但 *deshalb* 要小写，见例句 b)。
5. *deshalb* 引导的是主句，变位动词直接置于 *deshalb* 之后，然后是主语及其他句子成分。

Übung

Schreiben Sie die folgenden Sätze mit *deshalb* um!

Beispiel：
   Weil der Zug mir zu langsam ist, reise ich lieber mit dem Flugzeug.
→ *Der Zug ist mir zu langsam, **deshalb** reise ich lieber mit dem Flugzeug.*

a) Die Wohnung kaufe ich nicht, denn sie ist zu teuer.

b) Ich mache keinen Spaziergang. Es regnet jetzt gerade.

c) Ich lebe gern in Shanghai. Shanghai ist eine interessante Stadt.

Lektion 17

Grammatik Ⅲ

Nebensatz mit „wenn / falls" (Konditionalsatz)
由 wenn 或 falls 引导的条件从句

连词 *wenn* 和 *falls* 意为"如果",由它们引导的从句称为条件从句。条件从句和它的主句一起表达一种条件和结果的逻辑关系,从句表达条件,主句表达结果。

例句:

主句	从句			
	Ⅰ	Ⅱ	...	Ende
Ich besuche dich, 如果我有空,我来拜访你。	**wenn**	ich	Zeit	**habe.**
Sie geht gern einkaufen, 如果她有钱,她喜欢去购物。	**wenn**	sie	Geld	**hat.**
Herr Liu **möchte** nach Xi'an fahren, 如果刘先生有假期,他想去西安。	**wenn**	er	Urlaub	**hat.**

说明:
1. 在上面例句中,主句前置,从句后置,主从句之间用逗号分开。
2. 从句中的语序:连词 *wenn* 置于首位,第二位紧跟主语,变位动词置于句末,其他句子成分置于主语和变位动词之间。

例句:

从句				主句		
Ⅰ	Ⅱ	Ⅲ...	Ende	Ⅰ	...	
Wenn / Falls ich Zeit **habe,** 如果我有时间,我来拜访你。				**besuche**	ich	dich.
Wenn / Falls sie Geld **hat,** 如果她有钱,他就去购物。				**geht**	sie	gern einkaufen.
Wenn / Falls Herr Liu Urlaub **hat,** 如果刘先生有假期,他想去西安。				**möchte**	er	nach Xi'an fahren.

说明:
1. 在上面例句中,从句前置,主句后置,主从句之间也须用逗号分开。

2. 从句中的语序与后置从句一致。
3. 从句后直接跟主句中的变位动词,第二位是主语,其他句子成分置于主语之后。
4. 由连词 *falls* 引导的从句一般都置于主句前。
5. 由连词 *wenn* 引导的从句既可前置,也可后置。

Übung

Bilden Sie Sätze mit *wenn* oder *falls*!

Beispiel:

    Ich verdiene mehr Geld. Ich werde mir ein Auto kaufen.

  → ***Wenn/Falls** ich mehr Geld verdiene, möchte ich mir ein Auto kaufen. /*

    *Ich werde mir ein Auto kaufen, **wenn** ich mehr Geld verdiene.*

a) Ich spreche gut Deutsch und Englisch. Ich möchte im nächsten Jahr bei einer deutschen Firma arbeiten.

b) Du kommst nächsten Sonntag zu mir. Ich erwarte dich zu Hause.

c) Du treibst mehr Sport. Du wirst gesünder sein.

d) Herr Li besteht die Prüfung. Er fliegt nächstes Jahr zum Studium nach Deutschland.

e) Du hast dir den Film angesehen. Erzähl mir dann darüber.

f) Morgen schneit es. Ich nehme dann ein Taxi zum Büro.

g) Meine Tochter steht vor der Aufnahmeprüfung. Ich kümmere mich dann noch mehr um sie.

h) Es regnet nicht mehr. Ich gehe dann spazieren.

i) Die Sekretärin bekommt ein Kind. Sie will auf ihren Beruf verzichten.

j) Die Bauern arbeiten nicht. Wir bekommen nichts zum Essen.

Lektion 17

Grammatik IV

Nebensatz mit „obwohl"（*Konzessivsatz*）　由 obwohl 引导的让步从句

连词 *obwohl* 意为"虽然"或"尽管"，由它们引导的从句称为让步从句，让步从句和它们的主句一起表达转折关系。

例句：

主句	从句			
	I	II	...	Ende
Ich habe eine Verabredung mit ihr, 虽然我没空，但我还是与她有一个约会。	**obwohl**	ich	keine Zeit	**habe**.
Herr Liu kann Deutsch gut sprechen, 德语虽然很难，但刘先生能说一口好德语。	**obwohl**	es	sehr schwer	**ist**.
Er ist nicht mitgekommen, 虽然我多次邀请了他，但他还是没有一起来。	**obwohl**	ich	ihn mehrmals eingeladen	**habe**.

说明：

1. 在上面例句中，主句前置，从句后置，主从句之间用逗号分开。
2. 从句中的语序是：连词 *obwohl* 置于首位，第二位紧跟主语，变位动词置于句末，其他句子成分置于主语和变位动词之间。

例句：

从句				主句		
I	II	...	Ende	I	...	
Obwohl	ich	keine Zeit	**habe**,	**habe**	ich	eine Verabredung mit ihr. 虽然我没空，但我还是和她有一个约会。
Obwohl	Deutsch	sehr schwer	**ist**,	**kann**	Herr	Liu es gut sprechen. 德语虽很难，但刘先生能说一口好德语。
Obwohl	ich	ihn eingeladen	**habe**,	**ist**	er	nicht mitgekommen. 虽然我邀请了他，但他还是没有一起来。

说明：

1. 在上面例句中，从句前置，主句后置，主从句之间也须用逗号分开。
2. 从句中的语序与后置从句一致。

3. 从句后直接跟主句中的变位动词,第二位是主语,其他句子成分置于主语之后。

Übung

Verbinden Sie bitte die folgenden Sätze mit *obwohl*!

Beispiel:

   Er ist krank. Er geht aber noch ins Büro.

→ ***Obwohl** er krank ist, geht er noch ins Büro. /*

   *Er geht noch ins Büro, **obwohl** er krank ist.*

a) Die Ampel ist rot. Der Autofahrer bremst aber nicht.

b) Es regnete sehr stark. Das Liebespaar machte trotzdem einen Spaziergang.

c) Er weiß, dass das Rauchen ungesund ist. Er raucht immer noch sehr viel.

d) Er liebte sie nicht. Aber er hat sie geheiratet.

e) Das Auto ist nicht in Ordnung. Der junge Mann ist damit auf die Straße gefahren.

f) Dieser Kerl versteht nicht viel von Musik. Er spricht trotzdem viel darüber.

g) Der Minirock ist nicht mehr in. Sie hat ihn aber überall an.

h) Der fleißige Student ist müde geworden. Er macht aber keine Pause.

i) Der Herr ist ein Milliardär, kleidet sich aber wie ein Bettler.

j) Die Sonne scheint. Es regnet aber.

k) Deutsch ist schwer. Aber ich will Deutsch gut lernen.

Lektion 17

Grammatik V

Hauptsatz mit „trotzdem" trotzdem 连接两个主句

例句：

主句	主句			
	I	II	III	...
a) Ich habe keine Zeit. 我没空，尽管如此，我仍然与她有一个约会。	**Trotzdem habe**	ich		eine Verabredung mit ihr.
b) Deutsch ist schwer. 德语难，尽管如此，刘先生会说一口好德语。	**Trotzdem kann**	Herr Liu		es gut sprechen.
c) Ich habe ihn mehrmals eingeladen, 我多次邀请了他，尽管如此，他还是没有一起来。	**trotzdem ist**	er		nicht mitgekommen.

说明：

1. *trotzdem* 意为"尽管如此，仍然……"，只能连接两个主句。
2. 带有 *trotzdem* 的句子必须后置，它和前一个句子是转折关系。
3. 两个句子一般用句号分开，*Trotzdem* 首字母一般要大写，见例句 a)和 b)。
4. 如果两个句子之间的关系被认为非常紧密时，也可以用逗号，但 *trotzdem* 要小写（见例句 c)）。
5. *trotzdem* 引导的是主句，变位动词直接置于 *trotzdem* 之后，然后是主语及其他句子成分。

Übung V

Verbinden Sie bitte die Sätze mit *trotzdem*!
Beispiel：

　　　　Herr Faul ist noch jung. Aber er will nicht mehr arbeiten.
　→ *Herr Faul ist noch jung. **Trotzdem** will er nicht mehr arbeiten.*

a) Trotz der Gefahr fährt Herr Verrückt 200 km pro Stunde.

b) Obwohl er schwer krank ist, lehnt er die ärztliche Behandlung ab.

c) Es war schon Mitternacht. Herr Tüchtig arbeitete noch am Schreibtisch.

Lektion 18

Grammatik I

Infinitiv mit „zu" 带 zu 不定式

例句：

a) Kinder haben große Lust **zu** *spielen*.
   孩子们玩心很大。

b) Kinder haben keine Lust, *Hausaufgaben* **zu** *machen*.
   孩子们没有兴趣做作业。

c) Kinder haben keine Lust, *mit dem Unterricht an***zu***fangen*.
   孩子们没兴趣（开始）上课。

d) Ich hoffe, *ihn* **zu** *sehen*, **zu** *sprechen* und *mit ihm ins Kino* **zu** *gehen*.
   我希望见他，与他说话，和他一起去电影院。

说明：
1. 带 *zu* 不定式分简单不定式和扩展不定式二种，简单不定式前无须加逗号，见例句 a）。
2. 扩展不定式前须加逗号，见例句 b）。
3. 可分动词带 *zu* 不定式中 *zu* 置于可分前缀与基本动词中间，见例句 c）。
4. 当带 *zu* 不定式句中有两个及两个以上动词时，*zu* 都不能省略，须置于各个不定式前，见例句 d）。

Infinitiv mit zu / dass-Satz 带 zu 不定式结构与 dass 句的区别

例句：

a) Birgit kann die Prüfung bestehen. Das hofft Birgit.
   → Birgit hofft, die Prüfung bestehen **zu** können.
   比尔吉特希望自己能通过考试。

b) Birgit soll an der Prüfung teilnehmen. Das schlagen die Eltern Birgit vor.
   → Die Eltern schlagen Birgit vor, an der Prüfung teil**zu**nehmen.
   父母亲建议比尔吉特去参加考试。

c) Die Eltern sollen für sie einen Computer kaufen. Darum bittet Birgit die Eltern.

Lektion 18

→ Birgit bittet die Eltern, für sie einen Computer **zu** kaufen.

比尔吉特请求父母亲为她买一台计算机。

d) Alle Schüler müssen die Prüfung bestehen. Es ist für alle Schüler wichtig.

→ Es ist (für alle Schüler) wichtig, die Prüfung **zu** bestehen.

oder: Die Prüfung zu bestehen, ist (für alle Schüler) wichtig.

对所有学生而言，重要的是通过考试。

e) Birgit kann die Prüfung bestehen. Das hoffen die Eltern.

→ Die Eltern hoffen, **dass** Birgit die Prüfung bestehen kann.

父母亲希望比尔吉特能通过考试。

说明：

1. 不定式行为主体与主句的主语一致时，往往用不定式结构，见例句 a)。
2. 不定式行为主体与主句的主语不一致，但与主句的第三格或第四格宾语一致时，也可用不定式结构，见例句 b) 和 c)。
3. 在 "*es ist* + 形容词/分词/名词" 这类句型中，不定式行为主体是 "大家"（即 *alle*），可以省略；否则不定式行为主体必须以第三格或 für + 第四格的形式放在主句中，如 *Es ist* mir *wichtig, ... zu* + *Inf.* / *Es ist* für mich *wichtig, ... zu* + *Inf.*。见例句 d)。
4. 在例句 e) 中，从句中的行为主体 *Birgit* 在主句中没有提及，所以不能用不定式结构，而只能用 dass 从句。

Verben, Adjektive und Nomen in Verbindung mit Infinitiv mit „zu" (一部分) 与带 zu 不定式连用的动词、形容词、第二分词以及名词

动词	形容词		名词	
anfangen	gut		Zeit	
aufhören	leicht		Lust	
beginnen	möglich		Angst	
bitten（um）	notwendig		die Hoffnung	
erlauben	schlecht	sein	die Möglichkeit	haben
sich freuen（auf / über）	schön		die Pflicht	
hoffen	schwer		den Wunsch	
raten（zu）	üblich			
verbieten	wichtig			
versprechen				
versuchen	第二分词			
vorhaben				
vorschlagen				
vergessen	Es ist erlaubt, ...			
empfehlen	Es ist verboten, ...			
sich gewöhnen an				
sich kümmern um				

Lektion 18

说明：

1. 与一些动词连用时，带 zu 不定式是主句的宾语。

   Jeder Student hofft, die Prüfung zu bestehen/bestehen zu können.（作宾语）

   每个学生都希望通过考试/能通过考试。

2. 与一些形容词连用时，带 zu 不定式是主句的主语。

   Es ist notwendig, den armen Menschen zu helfen.（作主语）

   帮助穷人是必要的。

3. 与一些第二分词连用时，带 zu 不定式也是主句的主语。

   Es ist verboten, im Klassenzimmer zu rauchen.（作主语）

   在教室里抽烟是被禁止的。

4. 与一些抽象名词连用时，带 zu 不定式是该名词的定语。

   Das Kind hat Angst, alleine in einem dunklen Zimmer zu schlafen.（作定语）

   这个小孩害怕独自一人睡在黑暗的房间里。

Übungen

1. Bilden Sie Infinitivsätze mit angegebenen Wörtern!

a) Viele ausländische Studenten jobben in den Ferien. Das ist bei den ausländischen Studenten üblich.

   Es _____. (üblich sein)

b) Viele Studenten meinen, dass Deutsch schwer ist.

   Es _____. (schwer sein)

c) Es regnet schon wieder sehr stark.

   Es hat _____. (anfangen)

d) Der Lehrer möchte gern in den Ferien eine Reise ins Ausland machen, aber er hat dafür keine Zeit.

   Der Lehrer _____. (keine Zeit haben)

e) Beim Lernen einer Fremdsprache muss man Wörter und Redewendungen auswendig lernen. Das ist sehr wichtig.

   Es _____. (wichtig sein)

2. Wie sagt man das anders? Verwenden Sie den Infinitiv mit *zu*!

Beispiel: Um 8 Uhr beginnt die Sekretärin mit der Arbeit.

   → Um 8 Uhr *beginnt* die Sekretärin *zu arbeiten*.

a) Wann hört ihr mit dem Essen auf?

Lektion 18

b) <u>Das Rauchen</u> ist hier erlaubt.

c) In der Fußgängerzone ist <u>das Parken</u> verboten.

d) <u>Zigarettenrauchen in der Pause</u> ist in China üblich.

e) Während der Prüfung ist <u>das Benutzen von Wörterbüchern</u> nicht erlaubt.

f) <u>Ein gesundes Leben</u> ist für alle wichtig.

g) <u>Jungbleiben</u> ist eine gute Sache für alle.

Zeitform in Infinitivkonstruktionen mit zu　带 zu 不定式结构中的时态

　　动词不定式是指动词未经变位的动词(原形)形式,按其结构可分为现在时和完成时不定式两种,其中现在时不定式使用较多。

例句：

现在时不定式： Die Kinder haben heute Zeit, Fußball **zu spielen.**
　　　　　　　孩子们今天有时间踢足球。

完成时不定式： Es ist eine Voraussetzung für Ärzte, Medizin **studiert zu haben.**
　　　　　　　当医生的先决条件是学过医学。

3. Formen Sie die Sätze in eine *Infinitivkonstruktion mit zu* um und achten Sie dabei auf die *Zeitform* auf!

a) Frau Liu hat von ihrem Freund ein Geburtstagsgeschenk aus der Schweiz bekommen. Dafür bedankt sie sich bei ihm sehr.

Frau Liu bedankt sich bei ihrem Freund dafür, _____
_____.

b) Betina will am Wochenende ihre Eltern in Österreich besuchen.

Betina hat vor, _____.

c) Ich habe dich kennengelernt. Darüber freue ich mich.

Ich freue mich darüber, _____.

d) Sie sollten Ihren Sohn nicht schlagen!

Ich empfehle Ihnen, _____.

Lektion 18

e) Vorgestern habe ich eine E-Mail von meiner Freundin in Deutschland erhalten. Darüber freue ich mich sehr.

Ich freue mich sehr darüber, _____.

f) Der Junge räumt jeden Samstag sein Schlafzimmer auf. Daran gewöhnt er sich schon.

Der Junge gewöhnt sich schon daran, _____.

Grammatik II

Nebensatz mit „um ... zu" und „damit" (Finalsatz)

由 „um ... zu" 和 „damit" 引导的目的从句

例句：

a) * Warum fährt Wang Dali nach Deutschland?
   + Er möchte an der TU Darmstadt studieren.
→ Wang Dali fährt nach Deutschland, **um** an der TU Darmstadt **zu** studieren.
   王大力去德国是为了在达姆斯塔特理工大学上学。

b) * Warum melden die Eltern ihren Sohn zu einem Französischkurs an.
   + Ihr Sohn soll Französisch lernen.
→ Die Eltern melden ihren Sohn zu einem Französischkurs an, **damit** er Französisch lernt.
   父母亲给他们的儿子报读一个法语培训班，目的是要他学习法语。

c) * Wozu leiht die Studentin von der Bank 10 000 Euro?
   + Sie kann ihr Studium in Deutschland finanzieren.
→ Die Studentin leiht von der Bank 10 000 Euro, **um** ihr Studium in Deutschland finanzieren **zu** können.
   这位女大学生向银行借一万欧元是为了能够负担在德国的学业费用。

d) * Warum raucht Peter nie im Schlafzimmer?
   + Seine Frau muss nicht passiv rauchen.
→ Peter raucht nie im Schlafzimmer, **damit** seine Frau nicht passiv **rauchen muss**.
   彼得从不在卧室里吸烟，是为了不让他的太太被动吸烟。

说明：

1. 目的从句由 *um ... zu*（为了……）或 *damit*（为了/以便……,）引导，对目的从句的提问一般用 *wozu*, *mit welcher Absicht*, *zu welchem Zweck*。如果主从句中的行为主体一致时, 通常用 *um ...*

Lektion 18

zu 结构；如果主从句中的行为主体不一致时，则必须用 *damit* 结构。

2. 在目的从句和 *um ... zu* 结构中不可使用情态助动词 *wollen*，*möchten* 和 *sollen*，因为连词 *damit* 和 *um ... zu* 本身就有"为了"的意思，见例句 a）和 b）。

Übungen

1. Bilden Sie bitte Finalsätze mit *um ... zu* oder *damit*!

a) Herr Schmidt macht oft Überstunden. Er will mehr Geld verdienen.

b) Er verdient mehr Geld. Seine Familie kann ein besseres Leben führen.

c) Frau Klug nimmt ein Taxi. Sie will den letzten Zug nicht verpassen.

d) In der Freizeit macht Frau Dege viel Gymnastik. Sie möchte ihre schöne Figur halten.

e) Der Vater meldet seine kleine Tochter im Kindergarten an. Sie kann den Kindergarten besuchen.

f) Die Tochter braucht Geld. Sie will einen Computer kaufen.

g) In den Sommerferien fahren 20 chinesische Schüler nach Venedig. Sie möchten diese berühmte Stadt kennen lernen.

h) Viele Eltern in Deutschland schicken ihre Kinder ins Ferienlager. Ihre Kinder sollen für ein paar Wochen selbständig leben.

i) Immer mehr deutsche Studenten fahren nach China. Sie wollen ein 2-Semester-Auslandsstudium machen.

j) Das Kind spart sein Taschengeld. Es möchte sich ein gutes Computerspiel kaufen.

k) Die Eltern kaufen eine größere Wohnung. Ihr Sohn kann ein eigenes Zimmer haben.

l) Frau Jander geht auf die Post. Sie will ein Paket nach Bremen schicken.

m) Er geht ganz leise ins Schlafzimmer. Seine Frau soll nicht vom Geräusch aufwachen.

n) Er lernt eine zweite Fremdsprache. Er möchte eine bessere Arbeitsstelle bekommen.

o) Ich muss die DSH oder den TestDaf bestehen. Ich möchte an einer deutschen Universität studieren.

p) Immer mehr Deutsche fahren gern Fahrrad. Sie wollen gesund bleiben.

q) Die Kollegen gehen heute Abend in die Shanghaier Konzerthalle. Sie wollen sich ein klassisches Konzert anhören.

2. Antworten Sie mit *um ... zu* oder *damit*!

a) Warum fährt Herr Li zum Bahnhof? (Herrn Zhang abholen)

b) Wozu lernt Michael Chinesisch? (chinesische Kultur kennen lernen)

c) Wozu buchst du ein Flugticket? (eine Reise in die Schweiz machen)

d) Wozu brauchen die Studenten ein Lehrbuch? (besser lernen)

e) Mit welcher Absicht hilfst du deinem Kommilitonen? (Mein Kommilitone kann seine Leistung verbessern)

f) Zu welchem Zweck schreibt er seiner hübschen Frau einen Brief? (ihr seine Liebe ausdrücken)

g) Wozu braucht der Student einen Wecker? (ihn wecken können)

h) Warum macht er dir ein Geschenk? (sich bei mir für meine Hilfe bedanken)

i) Wozu trinkst du Kaffee? (mich munter machen)

j) Warum raucht man Zigaretten? (sich besser konzentrieren)

k) Wozu gibt Wang Dali seinem Freund eine Eintrittskarte? (das Fußballspiel im Stadion sehen können)

l) Warum liest man Zeitung? (sich über aktuelle Ereignisse informieren)

m) Warum gibt man der Kellnerin im Restaurant das Trinkgeld? (ihr für die gute Bedienung danken)

um ... zu 与 zu ＋ Infinitiv　um ... zu 与简单不定式结构的区别

目的从句 um ... zu 与 Infinitiv ＋ zu 的区别在于：目的从句 um ... zu 是主句的状语，不受主句动词的支配。Infinitiv ＋ zu 是受主句动词支配的一个成份，如充当主句的主语、表语、宾语或介词宾语。

例句：

a) Er hat vor, in Deutschland in seinem Studienfach weiter **zu** studieren.

   他打算在德国继续学习他的专业。

b) Er lernt Deutsch, **um** sich auf sein Studium in Deutschland vor**zu**bereiten.

   他学习德语是为了在德国上大学做准备。

3. Formen Sie die Sätze um!

a) Manche Eltern schlagen ihre Kinder. Das ist dumm.

   Es ist dumm, _____.

b) Kluge Eltern räumen ihr Arbeitszimmer auch oft auf. Sie wollen Vorbild für ihre Kinder sein.

   Kluge Eltern räumen ihr Arbeitszimmer auch oft auf, _____

   _____.

Lektion 18

c) Prinz Georg schrieb seiner Großmutter einen Brief. In dem Brief wollte er von ihr etwas Geld bekommen.

Prinz Georg schrieb seiner Großmutter einen Brief, _____

_____.

d) Schon am nächsten Tag hat Prinz Georg einen Antwortbrief von seiner Großmutter erhalten. Darüber freute er sich sehr.

Prinz Georg freute sich sehr darüber, _____

_____.

e) Viele chinesische Jugendliche lernen sehr viel Englisch. Sie wollen ein Stipendium von einer Universität in den USA bekommen und dort studieren.

Viele chinesische Jugendliche lernen sehr viel Englisch, _____

_____.

f) Die Gesellschaft muss Kinder und Jugendliche besser erziehen. Das ist die Pflicht der Gesellschaft.

Es ist die Pflicht der Gesellschaft, _____

_____.

g) Immer mehr chinesische Jugendliche studieren in den westlichen Ländern. Sie wollen eine bessere Ausbildung bekommen.

Immer mehr chinesische Jugendliche studieren in den westlichen Ländern, _____

_____.

Wiederholungsübungen (3)

1. Kreuzen Sie die richtigen Präpositionen an!

a) achten ☐ in ☐ auf ☐ bei
b) warten ☐ für ☐ um ☐ auf
c) sich kümmern ☐ um ☐ mit ☐ über
d) j-n fragen ☐ mit ☐ an ☐ nach
e) denken ☐ bei ☐ über ☐ an
f) j-m gratulieren ☐ mit ☐ zu ☐ für
g) sich erkundigen ☐ für ☐ um ☐ nach
h) aufhören ☐ auf ☐ gegen ☐ mit
i) sich informieren ☐ mit ☐ über ☐ von
j) sich bedanken ☐ mit ☐ an ☐ für

2. Ordnen Sie den Verben die passenden Präpositonen zu!

a) sich erinnern   bei
b) j-n bitten   für
c) sich interessieren   mit
d) j-n einladen   auf
e) sich verabreden   um
f) antworten   an
g) diskutieren   von
h) suchen   über
i) sprechen   zu
j) j-m helfen   nach

3. Bilden Sie Sätze mit angegebenen Wörtern!

Beispiel: auf, er, warten, den Bus → Er wartet auf den Bus.

a) du, von, sich verabschieden, deine Eltern

_____.

Wiederholungsübungen (3)

b) sich freuen, wir, die Ferien, auf

_____.

c) über, erzählen, sein Freund, sein Leben in Deutschland, wir

_____.

d) sich unterhalten, sie, das Fußballspiel im Fernsehen, über

_____.

e) ihr, auf, sich vorbereiten, müssen, die Prüfung, gut

_____.

4. Bilden Sie mit gegebenen Wörtern Sätze!

Beispiel:

> können / wählen zwischen + (D.) / in Deutschland / ein- Einzelfahrkarte, verschieden- Tageskarten und ein- / man
> → In Deutschland kann man zwischen einer Einzelfahrkarte, verschiedenen Tageskarten und einer Streifenkarte wählen.

a) sich (D) etwas (A) ansehen / möchte / der Dom und das Rathaus / ich

b) teilnehmen an + (D) / das Tischtennisturnier in Köln / Kim

c) sich (A) vorbereitet auf + (A) / er / schon seit Wochen / das Turnier

d) sich (A) erinnern an + (A) / noch gut / sein- erst- Wochen hier / Lu Wei

e) müssen / achten auf + (A) / vor dem Einsteigen in die S-Bahn / die Richtung / man

f) beginnen mit + (D) / mit acht Jahre- / sie / das Training

g) können / reagieren auf + (A) / wie / die chinesisch- Spieltechniken / man

h) haben / sich (A) sehen / wie lange / wir / nicht

i) sich (A) fühlen + Adj. / die ledig- Frauen / manchmal / sehr einsam

j) sich (D) leisten können / ein- Auslandsreise / nicht / die Hausfrau

Wiederholungsübungen (3)

k) können / *j-m* helfen / die berufstätig- Großmütter / ihr- Kinder- / nicht

l) wollen / sich (A) treffen mit + (D) / sie / lieber / Freundinnen

m) müssen / verzichten auf + (A) / manch- Großmütter / ihr- Interessen

n) sich (A) wundern über + (A) / die Groß- Mauer / die Touristen

o) leiden unter + (D) / viel- Eltern / mangelnd- Kenntnisse-

p) sollen / entscheiden über + (A) / selbst / ihr- Zeit / die Kinder

q) können / umsteigen von + (D) in + (A) / mit dies- Karten / man / z. B. / die S-Bahn / der Bus

r) gültig sein für + (A) / Tageskarten / innerhalb von 24 Stunden / beliebig viel- Fahrten

s) sich (A) kümmern um + (A) / die Tagesmutter / nachmittags / die Kinder

t) streben nach + (D) / heute / ein- Leben zwischen Beruf und Familie / viel- Frauen

u) werben für + (A) / die Frauen / viel- verschieden- Produkte aus unterschiedlich- Bereiche-

v) können / umgehen mit + (D) / die modern- Technik / die Karrierefrauen

w) sich (A) erkundigen nach + (D) / Wang Dali / der Weg ins Stadtzentrum

Lektion 19

Grammatik

Relativsatz 关系从句

**A Relativsätze mit dem Relativpronomen im Nominativ, Dativ und Akkusativ
带第一格、第三格和第四格关系代词的关系从句**

例句：

a) Das Land ist groß. Das Land hat 250 Millionen Einwohner.

  Das Land, **das** 250 Millionen Einwohner hat, ist groß.
  Singular/n   N

  这个国家是大的，它有 2.5 亿居民。

b) Ich liebe die Kinder. Ich habe den Kindern viel geholfen.

  Ich liebe **die Kinder**, **denen** ich viel geholfen habe.
          Plural   D

  我爱这些孩子们，我帮助过他们。

c) Der Fotoapparat gefällt ihm. Der Onkel hat ihm den Fotoapparat geschenkt.

  Der Fotoapparat, **den** der Onkel ihm geschenkt hat, gefällt ihm.
  Singular/m   A

  他喜欢这架照相机，这架照相机是他的伯父送的。

说明：

　　由关系代词带起的关系从句，一般紧跟在主句中某一被修饰或说明的名词后面。关系代词的性和数须与主句中相关词的性和数一致，而其格则取决于它在从句中的句法地位。

Lektion 19

1. 关系代词第一格在关系从句中作主语,见例句 a)。
2. 关系代词复数第三格在关系从句中作宾语,见例句 b)。
3. 关系代词第四格在关系从句中作宾语,见例句 c)。

除了复数第三格关系代词外,下表中其他关系代词均与定冠词变化形式相同。

	阳性	中性	阴性	复数
N.	der	das	die	
D.	dem	dem	der	**denen**
A.	den	das	die	die

Übungen

1. Bilden Sie Relativsätze!

Beispiel: *China hat sich sehr schnell entwickelt. Es ist ein bevölkerungsreiches Land.*

→ *China, __das__ ein bevölkerungsreiches Land ist, hat sich sehr schnell entwickelt.*

a) Können Sie mir die Landkarte Chinas zeigen? Sie liegt auf dem Tisch.

b) Der Herr ist Chinese. Herr Schmitt holt ihn morgen vom Bahnhof ab.

c) Frau Garbe hat den Kaiserpalast besichtigt. Der Kaiserpalast ist allen bekannt.

d) Der Tourist möchte durch China reisen. Ich habe dem Touristen sehr viel geholfen.

e) Die Stadt Beijing ist auch eine moderne Stadt. Sie hat viele Sehenswürdigkeiten.

f) Das Kind ist Lydias Sohn. Die Tagesmutter gefällt ihm nicht.

g) Frau Mannheim ist meine Zimmervermieterin. Ich habe ihr ein Rollbild geschenkt.

Lektion 19

h) Sagen Sie es dem Kranken! Der Reiseführer will ihn besuchen.

___

2. Ergänzen Sie Relativpronomen!

a) Herr Sand sucht im Parkhaus sein Auto, _____ er vor kurzem gekauft hat.

b) Ich möchte in einer kleinen Stadt wohnen, _____ keine Hochstraße hat.

c) Der Fremde hat dem Schüler gedankt, _____ ihm den Weg gezeigt hat.

d) Deutsch, _____ wir jetzt lernen, ist sehr schwer.

e) Ich besuche morgen meinen Lehrer, _____ ich zehn Jahre lang nicht gesehen habe.

f) Das Kind, _____ Hans täglich vom Kindergarten abholt, hat keine Eltern mehr.

g) Ich kann die Kamera, _____ ich von Sabine geliehen habe, nicht mehr finden.

h) Frau Weber, _____ Herr Maier täglich hilft, ist meine Nachbarin.

i) Thomas, _____ ich gerade schreibe, ist mein bester Freund.

j) Gestern hat sich die neue Sekretärin, _____ aus Japan kommt, bei uns vorgestellt.

k) Die Kindergärtnerin erzählt das Märchen, _____ Kinder schon wiederholen können.

l) Ein Student, _____ im Ausland reich geworden ist, hat das Haus gekauft.

m) Der Mann, _____ das Auto gehört, hat bei Siemens sehr viel gearbeitet.

n) Das Mädchen, _____ ich eine Tafel Schokolade gegeben habe, weint nicht mehr.

o) Der Kunde, _____ der Verkäufer den Anzug empfohlen hat, ist damit zufrieden.

p) Von wem ist diese CD, _____ wir hören?

q) Rudolf liest gerade den Brief, _____ aus Deutschland kommt.

r) Josef ist ein Kind, _____ das Lernen nicht gefällt.

s) Kennen Sie den Weg, _____ zum Volksplatz führt?

t) Er wohnt in einem Haus, _____ wunderschön ist.

u) Karin telefoniert täglich mit ihrem Freund, _____ in einer anderen Stadt wohnt.

v) Ich hole die Zeitung, _____ ich in diesem Jahr bestellt habe.

w) Wo steht der Artikel, _____ du gelesen hast?

Lektion 19

B Relativsätze mit dem Relativpronomen im Genitiv
   带第二格关系代词的关系从句

例句：

> a) Der Sohn fährt täglich mit dem Auto zur Schule. Seine Mutter ist sehr reich.
>
> **Der Sohn**, **dessen** Mutter sehr reich ist, fährt täglich mit dem Auto zur Schule.
> Singular/f
> 儿子每天坐车去学校，他的妈妈很有钱。
>
> b) Die Schülerin bekommt immer gute Noten. Ihr Vater ist Schulleiter.
>
> → **Die Schülerin**, **deren** Vater Schulleiter ist, bekommt immer gute Noten.
> Singular/f
> 这个女学生总是得好分数，她的父亲是校领导。
>
> c) Ich besuche die Eltern. Ich habe dem Kind der Eltern geholfen.
>
> → Ich besuche **die Eltern**, **deren** Kind ich geholfen habe.
> Plural
> 我拜访这对父母，我帮助过他们的孩子。

说明：
   关系代词的第二格在从句中作定语，代替主句中被修饰的名词的第二格。
1. 当主句中的相关名词是阳性或中性单数名词时，关系代词的第二格为 *dessen*，见例句 a)。
2. 如果主句中的相关名词是阴性单数或复数的话，关系代词的第二格则为 *deren*，见例句 b)，c)。

   关系代词第二格阳性和中性单数均为 *dessen*，阴性单数和复数同为 *deren*，见下表：

	阳性	中性	阴性	复数
G.	dessen	dessen	deren	deren

注意：
a) *dessen* 和 *deren* 所限定的名词前不能再加冠词，但可以有形容词，作定语用的形容词词尾按强变化的形式变格。如：

   dessen **schnelle** Entwicklung

   deren **teures** Klavier

b) *dessen* 和 *deren* 只代替主句中被修饰的名词的第二格，与其所带起的名词的性、数、格无任何关系，因而 *dessen* 和 *deren* 本身没有变化。如：

Lektion 19

China, **dessen** schnelle Entwicklung

die Frau, **deren** teures Klavier

Übung

Üben Sie Relativpronomen im Genitiv!

a) Der ehemalige Student hat mich gestern besucht. Ich habe seinen Namen vergessen.

b) Wie heißt die Provinz? Die Hauptstadt dieser Provinz ist Hefei.

c) China liegt in Asien. Seine Fläche ist groß.

d) Die Universität Beijing ist bekannt. Die Studenten dieser Uni sind ausgezeichnet.

e) Wie alt ist deine Urgroßmutter? Du hast gestern ihren Geburtstag gefeiert.

f) Der Schriftsteller wohnt jetzt auf dem Land. Seine Romane gefallen allen.

g) Wir haben heute ein Ehepaar kennen gelernt. Die Tochter des Ehepaars ist mit unserem Sohn nach Deutschland gefahren.

h) Herr Huch stand ratlos am Straßenrand. Sein Auto hatte eine Panne.

C Relativsätze mit Präpositionen 带介词的关系从句

例句：

a) Wo ist die Frau? Ich habe eben mit ihr gesprochen.

→ Wo ist die Frau, **mit der** ich eben gesprochen habe?
我刚才和她说过话的那位女士在哪里？

> b) Endlich kommt der Einladungsbrief von Professor Kim.
>   <u>Auf den Brief</u> habe ich schon lange gewartet.
>
>   → Endlich kommt der Einladungsbrief von Professor Kim, **auf den** ich schon lange gewartet habe.
>   金教授的那封我等了好长时间的邀请信终于来了。
>
> c) Die Touristen kommen aus Deutschland. Er unterhält sich <u>mit ihnen</u>.
>
>   → Die Touristen, **mit denen** er sich unterhält, kommen aus Deutschland.
>   游客们来自德国，他和他们在聊天。
>
>   以上的例句表明，如果遇到关系代词前有介词，关系代词的格要受介词的制约。但要注意第二格的关系代词不受介词的影响，如：
>
> d) Herr Wang ist mein Chef. Ich bin <u>mit seiner</u> Tochter befreundet.
>
>   → Herr Wang, mit **dessen** Tochter ich befreundet bin, ist mein Chef.
>   王先生是我的上司，我和他的女儿是朋友。
>
> e) Herr Wang hat mich entlassen. Ich habe mich in <u>seine</u> Tochter verliebt.
>
>   → Herr Wang, in **dessen** Tochter ich mich verliebt habe, hat mich entlassen.
>   王先生把我解雇了，我爱上了他的女儿。

Übung

Verbinden Sie die Sätze!

Beispiel: Ich habe Eva ein Seidentuch geschenkt. Sie freut sich über das Seidentuch.
→ Ich habe Eva ein Seidentuch geschenkt, über das sie sich freut.

a) Herr Stein hat die Große Mauer gesehen. Er war von der Großen Mauer sehr begeistert.

b) Ich kenne diesen Professor. Er hat von seinem Projekt oft gesprochen.

c) Das ist Herr Maier. Ich habe mit seiner Frau eine Reise nach Hangzhou gemacht.

d) Das Studentencafé ist hinter der Universität. Viele Studenten sitzen

Lektion 19

im Studentencafé.

e) Das Zimmer ist gemütlich. Ulrike wohnt in diesem Zimmer.

f) Das Problem ist kompliziert. Wir diskutieren jetzt über das Problem.

g) Der Unibus kommt immer noch nicht. Wir warten schon lange auf den Unibus.

h) Die Kursteilnehmer kommen aus verschiedenen Städten. Der Lehrer spricht mit ihnen.

i) Shanghai ist meine Heimatstadt. Ich denke oft an Shanghai.

j) Eva hat die Tonarmee des Ersten Kaisers besucht. Sie interessiert sich sehr dafür.

k) Mein Großvater besucht mich in der nächsten Woche. Mit seiner finanziellen Unterstützung studiere ich in Deutschland.

l) Die Lehrerin verstehen wir gut. Wir haben uns an ihre Aussprache gewöhnt.

D Relativsätze mit „was" (nur im Nominativ und Akkusativ)
带"was"的关系从句（只用于第一格和第四格）

例句：

a) **Das**, **was** ich dir gesagt habe, darfst du nicht weitersagen.
你不可以把我告诉你的这些话传出去。

b) **Alles**, **was** ich in China erlebt habe, ist unvergesslich.
我在中国经历过的一切是难忘的。

c) **Das Schönste**, **was** er mir erzählt hat, ist seine Liebesgeschichte.
他对我讲述过的最美好的事情是他的爱情故事。

d) **Nichts**, **was** er macht, interessiert mich.
我对他做的所有的事都不感兴趣。

ähnlich: etwas, einiges, weniges usw.; das Letzte, das Beste usw.
类似的词有：etwas, einiges, weniges usw.; das Letzte, das Beste usw.

Lektion 19

说明：
1. 关系代词 was 和中性指示代词相关联，作关系从句的宾语，见例句 a）。
2. 关系代词 was 和不定代词相关联，作关系从句的宾语，见例句 b），d）。
3. 关系代词 was 和中性的最高级的形容词相关联，作关系从句的宾语，见例句 c）。

Übungen

1. Ergänzen Sie bitte das Relativpronomen!

a) Gib mir die Landkarte zurück, _____ ich dir gestern geliehen habe.

b) Ein Autofahrer, _____ betrunken war, ist gegen einen Baum gefahren.

c) Wer waren die Leute, _____ der Reiseführer die Stadt gezeigt hat?

d) Das ist ein Fehler, _____ du immer wieder machst.

e) Wem gehört das Handy, _____ auf dem Tisch liegt.

f) Ich wohne bei einer Frau, _____ Sohn im Moment in Deutschland studiert.

g) Meine Eltern haben mir vieles gekauft, _____ mir gar nicht gefällt.

h) Im Deutschkurs gibt es einige Studenten, _____ Aussprache undeutlich ist.

i) Wir fahren mit Herrn Dehn, _____ Auto größer als unseres ist.

j) Kennst du beide Frauen, _____ wir eben schon einmal begegnet sind.

k) Herr Meier, _____ die Oper nicht gefiel, hat das Theater verlassen.

l) Ich denke an meine Freundin, _____ ich lange nicht geschrieben habe.

m) Der Student, _____ Vater Zahnarzt ist, hat eine Reise durch China gemacht.

n) Die Uhr, _____ mir sehr gefällt, habe ich verloren.

o) Kurt fährt nach der Arbeit zu seinem Kind, _____ bei seiner Großmutter wohnt.

p) Der Schüler, _____ alle gratulieren, hat einen Studienplatz für Medizin bekommen.

q) Der Mann, _____ Namen sehr lang ist, kommt aus Xinjiang.

r) Wie heißt der Spielfilm, _____ heute Abend im Kino läuft?

2. Kreuzen Sie die richtige Lösung an!

a) Ich danke Ihnen für den Brief, _____ ich heute bekommen habe.
    A. für den   B. den   C. der   D. denn

b) Er wartet auf Hans, _____ er schon lange befreundet ist.
    A. zu der   B. mit ihm   C. mit dem   D. was

c) Stefan hat eine komische Maske gekauft, _____ er sich interessiert.

Lektion 19

    A. für die   B. die   C. an der   D. an die

d) Peter bleibt lange in China, _____ Sprache er lernen will.

    A. deren   B. die   C. das   D. dessen

e) Er fährt in die Schweiz, _____ es schöne Landschaft gibt.

    A. in dem   B. in der   C. das   D. die

f) Die Studentin, _____ Adresse ich mich erkundigt habe, studiert nicht mehr hier.

    A. nach deren   B. über dessen
    C. um deren   D. nach dessen

g) Der Mann, _____ ich eben telefoniert habe, ist unser Reiseführer.

    A. den   B. mit dem   C. an den   D. zu dem

h) Die Tante holt die Kinder, _____ sie sich kümmert, von dem Kindergarten ab.

    A. für die   B. über die
    C. um die   D. an die

i) Die Studentin, _____ Deutschkenntnisse nicht ausreichen, besucht einen Kurs.

    A. deren   B. dessen   C. mit deren   D. mit dessen

j) Die Schulkinder machen in den Ferien eine Reise, _____ sie sich freuen.

    A. über die   B. für die   C. um die   D. auf die

k) Georg hat in einem Spielzeugladen etwas gesehen, _____ er gern kaufen möchte.

    A. das   B. was   C. dass   D. für das

l) Er hat den Brief, _____ die Königin ihm geschrieben hat, einem Sammler verkauft.

    A. der   B. den   C. für den   D. dem

m) Im Sommer schwimmen wir in einem kleinen Fluß, _____ Wasser kalt ist.

    A. der   B. in dem   C. dessen   D. von dem

n) Wo ist der Platz, _____ wir Federball spielen können?

    A. auf den   B. den   C. auf dem   D. der

o) Der alte Mann, _____ Frau im Ausland ist, muss selbst kochen.

    A. dessen   B. die   C. deren   D. der

p) Das schöne Geschenk, _____ ich mich sehr freue, hat mir mein Onkel geschenkt.

    A. das   B. von dem
    C. für das   D. über das

q) Die Zeit in Deutschland, _____ ich mich oft erinnere, war sehr schön.

　　A. an die　　　　　　B. das　　　　　　C. an das　　　　　D. um die

r) Die Frauen aus der Werbung, _____ nicht nur Karrierefrauen sondern auch perfekte Hausfrauen sind, findet man in der Realität kaum.

　　A. aus der　　　　　B. die　　　　　　C. deren　　　　　D. der

Lektion 20

Grammatik I

Plusquamperfekt 过去完成时

形式：hatte ... (war ...) ＋ Partizip II

例句：

a) * Hat sie die Wäsche schon gewaschen?

    她衣服洗了吗？

  + Nein. Sie wollte die Wäsche am Nachmittag waschen, aber ihr Mann **hatte** die Wäsche schon am Morgen **gewaschen**.

    没有。她本想下午洗衣服，但她丈夫早上已把衣服洗了。

b) Der Vater wollte heute Morgen mit dem Kind zum Arzt gehen, aber die Mutter **war** gestern mit dem Kind beim Arzt **gewesen**.

   父亲本来想今天早上带孩子去看病的，但母亲昨天已带孩子去看过病了。

说明：

　　过去完成时是由动词 *haben* 或 *sein* 的过去式和动词的第二分词构成。过去完成时一般不能单独使用，往往同过去时句子连用，表示事情的发生比过去时的句子更早。

Übung

Bilden Sie bitte Sätze nach dem Beispiel!

Vater und Sohn

Beispiel:　　ins Konzert gehen　　Karte kaufen

　　→ <u>Der Vater</u> **wollte** ins Konzert gehen. <u>Der Sohn</u> **hatte** die Karte schon für ihn **gekauft**.

Lektion 20

a) eine Reise auf die Hainan-Insel machen   das Ticket buchen

_____

b) Tee trinken   Wasser kochen

_____

c) fernsehen   den Fernseher einschalten

_____

d) Deutsch lernen   ein Wörterbuch kaufen

_____

e) Auto fahren   einen Polo kaufen

_____

Grammatik II

Temporalsatz 时间状语从句

A 由 „wenn" 和 „als" 引导的时间状语从句

例句：

a) Sie wurde 4 Jahre alt. **Da** bekam sie viele Geschenke.
→ **Als** sie 4 Jahre alt **wurde**, **bekam** sie viele Geschenke.
当她 4 岁（生日）时，她得到了许多礼物。

b) Ich kam nach Rom. Die Sonne schien immer.
→ **Jedes Mal (Immer) wenn** ich nach Rom **kam**, **schien** die Sonne.
每次我去罗马时，都是阳光明媚。
Der deutsche Student hat Ferien. Er geht immer arbeiten.
→ **Jedes Mal (Immer) wenn** der deutsche Student Ferien **hat**, **geht** er arbeiten.
这个德国学生每次放假都去工作。

c) Im Jahre 2025 bin ich 55 Jahre alt. Dann ist mein Mann 56.
→ **Wenn** ich im Jahre 2025 55 Jahre alt **bin**, **ist** mein Mann 56.
2025 年当我 55 时，我丈夫 56 岁。

说明：

时间连词 *als* 和 *wenn* 表示"当……时候"，*als* 通常用于描写过去某一时间一次性发生的事，所以时态要求用过去时。其他情况一律用连词 *wenn*，时态要根据具体情况而定。为了强调多次发生，可

Lektion 20

以在 wenn 前加上 jedes Mal 或 immer。见下表：

	过去	现在/将来
一次性	*als*	wenn（将来）
多次性	wenn	wenn（现在）

Übungen

1. Ergänzen Sie bitte *als* oder *wenn*!

a) _____ ich 15 Jahre alt war, gingen meine Eltern ins Ausland.

b) Immer _____ wir nach London fuhren, regnete es.

c) _____ ich sie kennen lernte, war sie noch ein kleines Mädchen.

d) Der Überseechinese kam nach China zurück, _____ er 55 Jahre alt war.

e) _____ er arbeitslos war, verkaufte er sein Fahrrad.

f) _____ sie Kopfschmerzen hat, nimmt sie Tabletten.

g) _____ ich mit der Arbeit fertig war, war ich todmüde.

h) _____ der Mann nach Hause kommt, ist es schon sehr spät.

i) _____ ich die Tür öffnete, sah ich niemand(en) da.

2. Beantworten Sie die Fragen bitte mit *wenn* oder *als*!

a) Wann haben Sie Ihre Wohnung gekauft?

b) Wann möchten Sie heiraten?

c) Wann trinken Sie Wein?

d) Wann hören Sie Musik?

e) Wann treiben Sie Sport?

f) Wann hatten Sie schon mal große Angst?

g) Wann begann Ihre Schulzeit?

h) Wann loben dich deine Eltern?

i) Wann bekommen Sie Geld von Ihren Eltern?

Lektion 20

B 由 "während"，"bevor" 和 "nachdem" 引导的时间状语从句

例句：

a) Der Mann frühstückt. Er liest **gleichzeitig** Zeitung.
   → **Während** der Mann frühstückt, liest er Zeitung.
   这位男士在用早餐时看报。
   Er studierte an der Uni. Seine Schwester lernte in der Grundschule.
   → **Während** er an der Uni studierte, lernte seine Schwester in der Grundschule.
   他上大学时，他的妹妹上小学。

b) Er geht zu seiner Freundin. **Vorher** ruft er sie an.
   → **Bevor** er zu seiner Freundin **geht**, **ruft** er sie **an**.
   他去女朋友那里之前打电话给她。
   Ich bin in die neue Wohnung eingezogen. **Vorher** habe ich sie gestrichen.
   → **Bevor** ich in die neue Wohnung **eingezogen bin**, **habe** ich sie **gestrichen**.
   我在搬进新房之前粉刷了房子。

c) Ich schreibe eine Postkarte. **Danach** gehe ich zur Post.
   → **Nachdem** ich eine Postkarte **geschrieben habe**, **gehe** ich zur Post.
   写完明信片后我去邮局。
   Er kam in Deutschland an. **Danach** besuchte er seinen Professor.
   → **Nachdem** er in Deutschland **angekommen war**, **besuchte** er seinen Professor.
   他抵达德国后，去拜访了他的教授。

说明：

1. 时间连词 *während* 意为"在……期间"，表示主从句中的两件事情同时发生，因而它们的时态应一致。

2. *bevor* 和 *nachdem* 是一对意思完全相反的连词，*bevor* 意为"在……之前"，*nachdem* 意为"在……之后"，*bevor* 没有严格的时态要求，因而主从句的时态通常一致。

3. *nachdem* 主从句有严格的时态要求，从句中的时态必须先于主句中的时态。具体可见下表：

	从句	主句
während	现在时	现在时
während	现在完成时 / 过去时	现在完成时 / 过去时
bevor	现在时	现在时 / 现在完成时
bevor	现在完成时 / 过去时	现在完成时 / 过去时 / 过去时完成时
nachdem	现在完成时	现在时
nachdem	过去时完成时	现在完成时 / 过去时

Lektion 20

C 由 „seitdem (seit)" 和 „bis" 引导的时间状语从句

例句：

> a) Frau Li macht morgens Taiji. *Seitdem* geht es ihr besser.
>
> → **Seitdem** (**Seit**) Frau Li morgens Taiji macht, geht es ihr besser.
> 李女士自从早晨打太极拳以来，身体好多了。
> Er ist nach Shanghai umgezogen. Seitdem wohnt er immer in der Nanjing-Straße.
>
> → **Seitdem** (**Seit**) er nach Shanghai umgezogen ist, wohnt er immer in der Nanjing-Straße.
> 他自从搬到上海以来，一直住在南京路。
>
> b) Sie wartet. Der Bus kommt.
>
> → Sie wartet, **bis** der Bus kommt.
> 她一直等到公共汽车来。
> Der Vater kommt nach Haus. Das Kind hat die Hausaufgaben fertig gemacht.
>
> → **Bis** der Vater nach Haus kommt, hat das Kind die Hausaufgaben fertig gemacht.
> 直到爸爸回家，孩子才把功课做完。

说明：

1. 由连词 *seitdem* (*seit*) 引导的从句，表示从过去的某个时间起，一直延续到说话时。因此从句的时态往往是现在时；如果从句中的动词是非持续性动词，从句的时态用现在完成时，见例句 a）。
2. 在 *seitdem* 主从复合句中，主句都用现在时。
3. *bis* 表示"到……为止"。可表示到过去或将来的某个时间为止。

Übungen

1. Ergänzen Sie bitte *während*, *bevor*, *nachdem*, *seitdem* (*seit*) oder *bis*!

a) _____ er verheiratet ist, macht er viel Haushalt.

b) _____ der Mann nicht mehr arbeitet, langweilt er sich.

c) _____ Hans an der Uni studierte, hat er drei Jahre bei einer Firma gearbeitet.

d) Die Eltern fühlen sich einsam, _____ ihre Kinder im Ausland leben.

e) Es geht ihm viel besser, _____ er ärztliche Behandlung gehabt hat.

f) _____ ich im Bett liege, höre ich gern Musik.

g) Die Arbeiter streiken, _____ ihr Wunsch in Erfüllung geht.

h) _____ man seine Doktorarbeit schreibt, muss man viele Fachbücher und viel Literatur lesen.

i) _____ wir diese Übung gemacht haben, machen wir eine Pause.

Lektion 20

j) Das Ehepaar macht jeden Tag einen Spaziergang, _____ sie zu Abend gegessen haben.

k) _____ die Studenten einen Test schreiben, liest der Lehrer einen deutschen Roman.

l) _____ er vier Glas Bier getrunken hat, ist er betrunken.

m) Die Kinder bleiben immer draußen, _____ es dunkel ist.

n) _____ man Euro hat, muss man mehr ausgeben als früher.

o) _____ wir Unterricht haben, dürfen wir kein Handy benutzen.

p) Wir arbeiten viel schneller als früher, _____ wir Computer haben.

q) _____ Deutschland wiedervereinigt war, gab es zwei deutsche Staaten: Die Deutsche Demokratische Republik und die Bundesrepublik Deutschland.

r) _____ Deutschland wiedervereinigt ist, geht es vielen nicht so gut wie früher.

2. Verbinden Sie bitte die Sätze mit temporalen Konjunktionen!

Mein Lebenslauf:

a) Ich wurde geboren. Mein Vater war 25 und meine Mutter war 21.

_____

b) Ich konnte noch nicht sprechen. Ich war 2 Jahre alt.

_____

c) Ich war 3 Jahre alt. Meine Eltern verließen mich.

_____

d) Ich war 4 Jahre alt. Ich durfte nicht mehr zu Hause bleiben und musste in den Kindergarten gehen.

_____

e) Ich wollte spielen. Ich musste immer Klavier spielen.

_____

f) Ich ging in die Schule. Ich war 6 Jahre alt.

_____

g) Ich ging in die Mittelschule. Vorher besuchte ich die Grundschule.

_____

h) Ich besuche die Mittelschule. Danach studierte ich an der Fudan-Universität.

_____

i) Ich studierte an der Uni. Ich lernte meine Freundin kennen.

_____

Lektion 20

j) Wir verließen die Uni. Danach fuhren wir nach Deutschland.

k) Wir waren in Deutschland. Wir arbeiteten sehr tüchtig.

l) Meine Freundin war 30. Ich heiratete sie.

m) Wir haben viel Geld verdient. Danach haben wir ein kleines Haus gekauft.

n) Wir machten auch viele Reisen. Vorher haben wir viel gespart.

o) Wir stritten uns oft. Wir hatten kein Geld.

p) Wir hatten Geld. Wir genossen immer das Leben.

q) Wir sehnten uns oft nach unserer Heimat. Wir hatten Frühlingsfest.

r) Wir waren 50 Jahre alt. Wir wollten nicht mehr im Ausland bleiben.

s) Wir haben 28 Jahre in Deutschland gelebt. Danach sind wir nach China zurückgekommen.

t) Wir fühlen uns glücklich. Wir sind in China.

3. Beschreiben Sie bitte Ihren Lebenslauf! Benutzen Sie dabei so viele Temporalsätze wie möglich!

Lektion 21

Grammatik I

A Nebensatz mit „je ... , umso (desto)" (Proportionalsatz)
   由"je ... , umso (desto)"引导的从句(比例从句)

例句：

a) Wenn Sie fleißiger lernen, können Sie besser Deutsch sprechen.
   如果您学习更努力,您德语会说得更好。
   → **Je fleißiger** Sie lernen, **umso (desto) besser** können Sie Deutsch sprechen.
        (从句)   (主句)
   您越努力学习,德语也就说得越好。

b) Wenn man mehr Möbel kauft, muss man mehr Platz haben.
   假如人们买更多的家具,必须有更多的地方。
   → **Je mehr Möbel** man kauft, **umso (desto) mehr Platz** muss man haben.
        (从句)   (主句)
   (人们)家具买得越多,空间必须要越多。

说明：

1. 双连词 *je ... , umso/desto* 意为"越……,越……",表示主从句同步增长或减少的比例关系。
2. *je* 带出的是从句,变位动词置于句末,*umso/desto* 带出的是主句,变位动词紧跟在由它带出的成分之后,见例句 a)和 b)。
3. 形容词比较级或它的整个词组必须紧随 *je* 和 *umso/desto* 之后,*je* 与形容词比较级或它的整个词组构成一个成分,如：*je mehr Möbel*；*umso/desto* 与形容词比较级或它的整个词组构成一个成分,如：*umso/desto mehr Platz*,不可以有其他成分插入,见例句 a)和 b)。

Lektion 21

从句			主句		
I	II	...	I	II	...
a) **Je fleißiger**	Sie	lernen,	**umso (desto) besser**	können	Sie Deutsch sprechen.
b) **Je mehr** Möbel	man	kauft,	**umso (desto) mehr Platz**	muss	man haben.

Übungen

1. Bilden Sie Sätze mit *je ..., desto/umso*!

Beispiel: Die Fachleute sind qualifiziert. Sie verdienen viel.
   → ***Je qualifizierter*** die Fachleute sind, ***desto mehr*** verdienen sie.

a) Sie ist faul. Sie ist unfähig bei der Arbeit.

b) Er hat viele Probleme bei der Arbeit. Er arbeitet schlecht.

c) Der Mann arbeitet fleißig. Er hat viele Erfolge erzielt.

d) Sein Erfolg wird groß. Seine Karriereaussichten werden gut.

e) Ich beschäftige mich intensiv mit der Arbeit. Ich habe großes Interesse an dieser Arbeit.

f) Der Job ist gefährlich. Man kann viel Geld dabei verdienen.

g) Sein Einkommen ist hoch. Er muss viel Lohnsteuer zahlen.

h) Die Gesellschaft schafft wenige Arbeitsplätze. Die Zahl der Arbeitslosen steigt schnell.

i) Die Frau bleibt oft allein zu Hause. Sie fühlt sich einsam.

j) Der Lebensstandard ist hoch. Die Lebensqualität ist gut.

2. Vervollständigen Sie folgende Sätze mit *je ..., desto/umso*!

a) Je älter man wird, _____

   (Man wird bequem.)

Lektion 21

b) Je frischer die Luft ist, _____
   (Die Menschen leben lang.)

c) Je häufiger man Sport treibt, _____
   (Man wird gesund.)

d) Je toleranter er ist, _____
   (Er hat viele Freunde.)

e) Je dicker sie ist, _____
   (Sie läuft langsam.)

f) Je mehr sie liest, _____
   (Sie hat großes Wissen.)

g) Je weniger sie isst, _____
   (Sie wird schwach.)

h) Je mehr Medikamente der Kranke nimmt, _____
   (Es geht ihm schlecht.)

i) Je mehr er Deutsch spricht, _____
   (Er spricht fließend.)

j) Je näher der Sommer kommt, _____
   (Es wird warm.)

k) Je bekannter der Roman ist, _____
   (Viele Leute lesen ihn.)

l) Je fleißiger er studiert, _____
   (Er hat große Fortschritte gemacht.)

m) Je länger der Krieg dauert, _____
   (Das Leben wird unruhig.)

n) Je schneller, _____
   (gut)

B Nebensatz mit „so dass / so..., dass" (Konsekutivsatz)
   由"so dass / so ..., dass"引导的从句(结果从句)

例句:

a) Vielen jungen Chinesen gefällt die Peking-Oper nicht. Immer weniger Leute gehen in die Peking-Oper.
   许多年轻的中国人不喜欢京剧。看京剧的人越来越少。

Lektion 21

> → Vielen jungen Chinesen gefällt die Peking-Oper nicht, **so dass** immer weniger Leute in die Peking-Oper gehen.
> 许多年轻的中国人不喜欢京剧,以致于看京剧的人越来越少。
>
> b) Er hat einen dicken Bauch. Er kann seine Füße nicht mehr sehen.
> 他有一个大大的肚子。他再也不能看到他的脚了。
>
> → Er hat einen **so** dicken Bauch, **dass** er seine Füße nicht mehr sehen kann.
> 他有一个如此大的肚子,使得他再也不能看到他的脚了。
>
> 或:
>
> → Er hat einen dicken Bauch, **so dass** er seine Füße nicht mehr sehen kann.
> 他有一个大肚子,以致于他再也不能看到他的脚了。

说明:

1. 由连词 *so dass* 或 *so ..., dass* 引导出的结果从句,表示"以致于"或"如此……,以致于……"。它说明主句所述之事对从句所产生影响而形成的结果,因此,该从句必须位于主句之后。
2. 由 *so dass* 引导的从句,强调从句的结果是由主句所说明的整个现状或行为造成的,见例句 a)。
3. *so* 置于主句中的某一成分之前时,强调这一成分导致的结果,见例句 b)。

Übung

Verbinden Sie die Sätze mit *so dass* **oder** *so ..., dass*!

Beispiel: Der Weg zur Uni war weit. Ich konnte nicht zu Fuß dorthin gehen.

→ *Der Weg zur Uni war* **so** *weit,* **dass** *ich nicht zu Fuß dorthin gehen konnte.*

oder: → *Der Weg zur Uni war weit,* **so dass** *ich nicht zu Fuß dorthin gehen konnte.*

a) Das Wetter ist sehr schön. Alle möchten einen Ausflug machen.

b) Es ist eiskalt. Die Alten wollen nicht ausgehen.

c) Der Kriminalroman war spannend. Ich konnte nicht aufhören zu lesen.

d) Sie war traurig. Sie konnte die ganze Nacht nicht einschlafen.

e) Er ist stark erkältet. Er hat keinen Appetit.

f) Herr Weber hat zuviel gearbeitet. Er ist völlig erschöpft.

g) Wang Dali ist zum ersten Mal in Deutschland. Alles ist für ihn neu.

_____

h) Es ist zu spät. Es gibt keine U-Bahn mehr.

_____

i) Draußen ist es zu laut. Der Student kann sich nicht auf das Lesen konzentrieren.

_____

j) Die Tonarmee des Ersten Kaisers ist bekannt. Viele Ausländer wollen sie sehen.

_____

k) Der neue Lehrer spricht schnell. Die Studenten können ihn nicht verstehen.

_____

l) Der nächste Bus kommt zu spät. Ich kann nicht so lange warten.

_____

m) Die Straße ist schmal. Dort passieren häufig Unfälle.

_____

n) Die Vorlesung ist langweilig. Viele Studenten sind eingeschlafen.

_____

C Nebensatz mit „indem / dadurch, dass" (Modalsatz)
   由"indem / dadurch, dass"引导的从句（方式状语从句）

例句：

> Viele Studenten machen Praktika in Betrieben. <u>Auf diese Weise</u> bereiten sie sich auf ihren zukünftigen Beruf vor.
> 许多大学生在企业实习。他们以这种方式为将来的职业作准备。
> → Viele Studenten bereiten sich auf ihren zukünftigen Beruf vor, **indem** sie Praktika in Betrieben machen.
>   许多大学生以实习的方式为将来的职业作准备。
> 或：
> → **Dadurch, dass** viele Studenten Praktika in Betrieben machen, bereiten sie sich auf ihren zukünftigen Beruf vor.
>   许多大学生以实习的方式为将来的职业作准备。
> 或：
> → Viele Studenten bereiten sich **dadurch** auf ihren zukünftigen Beruf vor, **dass** sie Praktika in Betrieben machen.
>   许多大学生以实习的方式为将来的职业作准备。

Lektion 21

说明：

1. 以连词 *indem* 或 *dadurch, dass* 引导的方式状语从句，意为"通过"，"用……方法"，说明主句的行为是通过从句（*indem/dadurch, dass*）描述的方式方法来实现的。
2. 对方式状语从句的提问用 *wie*（怎样），*wodurch*（通过什么）或 *auf welche Weise*（用什么方式）。
3. *indem* 引导的从句总是置于主句之后。

注意：

情态助动词不能出现在方式状语从句中。主从句的谓语时态要一致，如：

Wie kann man Deutsch gut sprechen?（Man muss täglich üben.）

→ Man kann Deutsch gut sprechen, *indem* man täglich übt.

Übung

Beantworten Sie die Fragen mit einem Modalsatz!

Beispiel: **Wie kann man eine Arbeit bekommen?（Man kann zum Arbeitsamt gehen.）**

oder: **Auf welche Weise kann man eine Arbeit bekommen?**

oder: **Wodurch kann man eine Arbeit bekommen?**

→ **Man kann eine Arbeit bekommen, *indem* man zum Arbeitsamt geht.**

oder: **Dadurch, dass man zum Arbeitsamt geht, kann man eine Arbeit bekommen.**

a) Wie kann man einem Geburtstagskind eine Freude machen?（Man macht ihm ein Geschenk.）

___

b) Wodurch kann man immer gesund bleiben?（Man treibt täglich Sport.）

___

c) Wodurch kann man seinen Lebensstandard erhöhen?（Man verdient mehr Geld.）

___

d) Wie kann man mehr Geld verdienen?（Man macht Überstunden.）

___

e) Auf welche Weise kann man mehr Kenntnisse gewinnen?（Man besucht die Uni.）

___

f) Auf welche Weise können sich die alten Leute nicht einsam fühlen?（Die Kinder besuchen sie oft.）

___

g) Wie kann man in der Nacht gut schlafen?（Man treibt oft Sport.）

___

h) Wie kann man gut kochen?（Man besucht einen Kochkurs.）

i) Wie können die Blumen immer blühen?（Man gießt sie regelmäßig.）

Grammatik II

Indefinitpronomen：man   不定代词：man

例句：

a) Was **man** gern tut，das fällt **einem** nicht schwer.

（人们）做喜欢做的事就不感到难。

b) Es freut **einen**，wenn **man** Erfolg hat.

如果我们取得成就，我们就高兴。

N	man
G	—
D	einem
A	einen

说明：

1. 不定代词 *man* 指所有有关的人，可翻译成"人"、"人们"、"有人"，也可以根据上下文理解为：我、我们。
2. *man* 作为第一格形式在句中只能作主语，谓语是第三人称单数的形式。
3. *man* 没有第二格的形式，第三、第四格的形式见上面表格所示。
4. *man* 是代词，不能用 *er* 来指代 *man*，它除了在句子开头第一个字母大写外，在句中始终小写，切勿与名词 *der Mann* 混淆。

Übung

Ergänzen Sie bitte!

a) Überall kann _____ die Veränderung der Stadt Shanghai sehen.

b) _____ muss die Person von der Sache trennen.

c) Wenn _____ sich nicht selbst hilft，hilft _____ niemand.

d) Wenn _____ nur an sich selbst denkt，denkt niemand an _____.

e) _____ kann doch nicht immer das machen，was _____ gefällt.

Lektion 21

f) Im Kino darf _____ nicht rauchen.

g) Hier kann _____ alles tun, was _____ interessiert.

h) Zu viele Werbungen in der Fernsehsendung können _____ ärgern.

i) Wenn _____ „Hilfe" nicht laut schreit, kann niemand _____ hören.

Wiederholungsübungen (4)

1. **Bilden Sie Nebensätze mit** „*dass, ob, wenn, als, während, bevor, nachdem, seit (dem), bis, je ... umso/desto ..., so ... dass, indem/dadurch, weil, obwohl, um ... zu ... oder damit*"!

a) Nach der Arbeit ruht er sich passiv aus.

b) Sie räumt den Tisch. Zur gleichen Zeit telefoniert sie mit ihrer Freundin.

c) Herr Meier wurde im Jahr 1980 geboren. Damals lebte sein Urgroßvater noch.

d) Du machst deine Arbeit fertig. Dann besuchen wir deine Tante.

e) Der Winter kommt. Ich ziehe wärmere Kleidung an.

f) Inge gibt Wang Dali ihre Telefonnummer. Das gefällt Klaus nicht.

g) Hast du unseren neuen Lehrer verstanden? Kannst du es mir sagen?

h) Wir fuhren mit dem Zug nach Hongkong. Wir kauften vorher eine Zugfahrkarte.

i) Bis zur Abfahrt des Zuges sind es noch fünf Minuten.

j) Bei fleißigerem Lernen kann sie die Prüfung schaffen.

k) Sie hat keinen Appetit. So isst sie nichts.

l) Der Kellner ging in die Küche. Er wollte mir mein Essen holen.

m) Nächstes Jahr fährt er zum Studium nach Deutschland.

n) Man ist Student. Man darf im Studentenwohnheim wohnen.

o) Müllers haben nicht viel Geld. Sie haben ein teures Auto gekauft.

p) Zwei Deutsche geben sich die Hand. Auf diese Weise begrüßen sie sich.

q) Trotz der Kälte ging die Frau ohne Mantel spazieren.

r) Markus ist sehr krank. Er muss zu Hause bleiben und viel schlafen.

s) Seit der Heirat ist er sehr glücklich.

t) Wegen des Regens blieben wir letzten Sonntag zu Hause.

u) Vor dem Studium muss man den TestDaF ablegen.

v) Ich möchte dich zu meinem Bruder mitnehmen. Du sollst ihn kennen lernen.

Wiederholungsübungen (4)

w) Seit dem Einzug in unsere neue Wohung geht es uns besser.

z) Es gibt mehr Hotels. Man findet leichter ein Zimmer.

2. Setzen Sie Konjunktionen ein!

a) Es war so dunkel, _____ das Schulkind den Weg nach Hause nicht finden konnte.

b) _____ man Auto fahren will, braucht man einen Führerschein.

c) _____ er lange nicht gekommen ist, vermute ich, _____ er krank ist.

d) _____ sie einen türkischen Pass hat, spricht sie kein Türkisch, _____ Deutsch.

e) Ich habe dir den Reiseführer mitgebracht, _____ du dich informieren kannst.

f) Man kann den Text besser verstehen, _____ man das Wörterbuch benutzt.

g) Ich suche so lange, _____ ich ein günstiges Zimmer gefunden habe.

h) _____ der Lehrer das Passiv erklärte, malte Wang Dali Kreuzchen aufs Papier.

i) _____ er gut arbeiten würde, könnte er nach einem halben Jahr zum Abteilungsleiter befördert werden.

j) Die Meiers sind sehr reich. Sie besitzen _____ ein Haus in München _____ ein Ferienhaus in Mallorca.

k) Es gibt nur zwei Möglichkeiten: _____ schaffst du die Prüfung, _____ du musst den Deutschkurs wiederholen.

l) Meine Eltern haben mir Geld geschickt, _____ ich mich für einen weiteren Deutschkurs anmelden kann.

m) Man sollte das Formular in Ruhe durchlesen, _____ man es ausfüllt.

n) _____ der Ausländer seinen Pass vorgezeigt hatte, durfte er die Grenze passieren.

o) Dieses Hotel gefällt uns nicht. Es ist _____ billig _____ viel zu schmutzig.

p) Er hat sich sehr verändert, _____ er im Ausland lebt.

q) Die Kursteilnehmerin verlässt sehr früh das Haus, _____ pünktlich zum Unterricht _____ kommen.

r) Die Lehrerin spricht sehr leise, _____ sie die meisten Studenten nicht verstehen können.

s) _____ mehr persönliche Probleme man hat, _____ geringer ist der Studienerfolg.

t) _____, _____ man täglich viele Stunden übt, kann man schnell Deutsch lernen.

Wiederholungsübungen (4)

u) Li Ming hat große Verständigungsprobleme in der Schweiz, _____ er spricht _____ Deutsch _____ Französisch und Italienisch.

v) Mein Nachbar fragt mich, _____ ich heute seine kleine Tochter vom Kindergarten abholen kann.

w) _____ Mozart 1791 starb, war er erst 35 Jahre alt.

3. Ergänzen Sie den Text mit den folgenden Wörtern!

feststellen; behaupten; studieren; betonen; erzählen; kennen; mitteilen; wissen; finden; träumen; berichten; hoffen; einreisen; kennen lernen; arbeiten; erfahren; beenden; beweisen; lernen; verwirklichen

Der jüngste Professor

Die Zeitung _____: In China lebt der jüngste Professor namens Gao Ming. Als er ein Kind war, _____ er davon, ein großer Wissenschaftler zu werden. Mit 5 Jahren _____ er an einer Schlüsselgrundschule der Provinz. Er _____, dass er Glück hatte. Und er _____ oft, dass die Schulbildung an einer guten Grundschule immer der Schlüssel zum Erfolg ist. Mit 15 Jahren _____ er seine allgemeine Schulbildung. Sein Abschlusszeugnis _____, dass er zu den ausgezeichneten Schülern gehörte. Seine Klassenlehrerin _____, dass er ein sehr kluger, fleißiger und lernfähiger Schüler war, denn er _____ beim Lernen immer die beste Lernmethode.

Wie alle seinen Mitschüler hat er auch die Gaokao abgelegt. Die erfreuliche Nachricht _____ ihm seine Klassenlehrerin als erste _____. Mit großer Begeisterung fing er an, an der besten Universität Chinas zu _____. Aber nach einem Semester _____ er _____, dass er in den USA seinen Traum schnell _____ könnte. Denn von seinem chinesischen Professor _____ er, dass die amerikanischen Universitäten bessere Betreuung in seiner Fachrichtung anbieten könnten. Ohne lange zu überlegen, _____ er nach dem Frühlingsfest in die USA _____. Dort _____ er einen sehr bekannten Professor _____, bei dem er promoviert hat. Nach der Promotion kehrte er nach China zurück und _____ zuerst als Hochschullehrer an der besten Universität China. Wegen seinem großen Erfolg in Lehre und Forschung ist er mit 28 Jahren zum Professor geworden. Durch Massenmedien _____ ihn jetzt fast jeder Schüler, und fast alle Hochschullehrer _____, dass er der jüngste Professor in China ist. Gao Ming _____, dass er ein gutes Vorbild für die jungen chinesischen Akademiker sein könne.

Lektion 22

Übungen

1. Ergänzen Sie bitte die Sätze!

a) Ich möchte mich gerne _____ Ihnen _____ das Studium _____ deutschen Universitäten informieren.

b) * Wer kümmert sich _____ dein _____ Essen _____ Deutschland?
   + _____ kümmere ich mich selbst!
   * Du?! Aber du musst dich _____ dein _____ Studium beschäftigen. Hast du überhaupt Zeit _____?
   + Ja, _____ Unterricht.

c) * _____ wartet ihr? _____ Herrn Wang?
   + Nein, wir warten _____ _____ Taxi.

d) Die Frau erkundigt _____ _____ _____ Weg zur Konzerthalle.

2. Bilden Sie bitte Fragen!

a) Susi freut sich sehr <u>auf ihre Geburtstagsgeschenke</u>.
   _____

b) Wir sprechen oft <u>von Kim</u>.
   _____

c) <u>Zu Weihnachten</u> trinken die Deutschen gerne Glühwein.
   _____

d) Gao Tai möchte <u>mit einem Silberschiffchen</u> bezahlen.
   _____

3. Antworten Sie bitte!

a) Wofür interessieren Sie sich? (Musik)

Lektion 22

b) Worüber freuen Sie sich am meisten? (Geschenke)

c) Ich ärgere mich oft über unseren Chef. Und Sie? (unseren Lehrer)

d) Woran können Sie sich jetzt noch gut erinnern? (das erste Treffen mit meiner Freundin)

4. Ergänzen Sie bitte!

a) _____ zwei der vier Getränkeautomaten kaputt waren, war vor den beiden anderen bereits eine lange Schlange, _____ die Frau kam.

b) Der Mann, _____ dachte, _____ sie Hunger hat, lächelte ihr freundlich zu und aß weiter.

c) _____ sie das Hähnchen und die Pommes frites aufgegessen hatte und den leeren Teller wegbringen wollte, sah sie, _____ ihr Teller mit ihrem Brathähnchen und ihren Pommes frites unberührt auf dem Nachbartisch stand.

d) _____ man jemanden mit „Sie" oder „du" anreden soll, ist heute oft eine schwierige Frage.

e) _____ sich immer mehr Leute duzen, ist es doch noch immer unhöflich oder zumindest peinlich, in der falschen Situation die falsche Person zu duzen. _____ keine Erfahrung mit dieser komplizierten Frage von „Sie" oder „du" hat, soll deshalb zuerst einmal abwarten, _____ der andere ihn anspricht.

f) _____ der Zugfahrt nach Berlin habe ich mich mit einer alten Dame unterhalten.

5. Welche Sätze haben die gleiche Bedeutung? Ordnen Sie bitte zu!

Beispiel: a)=3

a) ***Seit der Durchführung der Öffnungspolitik von Deng Xiaoping*** können die chinesischen Schulabgänger durch die Hochschulaufnahmeprüfung an Hochschulen studieren.

b) ***Vor der Hochschulaufnahmeprüfung*** müssen die Schüler viele Vorbereitungen machen.

c) ***Zur Prüfungsvorbereitung*** besuchen sie viele verschiedene Kurse.

d) ***Während der Prüfungsvorbereitung*** können die Schüler wenig schlafen.

e) ***Bei der Prüfung*** dürfen die Prüflinge ihre Tischnachbarn nicht besuchen.

Lektion 22

f) *Bis Ankunft der Leistungsmitteilung* können sich die Prüflinge noch nicht entspannen.

g) Manche Prüflinge können *trotz der Bemühungen* die Prüfung nicht bestehen.

h) *Nach dem Bestehen der Hochschulaufnahmeprüfung* kann man erst an einer Hochschule studieren.

....

1) **Bis** die Leistungsmitteilung ankommt, können ...
2) **Um** sich auf die Prüfung vor**zu**bereiten, / Um die Prüfungsvorbereitung zu
3) **Seitdem** Deng Xiaoping die Öffnungspolitik durchgeführt hat, / Seitdem die Öffnungspolitik von Deng Xiaoping durchgeführt worden ist, ...
4) **Wenn** die Prüflinge die Prüfung ablegen, dürfen sie ...
5) **Bevor** die Schüler die Hochschulaufnahmeprüfung ablegen, müssen sie ...
6) **Obwohl** sich manche Prüflinge bemühen, können sie ... machen, ...
7) **Während** sich die Schüler auf die Prüfung vorbereiten, /Während die Schüler die Prüfungsvorbereitung machen, können sie ...
8) **Nachdem** man die Hochschulaufnahmeprüfung bestanden hat, kann man ...

6. Bilden Sie bitte Nebensätze!

a) Ein Tiger brüllte laut. Da fingen einige Kinder an zu weinen.

b) Der Wecker hat nicht geklingelt. Hans kam deshalb zu spät zur Arbeit.

c) Ich esse. Ich unterhalte mich währenddessen mit den Gästen an meinem Tisch.

d) Thomas trank viel. Er wurde laut.

e) Man bringt die Zimmertemperatur unter 15 Grad bringen. Man kann dadurch die Heizungskosten senken.

f) Maria wollte ihren Sohn vom Kindergarten abholen. Dazu ist Maria in die Stadt

Lektion 22

gefahren.

_____

_____

g) Der Polizist fragte den Passanten. Er hat den Unfall gesehen.

_____

_____

h) Ein Pass ist ein Ausweis. Man kann damit in andere Länder reisen.

_____

_____

Lektion 23

Grammatik

Vorgangspassiv　过程被动态

构成：werden（＋ von ...）＋ Partizip II

A　Gebrauch des Vorgangspassivs　过程被动态的应用

例句：

a)　　Man arbeitet samstags nicht. 　　→ Es **wird** samstags nicht **gearbeitet**. 　或：Samstags **wird** nicht **gearbeitet**. 　　　　星期六不工作。
b) 1. Man massiert den Mann（A）. 　　　有人给这位男士做按摩。 　→ Der Mann（N）**wird massiert**. 　　　这位男士正在被按摩。 　2. Frau Schön（N）massiert den Mann（A）. 　　　舍恩夫人在给这位男士做按摩。 　→ Der Mann（N）**wird**（*von* Frau Schön〈D〉）**massiert**. 　　　这位男士正在被（舍恩夫人）按摩。 　3. Er（N）schneidet *mir*（D）oft die Haare（A）. 　　　他经常给我理发。 　→ *Mir*（D）**werden** oft die Haare（N）（*von* ihm〈D〉）**geschnitten**. 　　　我的头发经常（由他来）理。
c) 1. Man hilft dem Kind（D）. 　　　有人帮助这个孩子。 　→ Dem Kind（D）**wird geholfen**. 　　　这个孩子正在被帮助。

210

Lektion 23

> 2. Frau Schmidt (N) hilft dem Kind (D).
>   施密特夫人帮助这个孩子。
> → Dem Kind (D) **wird** (*von* Frau Schmidt ⟨D⟩) **geholfen**.
>   这个孩子正在被(施密特夫人)帮助。

> d) Man wartet lange auf den Bus.
>   有人长时间地在等公交车。
> → Es **wird** lange auf den Bus **gewartet**.
> 或：Auf den Bus **wird** lange **gewartet**.
>   有人长时间地在等公交车。

说明：

1. 构成：*werden*（+ *von* ... / *durch* ...）＋ 第二分词。*werden* 是被动态的助动词，必须按主语的人称形式变位，置于句子的第二位，实义动词必须以第二分词形式置于句末，见以上各被动态句子。

2. 主动句改写为被动句时要注意：

   a) 主动句中的 *man* 在被动句中必须略去，因为它不含任何信息，请见例句 a) 和 d) 以及例句 b) 和 c) 中的第 1 句。

   b) 主动句中的第四格宾语在被动句中要改写为第一格主语，见例句 b)。

   c) 主动句中的主语在被动句中一般用介词 *von* ＋第三格 的形式改写，见例句 b) 的第 2、3 句和例句 c) 的第 2 句，有时也用介词 *durch* ＋第四格 的形式改写。两种形式在表达意义上基本没有区别。如果要强调行为主体只是行为的执行者，即在他(们)的背后还有给他(们)任务的委托者，或强调行为主体只是行为的手段或方式，即在其背后还有真正的行为人，这时可采用 *durch* ＋第四格的形式，如：

   1. Die Zeitung wurde **durch den Briefträger** zugestellt.
   2. Der Patient wurde **durch eine neue Therapie** geheilt.

   例句 1 强调邮递员只是执行送报任务，他背后的委托者可能是邮局。
   例句 2 中强调治愈病人的是一种新的疗法，其背后的行为人可能是某个医生。

   d) 主动句中的其他句子成分在被动句中不发生任何变化，如：
   例句 b) 第 3 句中的第三格宾语 *mir* 和例句 c) 第 1 句中的 *dem Kind*，例句 d) 中的介词宾语 *auf den Bus*，以及其他各类状语均保留原状。

   e) 用不及物动词(不能支配第四格宾语的动词)构成的被动句，没有主语，可以使用 *es* 充当形式主语，但必须置于句首；如果句首置放了其他句子成分，*es* 则不能再用，谓语动词按照第三人称单数变位，见例句 a)、c) 和 d)。

3. 下列动词不能用在被动句中：

   a) 一小部分及物动词如：haben, besitzen, bekommen, erhalten, enthalten, kennen, wissen, erfahren, kosten, wiegen 等；

   b) 绝大多数用 *sein* 构成完成时的不及物动词；

Lektion 23

c) 所有的反身动词；

d) 所有表示天气现象的动词。

Übungen

1. Schreiben Sie die folgenden Sätze ins Passiv um!

Beispiel: *Man arbeitet zum Frühlingsfest nicht.*

→ *Es **wird** zum Frühlingsfest nicht **gearbeitet**. / Zum Frühlingsfest **wird** nicht **gearbeitet**.*

a) Man singt laut im Klassenzimmer.

b) Man tanzt jetzt im Sitzungssaal.

c) Man hilft dem Verletzten rechtzeitig.

d) Man zeichnet den Schauspieler mit dem goldenen Preis aus.

e) Die Eltern loben ihren erfolgreichen Sohn.

f) Die Bedienung bringt mir das Essen auf den Tisch.

g) Man repariert das Unfallauto in der Werkstatt.

h) Im Salon bedient mich ein junger Herr.

i) Die Kindergärtnerin erzählt den Kindern ein interessantes Märchen.

j) Mir hilft eine Putzfrau bei der Hausarbeit.

k) Man sagt mir, dass der Apfel vom Baum abfällt.

l) Meine Kommilitonen gratulieren mir zum Geburtstag.

m) Man fährt in Hongkong links.

n) Warum achtet man an dieser Kreuzung nicht auf die Ampel?
_____

o) Ein Passant fragt mich nach dem Weg.
_____

p) Der Tourist erzählt mir von seiner Reise.
_____

2. Vervollständigen Sie mit Hilfe der angegebenen Wörter die Sätze, wenn möglich, mit *durch* + *Akkusativ*, sonst mit *von* + *Dativ*!

*Beispiel: Das Kind wird **von dem Lehrer** gelobt.* (der Lehrer)

a) Ich habe keine Mailadresse von Professor Lehmann. So möchte ich, dass die Mail _____ an ihn weitergegeben wird. (einer meiner Kommilitonen)

b) Das Hochhaus wird bald _____ gebaut. (eine Shanghaier Baufirma)

c) Ich habe bei dem nächsten Pizza Hut ein Essen bestellt, und es wird mir _____ sofort ins Haus gebracht. (ein Mitarbeiter)

d) Der Stadtteil wird während der internationalen Konferenz _____ verschönert. (Blumen und Bäume)

e) Der Patient wird in zwei Wochen nach seiner Operation _____ entlassen. (der Arzt)

f) Heutzutage gibt es auch Staaten, die _____ mit einer Chefin regiert werden. (eine Regierung)

g) Die Nachricht über den Sieg der deutschen Fußballmannschaft wird _____ verbreitet. (Fernsehen und Zeitungen)

h) Die Firma wird _____ eröffnet. (ein Hochschulabsolvent)

B Zeitformen des Vorgangspassivs 过程被动态的时态

例句：

> a) 现在时：   *werden* + *P.* Ⅱ
>
> Der Arzt operiert Herrn Zhang.
>
> 医生在给张先生动手术。
>
> → Herr Zhang **wird** (vom Arzt) **operiert**.
>
> 张先生正在被（医生）动手术。

Lektion 23

> b) 过去时:　　　　　　*wurde* ... + *P.* II
>
> Der Arzt operierte Herrn Zhang.
>
> 医生给张先生做了手术。
>
> → Herr Zhang **wurde** (vom Arzt) **operiert**.
>
> 张先生被(医生)做过手术了。
>
> c) 现在完成时:　　　*sein* + *P.* II + *worden*
>
> Der Arzt hat Herrn Zhang operiert.
>
> 医生给张先生动了手术。
>
> → Herr Zhang **ist** (vom Arzt) **operiert worden**.
>
> 张先生被(医生)动了手术。
>
> d) 过去完成时:　　*war* ... + *P.* II + *worden*
>
> Nachdem der Arzt Herrn Zhang operiert hatte, wurde er wieder gesund.
>
> 医生给张先生动了手术以后,他康复了。
>
> → Nachdem Herr Zhang (vom Arzt) **operiert worden war**, wurde er wieder gesund.
>
> 张先生被(医生)动了手术以后,他康复了。

Übungen

1. Schreiben Sie die folgenden Aktivsätze ins Passiv um!

Beispiel:　　*Die Putzfrau macht täglich alle Zimmer sauber.*

→ *Alle Zimmer werden (von der Putzfrau) täglich **saubergemacht**.*

a) Die Krankenschwester gibt allen Patienten jeden Vormittag eine Spritze.

b) Am 3. Oktober 1990 vereinigte man Deutschland wieder.

c) Die neunte Symphonie komponierte Ludwig van Beethoven von 1817 bis 1823.

d) Die Volksrepublik China hat man am 1. Oktober 1949 gegründet.

e) Um die Bevölkerungszahl zu beschränken, hat man in den 70er Jahren letzten Jahrhunderts in China die Ein-Kind-Politik eingeführt.

f) Nachdem der Gastgeber den Gast auf dem Flughafen getroffen hatte, fuhr ihn der

Gastgeber zum Hotel.

g) Nachdem man den Arbeitslosen umgeschult hatte, hat ihn die Firma Siemens eingestellt.

2. Bilden Sie bitte Sätze und achten Sie dabei auf die Zeitformen!

Beispiel: Jedes Jahr, die Sicherheit des Autos, testen
   → Jedes Jahr **wird** die Sicherheit des Autos **getestet**.

a) gestern, nach dem Unfall, alle Verletzten, ins Krankenhaus, bringen

b) die neue Regierung, vor kurzem, wählen

c) im nächsten Jahr, hier, ein Supermarkt, bauen

d) nachdem, ich, gestern, über die Krankheit meines Freundes, informieren; eilte ich sofort zu ihm ins Krankenhaus

e) am 26. Dezember 1893, Mao Zedong, in einer Bauernfamilie, gebären

f) nachdem, ich, vor fünf Jahren, von der Tongji-Universität, zum Studium, aufnehmen; blieb ich vier Jahre lang in Shanghai

Lektion 24

Grammatik I

A Vorgangspassiv mit Modalverben   带情态助动词的过程被动态

例句：

> a) 现在时：情态助动词现在时 ＋ P. II ＋ werden
> Heute **können** Telefonrechnungen bargeldlos **bezahlt werden**.
> 如今可以不用现金支付电话费了。
> b) 过去时：情态助动词过去时 ＋ P. II ＋ werden
> Früher **mussten** Telefonrechnungen bar **bezahlt werden**.
> 以前电话费必须用现金支付。

说明：

带情态助动词的过程被动态常用现在时态和过去时态。

当主动句改成被动句时，主动句中的情态助动词 *wollen* 必须转换成 *sollen*，如：

Eine amerikanische Bank **will** ein Büro in Shanghai **eröffnen**.

→ Ein Büro <u>soll</u> (von einer amerikanischen Bank) in Shanghai <u>eröffnet werden</u>.
  一家美国银行计划在上海开一个办事处。

Übung

Setzen Sie die Sätze ins Passiv mit Modalverben!

a) Über das Einkommen der Lehrer kann man diskutieren.

Lektion 24

b) Man musste früher auch sehr viele Formulare ausfüllen.
___

c) Die Besucher dürfen in den Krankenhäusern keinen Lärm machen.
___

d) Über die Krankheit soll man mit dem Patienten sprechen.
___

e) Im alten China mussten die Eltern die Töchter sehr streng erziehen.
___

f) Wie kann man gut reden?
___

g) Die chinesische Regierung will den Lebensstandard von den Bauern erhöhen.
___

h) In China müssen die Schüler viele Hausaufgaben machen.
___

i) Die Tongji-Universität will das Erziehungswesen in einer armen Provinz fördern.
___

j) In der Diskothek darf man nicht rauchen.
___

B Vorgangspassiv mit Modalverben im Nebensatz und im Infinitiv mit zu
   带情态助动词的过程被动态在从句和带 zu 不定式中的构成形式

1. **Nebensatz 从句**

例句：

主动态：	Der Arzt sagt, dass man den Patienten sofort operieren muss. 医生说，(人们)必须马上给病人动手术。
被动态：	Der Arzt sagt, dass der Patient sofort **operiert werden muss**. 医生说，病人必须马上接受手术。

构成形式：　　　　连词…… ＋ P. Ⅱ ＋ werden ＋ 情态助动词

2. **Infinitiv mit *zu*　带 zu 的不定式**

例句：

主动态：	Der Patient hofft, dass der Arzt ihn sofort operieren kann. 病人希望医生能马上给他动手术。
被动态：	Der Patient hofft, sofort (vom Arzt) **operiert werden zu können**. 病人希望(他)能马上接受(医生的)手术。

构成形式：　　　　……P. Ⅱ ＋ werden ＋ zu ＋ 情态助动词不定式

Lektion 24

Übung

Vervollständigen Sie bitte die Sätze!

a) Wann soll man den Tee bringen?

   Die Sekretärin fragt, _____

b) Früher durfte man im Museum nicht fotografieren.

   Man sagt, _____

c) Hoffentlich können mich meine Kollegen finanziell unterstützen.

   Ich hoffe, _____

d) Dieses Problem kann man schnell lösen. Darauf hoffe ich.

   Ich hoffe darauf, _____

e) Seine deutsche Freundin kann ihn diesmal vom Flughafen abholen. Darauf freut er sich sehr.

   Er freut sich sehr darauf, _____

Grammatik II

Zustandspassiv 状态被动态

构成：

　　　　现在时： sein ＋ P. II
　　　　过去时： war... ＋ P. II

说明：

　　状态被动态通常是由 *sein* 的现在时或过去时加动词第二分词构成，表示一个动作的结果或一个行为所产生的状态，而不强调行为发出者。

A　Zustandspassiv der Gegenwart　现在时的状态被动态

例句：

Das Fenster wird geöffnet.	Das Fenster ist geöffnet.
窗户正被打开。	窗户开了。
（过程被动态）	（状态被动态）

Lektion 24

B Zustandspassiv der Vergangenheit 过去时的状态被动态

例句：

Im Krieg wurden viele Städte zerstört. 战争中许多城市被毁坏了。 （过程被动态）	Noch in den ersten Nachkriegsjahren waren viele Städte zerstört. 战后初期许多城市仍然是毁坏的。 （状态被动态）

说明：

凡是不能构成过程被动态的动词，也不能构成状态被动态。

某些动词的第二分词由于词义的变迁，失去原来的分词性质而成了形容词，它们用作系动词 *sein* 的表语时，与状态被动态形式相同，但并没有被动含义，如：

In der Nacht vor einer Prüfung sind viele Schüler normalerweise so *aufgeregt*, dass sie nicht gut schlafen können.

考试前的一个夜里许多学生通常紧张得无法睡好觉。

C Zeitangaben im Vorgangspassiv und Zustandspassiv
过程被动态和状态被动态句中的时间状语

例句：

过程被动态	状态被动态
Die Bank wird *um zwei Uhr* geschlossen. 这家银行2点关门。 Die Bank ist *gerade* geschlossen worden. 这家银行刚刚关门。	Die Bank ist *von zwei bis vier Uhr / seit einer Woche* geschlossen. 这家银行2点至4点是关门的。／ 这家银行已关门一周时间了。
Die Bank wurde *vor vier Wochen* geschlossen. 这家银行四周前已关闭。	Die Bank war *zwei Wochen lang* geschlossen. 这家银行曾经关闭长达两周的时间。

过程被动态句中的时间状语表示一个时刻，一个时间点。

状态被动态句中的时间状语表示一个时期，一个时间段。

Übung

Vorgangspassiv oder Zustandspassiv?

a) Inge _____ vor 3 Wochen _____ _____ . (operieren)

Lektion 24

b) Seit gestern _____ sie wieder _____ _____ . (heilen)

c) Der Platz hier ist nicht frei, d. h. der Platz hier _____ _____ _____ . (besetzen)

d) Im letzten Monat _____ ein neuer Supermarkt neben unserer Wohnung _____ _____ . (aufmachen)

e) Es ist zu viel Salz in der Suppe, d. h. die Suppe _____ _____ _____ . (versalzen)

f) Die Mensen _____ abends _____ _____ . (schließen)

g) Das letzte Fernsehspiel _____ vor zehn Minuten _____ _____ . (senden)

h) Seit dem Frühjahr _____ die Preise _____ _____ . (erhöhen)

i) Im letzten Jahr _____ der Buchladen hinter der Universität _____ _____ . (zumachen)

j) Seit 2 Wochen gehört uns das Haus nicht mehr, d. h. das Haus _____ _____ _____ . (verkaufen)

k) Immer mehr Frauen _____ heute besser _____ _____ als früher. (ausbilden)

l) Er hat zu viel getrunken, d. h. er _____ _____ _____ . (betrinken)

m) Gestern _____ das Fenster im Klassenzimmer die ganze Nacht _____ _____ . (öffnen) Erst am Morgen _____ es wieder _____ _____ . (schließen)

n) Das Essen steht auf dem Esstisch, d. h. der Esstisch _____ _____ _____ . (servieren)

Lektion 25

Grammatik I

A brauchen nicht/kein ...
    brauchen nur   + zu + Infinitiv

    brauchen + nicht/kein ... + zu + 不定式
    brauchen + nur + zu + 不定式

例句：

> * **Muss** ich den ganzen Nachmittag Lektion 24 wiederholen?
>
> 我必须整个下午复习 24 课吗？
>
> + Nein, du **brauchst nicht** so lange Deutsch **zu** wiederholen.
>
> 不，你没必要那么长时间复习德语。
>
> Du **brauchst nur** zwei Stunden Deutsch **zu** wiederholen.
>
> 你只需要复习 2 小时德语。
>
> * **Muss** ich heute Hausaufgaben machen?
>
> 我今天要做家庭作业吗？
>
> + Nein, du **brauchst** heute **keine** Hausaufgaben **zu** machen.
>
> 不，你今天不需要做家庭作业。

说明：

1. 在 *brauchen* + *zu* +不定式的句子中必须含有否定词如：*nicht*，*kein* 或限定词，*nur*，*bloß* 等，见以上例句。

2. 这种结构往往与情态助动词 *müssen* 形成互补，*müssen* 用在肯定式句中，*brauchen* + *zu* + *nicht*/ *kein* ...用在否定式或带 *nur*/*bloß* 的句子中。

Lektion 25

Übungen

1. *müssen* oder *brauchen*? **Beantworten Sie die Fragen!**

Beispiel: * Muss ich die Abendzeitung abbestellen? (eine Tageszeitung bestellen)
  + Ja, du *musst* die Abendzeitung **abbestellen**.
  + Nein, du *brauchst* die Abendzeitung **nicht abzubestellen**. Du brauchst *nur* eine Tageszeitung *zu bestellen*.

a) * Muss ich den Fernseher anschalten? (das Radio ausschalten)
  + Ja, _____
  + Nein, _____
  _____ *nur* _____

b) * Muss er täglich viele Berichte schreiben? (Materialien sammeln)
  + Nein, _____
  _____ *nur* _____

c) * Müssen Sie diesen Artikel kommentieren? (den Artikel veröffentlichen)
  + Ja, _____
  + Nein, _____
  _____ *nur* _____

d) * Müssen die Frauen Frauenzeitschriften bestellen? (Zeitungen lesen)
  + Nein, _____ *nur* _____

e) * Muss ich so viele Programme im Fernsehen senden? (Werbungen senden)
  + Nein, _____
  _____ *nur* _____

f) * Müssen sich die Schüler täglich eine Nachrichtensendung ansehen? (ab und zu)
  + Nein, _____
  _____ *nur* _____

g) * Muss ein Lehrer jedes Semester einen Artikel über sein Fach schreiben? (den Studenten Unterricht geben)
  + Ja, _____
  + Nein, _____ *nur* _____

h) * Müssen die Studenten in der Vorlesung Fragen stellen? (zuhören und mitschreiben)
  + Nein, _____

Lektion 25

_____ *nur* _____

i) * Muss man in der Diskussion seine eigene Meinung äußern? (unbedingt)

   + Ja, _____

   + Nein, _____

j) * Muss ein Redakteur auch ein Interview machen? (Texte aussuchen und bearbeiten)

   + Nein, _____

_____ *nur* _____

2. Bilden Sie ein Gespräch zwischen dem Direktor und dem neuen Lehrer wie im Beispiel!

   * *Muss ich täglich um halb acht in der Schule sein?*

   + *Nein, du **brauchst nicht** täglich um halb acht in der Schule **zu sein**.*

   Muss ich ... ?

a) morgens am Schultor auf die Schüler warten

   Nein, _____

b) täglich den Schülern Unterricht geben

   Nein, _____

c) täglich den Schülern schriftliche Hausaufgaben geben

   Nein, _____

d) jede schriftliche Hausaufgabe korrigieren

   Nein, _____

e) den Schülern eine Note geben

   Nein, _____

f) den Schülern ein Märchen vorlesen

   Nein, _____

g) mit den Schülern Sport treiben

   Nein, _____

h) mit den Schülern Computerspiele machen

   Nein, _____

i) mit den Schülern einen Ausflug machen

   Nein, _____

j) die Schüler nach Hause bringen

   Nein, _____

Lektion 25

B scheinen ＋ zu ＋ Infinitiv   scheinen ＋ zu ＋ 不定式

例句：

> * Soll ich den Regenschirm mitbringen?
> 要我带雨伞吗?
> ＋ Ja, es **scheint** bald **zu** regnen.
> 是的,看起来马上要下雨了。

说明：

  动词 scheinen 的意思是：看起来,好像。当它与带 zu 不定式连用时,不定式结构前不需要逗号; 它表达了一种根据迹象进行的预测或猜测。其他用法类似的动词还有：**pflegen**（通常）＋ **zu** ＋ **Infinitiv**；**drohen**（面临……险情）＋ **zu** ＋ **Infinitiv**。

Übung

Wandeln Sie die folgenden Sätze mit „scheinen, pflegen und drohen" um！

Beispiel：*Die nächste Prüfung wird noch schwerer.*
    → *Die nächste Prüfung scheint noch schwerer zu werden.*

a) Ich stehe morgens um halb sieben auf.

b) Die uralte Brücke bricht bald.

c) Die Situation der Familie wird wegen der Arbeitslosigkeit des Vaters nicht besser.

d) Nach dem Essen raucht Hans gewöhnlicherweise eine Zigarette.

e) Es hat eine Woche ununterbrochen geregnet. Das Dorf wird bald überschwemmt.

f) Ich habe am ganzen Körper Schmerzen und bin wahrscheinlich erkältet.

C haben ＋ zu ＋ Infinitiv   haben ＋ zu ＋ 不定式

例句：

> * Warum bist du immer noch im Büro?
> 你为什么还一直在办公室?
> ＋ Ich **habe** noch zwei Briefe **zu** schreiben.
> （Ich **muss** noch zwei Briefe schreiben.）
> 我还得写两封信。

说明：

haben ＋ *zu* ＋ *Infinitiv* 表示一种必要性,相当于 *müssen* ＋ *Infinitiv*。

注意：

当不定代词 viel，wenig，etwas，nichts 等出现在不定式之前时，可以把不定式看作不定代词的定语，如：Ich habe nichts zu trinken.（我没有喝的东西。）

Übungen

1. Formen Sie die Sätze nach dem Beispiel um!

   Beispiel: *Der Journalist muss noch ein Interview machen.*
   → *Der Journalist **hat** noch ein Interview **zu** machen.*

a) In den Massenmedien muss man verschiedene Meinungen veröffentlichen.
_____

b) Die meisten Frauen müssen Haushalt machen.
_____

c) Viele Journalisten müssen oft von einem Ort zum anderen fahren.
_____

d) Die Tagesmutter muss sich 8 Stunden um die Kinder kümmern.
_____

e) Die Sportler müssen täglich früh aufstehen und trainieren.
_____

f) Nach dem Unterricht müssen die Studenten viele Bücher lesen.
_____

g) Man muss täglich frisches Obst essen.
_____

h) Die Touristen müssen am Zoll ihre Pässe vorzeigen.
_____

i) Die Ärzte müssen die Patienten behandeln.
_____

j) Nach der Operation muss der Patient Tabletten einnehmen.
_____

2. Beantworten Sie die Fragen mit *haben + zu + Infinitiv*!

   Beispiel: * *Muss ich heute diese Aufgabe erledigen?*
   + *Ja, Sie **haben** heute diese Aufgabe **zu** erledigen.*

a) * Musst du nach der Arbeit noch einkaufen?
   + Ja, _____

b) * Muss er seine Freundin vom Bahnhof abholen?

Lektion 25

225

Lektion 25

    + Ja, _____

c) * Muss sie einen Artikel über das Leben in Deutschland schreiben?
    + Ja, _____

d) * Müssen wir zuerst die Texte wiederholen?
    + Ja, _____

e) * Muss ein Kind täglich Milch trinken?
    + Ja, _____

f) * Muss er seine Eltern anrufen?
    + Ja, _____

g) * Muss ich um 9 Uhr im Büro sein?
    + Ja, _____

h) * Muss der Arbeitslose zum Arbeitsamt gehen?
    + Ja, _____

i) * Müssen sich die Studenten über das Studium in Deutschland informieren?
    + Ja, _____

j) * Müssen sich die Studenten auf die Prüfung vorbereiten?
    + Ja, _____

D sein ＋ zu ＋ Infinitiv   sein ＋ zu ＋不定式

例句：

* **Muss** man den Bericht heute fertig schreiben?
  （我）必须今天写完这篇报导吗？
+ Ja, der Bericht **ist** heute fertig **zu** schreiben.
  是，这篇报导必须今天写完。
  (Der Bericht **muss** heute fertig geschrieben werden.)
  这篇报导必须今天写完。

* **Kann** man das Problem lösen?
  （我们）能解决这个问题吗？
+ Ja, das Problem **ist** leicht **zu** lösen.
  是，这个问题是能容易解决的。
  (Das Problem **kann** leicht gelöst werden.)
  这个问题能容易地被解决。

说明：
sein + *zu* + *Infinitiv* 的结构，表示一种必要性或可能性，但它具有被动意义，根据上下文可选用 *müssen* 或 *können* + 被动态的句型改写。

Übung

Beantworten Sie die Fragen mit *sein* + *zu* + *Infinitiv*!

Beispiel：* **Muss das Buch morgen unbedingt veröffentlicht werden**?
　　　　　+ *Ja，das Buch ist morgen unbedingt zu veröffentlichen.*

a) * Kann das Problem heute gelöst werden?
　　+ _____

b) * Müssen alle Hefte eingesammelt werden?
　　+ _____

c) * Müssen alle Sätze ins Deutsche übersetzt werden?
　　+ _____

d) * Kann der Aufsatz heute fertig geschrieben werden?
　　+ _____

e) * Muss die Straße in diesem Jahr ausgebaut werden?
　　+ _____

Grammatik II

Verben + Infinitiv　动词+不定式

A　Präsens / Präteritum　现在时/过去时

> lassen, sehen, hören, lehren, lernen, gehen, kommen

例句：

> a) Der Chefredakteur **lässt / ließ** die Journalisten Berichte <u>schreiben</u>.
>   主编让记者们写报道。
> b) Herr Zhao **sieht / sah** seine Frau vor dem Fernseher <u>sitzen</u>.
>   赵先生看见他的太太坐在电视机前。
> c) Frau Müller **hört / hörte** jeden Morgen ihren Nachbarn <u>singen</u>.
>   米勒太太每天早晨听见她的邻居在唱歌。

Lektion 25

> d) Der Lehrer **lehrt/lehrte** uns <u>malen</u>.
>   这位老师教我们画画。
> e) Das Kind **lernt/lernte** Klavier <u>spielen</u>.
>   这个小孩学弹钢琴。
> f) Frau Schmidt **geht / ging** <u>einkaufen</u>.
>   斯密特太太去购物。
> g) Der Gast **kommt/kam** wöchentlich dreimal <u>schwimmen</u>.
>   这位客人每周来游3次泳。

说明：

lassen，*sehen*，*hören*，*lehren*，*lernen*，*gehen* 和 *kommen* 可以和另一个实义动词连用，构成复合谓语，第二个动词以不定式形式置于句末，它的前面不需加 *zu*。

Übungen

Beantworten Sie die Fragen!

Beispiel： * *Was sehen Sie?*（*eine Frau kommen*）
              + *Ich <u>sehe</u> eine Frau <u>kommen</u>.*

1. * Was sehen Sie? + Ich ....

   a) die Kinder spielen

   b) die Schülerinnen tanzen

   c) die Bauarbeiter das Gebäude bauen

   d) sie die Fenster putzen

   e) die Verkäuferin die Waren sortieren

   f) meinen Freund Computerspiele machen

2. * Was hören Sie? + Ich ....

   a) die Zuschauer jubeln

   b) eine Frau ein deutsches Lied singen

   c) ein Kind weinen

   d) das Ehepaar streiten

   e) ihn ein Gedicht vortragen

   f) sie Klavier spielen

3. * Was lassen Sie ... machen? + Ich ....

   a) mein Fahrrad reparieren

   b) meinen Freund Briefmarken kaufen

c) sie morgens Texte laut lesen

d) sie täglich Nachrichten hören

e) die Kinder spielen

f) die Schüler das Klassenzimmer saubermachen

4. * Wohin gehst du? + Ich ....

a) die Zeitung holen

b) Kinokarten kaufen

c) essen

d) Basketball spielen

e) meinen Freund abholen

f) einkaufen

5. * Wozu kommst du? + Ich ....

a) Basketball spielen

b) Sie besuchen

c) Bücher leihen

d) dir bei der Hausarbeit helfen

6. * Was lehrst/lernst du? + Ich ....

a) malen

b) schwimmen

c) Klavier spielen

d) die Maschine bedienen

e) Fußball spielen

f) wissenschaftliche Arbeit schreiben

B Perfekt 完成时

例句：

a) Herr Zhao **hat** seine Frau vor dem Fernseher **sitzen sehen**.
赵先生看见了他的太太坐在电视机前。

b) Frau Müller **hat** heute Morgen ihren Nachbarn **singen hören**.
米勒太太今天早晨听到她的邻居唱歌。

c) Der Chefredakteur **hat** die Journalisten Berichte **schreiben lassen**.
主编已让记者们写报道了。

Lektion 25

> d) Herr Zhu **ist** schwimmen **gegangen**.
> 朱先生去游泳了。
> e) Ich **habe** Computer **bedienen gelernt**.
> 我已学会用电脑了。

说明：

1. 在复合谓语中 *sehen*，*hören*，*lassen* 的现在完成时形式：*haben* ＋ ... ＋ *Infinitiv* ＋ *sehen/hören/lassen*，见例句 a)，b)，c)。
2. 在复合谓语中 *gehen*，*kommen* 的现在完成时形式：
   sein ＋ ... ＋ *Infinitiv* ＋ *gekommen/gegangen*，见例句 d)。
3. 在复合谓语中 *lernen*，*lehren* 的现在完成时形式：
   haben ＋ ... ＋ *Infinitiv* ＋ *gelernt/gelehrt*，见例句 e)。

Übung

Machen Sie die Übungen (Grammatik Ⅱ/A/1-6) noch einmal im Perfekt!
Beispiel：* *Was haben Sie gesehen?*
           ＋ *Ich habe eine Frau kommen sehen.*

Grammatik Ⅲ

Futur Ⅰ 第一将来时

A Zukünftige Handlung — Futur Ⅰ 第一将来时：未来的行为

形式：werden ＋ Infinitiv
例句：

> Professor Weber arbeitet im nächsten Monat bei Siemens.
> 韦伯教授下个月在西门子公司工作。
> → Professor Weber *wird* im nächsten Monat bei Siemens *arbeiten*.
> 韦伯教授下个月将在西门子公司工作。

说明：

1. 在这个结构中 *werden* 是时间助动词，表示："将"、"将要"，整个结构用来描写将来发生的事。
2. *werden* 在陈述句中位于句子的第二位，需根据主语变位，实义动词以不定式形式位于句末。

Lektion 25

注意：

将来时 werden + Infinitiv 可以因句中有时间状语，如：morgen, am nächsten Tag, in der nächsten Woche, im nächsten Jahr 等词的出现而改用现在时，如：

Ich *werde* im nächsten Jahr nach Deutschland *fahren*.

我将于明年去德国。

→ Ich *fahre im nächsten Jahr* nach Deutschland.

我明年去德国。

Übungen

1. Bilden Sie Sätze mit Futur Ⅰ!

Beispiel: Ich veröffentliche einen Artikel.

→ Ich werde einen Artikel veröffentlichen.

a) Er geht ins Internet.

b) Er surft im Internet.

c) Er schreibt Geschichten.

d) Der Journalist lernt viele Menschen kennen.

e) Er macht ein Interview mit einem Computerfachmann.

f) Er unterhält sich mit dem Computerfachmann über die Zukunft der Softwareentwicklung.

g) Wissen Sie, wie der Computer in Zukunft aussieht?

h) Der zukünftige Computer hat noch mehr menschliche Eigenschaften.

i) Im Datennetz bekommt man Informationen.

j) Man tauscht Informationen mit den anderen aus.

k) Man kann über den Computer Waren bestellen.

Lektion 25

1) In Zukunft kann man mit dem sogenannten Computergeld bezahlen.

2. Formen Sie die Sätze nach dem Beispiel um!

Beispiel: *Der Programmierer programmiert morgen einen Computer.*
→ *Der Programmierer **wird** einen Computer **programmieren**.*

a) Der Programmierer schenkt am nächsten Tag einem Journalisten diesen Computer.

b) Der Journalist schreibt in einer Woche mit dem Computer einen Artikel.

c) Er gibt den Artikel in den Computer ein.

d) Er verbessert am Nachmittag den Artikel.

e) Er kontrolliert den Artikel mit einem neuen Rechtschreibprogramm.

f) Er speichert den Artikel auf den USB-Stick.

g) Der Computer druckt den Artikel aus.

h) Er löscht in ein paar Tagen den Artikel vom USB-Stick.

B Bekräftigung 加强语气

例句：

> * Fahren Sie im Oktober nach Deutschland?
> 您10月份去德国吗？
> + Ja.
> 是的。
> * Wirklich?
> 真的吗？
> + Ja.
> 真的。

Lektion 25

> * Wirklich?
> 真的?
> + Ja, ich werde nach Deutschland fahren.
> 真的,我将去德国。

说明:

从以上的例句可以看出 *werden* 有加强语气的作用。这种用法多见于口头交流。

Übung

Machen Sie die Übung wie im Beispiel!

Beispiel: * *Der Student heiratet im nächsten Monat.*

+ *Wirklich? Er ist aber noch nicht 20.*

* *Ja, wirklich. Er wird im nächsten Monat heiraten.*

a) * Die Hochzeitsfeier findet im teuersten Restaurant in Shanghai statt.

+ Wirklich?

* Ja, wirklich. Die Hochzeitsfeier _____.

b) * Seine Flitterwochen verbringt er in Amerika.

+ Wirklich?

* Ja, wirklich. Er _____.

Lektion 26

Grammatik

Konjunktiv II 第二虚拟式

A Konjunktiv II der Gegenwart und Zukunft
表达现在和将来的第二虚拟式形式

直陈式过去时			第二虚拟式		
sein	*haben*	*werden*			
ich war	hatte	wurde	**wär-e**	**hätt-e**	**würd-e**
du warst	hattest	wurdest	**wär-e-st**	**hätt-e-st**	**würd-e-st**
er/sie/es war	hatte	wurde	**wär-e**	**hätt-e**	**würd-e**
wir waren	hatten	wurden	**wär-e-n**	**hätt-e-n**	**würd-e-n**
ihr wart	hattet	wurdet	**wär-e-t**	**hätt-e-t**	**würd-e-t**
sie/Sie waren	hatten	wurden	**wär-e-n**	**hätt-e-n**	**würd-e-n**

规则动词		würde ... + 不定式	
ich	kaufte	kauft-e	**würde** kaufen
du	fragtest	fragt-e-st	**würdest** fragen
er/sie/es	zeigte	zeigt-e	**würde** zeigen
wir	arbeiteten	arbeit-e-ten	**würden** arbeiten
ihr	hofftet	hofft-e-t	**würdet** hoffen
sie/Sie	machten	macht-e-n	**würden** machen

Lektion 26

续 表

	不规则动词				
ich	gab	**gäb-e**	**würde**	geben
du	kamst	**käm-e-st**	**würdest**	kommen
er sie es	ging	**ging-e**	**würde**	gehen
wir	fuhren	**führ-e-n**	**würden**	fahren
ihr	nahmt	**nähm-e-t**	**würdet**	nehmen
sie/Sie	lasen	**läs-e-n**	**würden**	lesen

情态助动词的第二虚拟式：

	können	*müssen*	*sollen*	*dürfen*	*wollen*	*mögen*
ich	könnte	müsste	sollte	dürfte	wollte	möchte
du	könntest	müsstest	solltest	dürftest	wolltest	möchtest
er sie es	könnte	müsste	sollte	dürfte	wollte	möchte
wir	könnten	müssten	sollten	dürften	wollten	möchten
ihr	könntet	müsstet	solltet	dürftet	wolltet	möchtet
sie/Sie	könnten	müssten	sollten	dürften	wollten	möchten

说明：

1. 表达现在和将来的第二虚拟式形式可分两种：

   a) 规则动词：它们的第二虚拟式形式和其直陈式的过去时完全相同。在口语中我们常用下列的形式来代替，即：

   > würde ... ＋ 动词不定式

   b) 不规则动词：它们的第二虚拟式形式是由动词过去时的词根（经常要变音）和虚拟式的人称词尾所组成。有些动词的第二虚拟式的形式在复数时与直陈式过去时相同。如：*Wir gingen*。在这种不可区分的情况下，我们在口语中也常用 *würden* ＋动词不定式的形式来替换，即：

   > würde ... ＋ 动词不定式

2. 情态助动词和时间助动词 *sein*，*haben*，*werden*：在任何情况下**只能**用它们第二虚拟式形式，而不用 *würden*＋动词不定式的形式。

3. 表达愿望的 *wollen* 和 *möchten* 在第二虚拟式中，一概用 *wollen* 的第二虚拟式。

Lektion 26

用法:

1. Höflichkeit　礼貌、客气

(1) Höfliche Fragen und Bitten　有礼貌的提问和请求

例句:

> a) Geben Sie mir Ihre Adresse!
> → **Würden / Könnten** Sie mir Ihre Adresse **geben**?
> 您能把您的地址给我吗?
>
> b) Machen Sie bitte die Tür zu!
> → **Würden / Könnten** Sie bitte die Tür **zumachen**?
> 您能把门关上吗?
>
> c) Haben Sie Zeit, mir das Märchen vorzulesen?
> → **Hätten** Sie Zeit, mir das Märchen vorzulesen?
> 您有时间给我朗读童话吗?
>
> d) Darf ich hereinkommen?
> → **Dürfte** ich **hereinkommen**?
> 我能进来吗?
>
> Aber: bei Fragen mit Fragewort
>
> e) Wie spät ist es?
> → **Könnten** Sie mir **sagen**, wie spät es ist?
> 您能告诉我几点了?

(2) Höfliche Hinweise oder Empfehlung　婉转的提示或建议

例句:

> Sie müssen mehr arbeiten.
> → Sie *sollten* mehr arbeiten.
> 您应该多工作。

Übung Ⅰ

Bilden Sie bitte höfliche Fragen und Bitten!

a) Wann soll ich zu Ihnen kommen?

Lektion 26

b) Können Sie mir einen Gefallen tun, den Koffer hinaufzutragen?

c) Darf ich Sie zum Essen einladen?

d) Sie müssen fleißig lernen, sonst können Sie die Prüfung nicht bestehen.

e) Wie komme ich zum Museum?

f) Bringen Sie bitte Ihre Freundin mit!

g) Kann man hier schwimmen?

h) Dürfen wir jetzt schon gehen?

i) Kommen Sie morgen nicht so spät!

j) Darf ich hereinkommen?

k) Darf ich mich in Ihrer neuen Wohnung mal umgucken?

l) Träumen Sie nicht im Unterricht!

m) Kann ich dein Fahrrad benutzen?

n) Können Sie mir ein bisschen Geld leihen?

o) Geben Sie nicht so viel Geld aus!

p) Leihen Sie nicht immer Geld von anderen!

q) Wo treffen wir uns heute Abend?

r) Wie lange müssen wir noch Deutsch lernen?

Lektion 26

s) Können wir Schluss machen?

2. Irrealität 非现实性

(1) Irreale Wunschsätze 非现实愿望句

例句：

> a) Ich kann nicht fliegen. Ich wünsche mir：
> → **Wenn** ich **doch fliegen könnte**!
> od. **Könnte** ich **doch fliegen**!
>   要是我能飞该多好啊！
>
> b) Ich habe keinen beruflichen Erfolg. Ich wünsche mir：
> → **Wenn** ich **nur** beruflichen Erfolg **hätte**!
> od. **Hätte** ich **nur** beruflichen Erfolg!
>   但愿我事业有成！
>
> c) Er ist sehr krank. Er wartet auf den Arzt.
> → **Wenn** der Arzt **nur / doch käme**!
> od. **Käme nur / doch** der Arzt!
>   但愿医生来！

说明：
1. 第二虚拟式可以用于表达非现实的愿望。在非现实的愿望句中直接用动词的第二虚拟式或 *wenn* 作引导，在非现实的愿望句中往往加上语气词 *doch* 或 *nur*，并且以**感叹号**结束句子。
2. 如果现实中是肯定句，在改写非现实愿望句时必须加上否定词 *kein* 或 *nicht*，相反则要去掉否定词，见例句 a) 和 b)。

(2) Irreale Bedingungssätze 非现实条件句

例句：

> a) **Wenn** Männer Kinder bekommen **könnten**, **würden** Frauen keine Kinder **bekommen**.
>   如果男人能怀上孩子，女人就不怀孩子。
> b) **Wenn** Tiere sprechen **könnten**, **könnten** sich die Menschen mit den Tieren unterhalten.
>   如果动物能说话，人类就能与动物交谈。
> c) **Wäre** der Computer klüger als die Menschen, **hätten** die Menschen ein großes Problem.
>   如果电脑比人聪明，人类就有大问题了。

Lektion 26

说明：
1. 非现实的条件句类同直陈式中的条件句，只需把动词的形式改成第二虚拟式即可。
2. 例句 c) 也是一种表达条件与结果关系的主从复合句。在这类句子中，前句表达条件，后句表达结果。

Übungen Ⅱ

1. Formen Sie bitte die Sätze in irreale Wunschsätze um!

a) Hoffentlich kann ich eine Zulassung bekommen.

b) Hoffentlich besucht mich mein Freund am Wochenende.

c) Hoffentlich bestehe ich die Prüfung.

d) Hoffentlich leben meine Eltern in Deutschland wohl.

e) Hoffentlich gibt es in der Welt keine Kriege mehr.

f) Hoffentlich verhungern die Kinder in Afrika nicht mehr.

g) Hoffentlich kann ich um die Welt reisen.

h) Hoffentlich sind die Wohnungen in Shanghai nicht so teuer.

i) Hoffentlich kann ich eine hübsche Frau heiraten.

j) Hoffentlich bleiben wir alle gesund.

2. Formen Sie bitte die Sätze in irreale Bedingungssätze um!

Beispiel: *Er ist alt. Er kann nicht mehr arbeiten.*
→ *Wenn er nicht alt wäre, könnte er weiter arbeiten. / Wäre er nicht alt, ...*

a) Sie hat kein Auto. Sie muss jeden Tag mit dem Bus fahren.

b) Wir können noch nicht gut Deutsch. Wir müssen täglich zum Unterricht gehen.

Lektion 26

c) Ich bin sehr beschäftigt. Ich kann keinen Urlaub machen.

d) Herr Schmidt ist krank. Er macht keine Reise mit.

e) Das Ehepaar hat kein Kind. Sie leben einsam.

f) Die Familie hat vier Kinder. Sie kann sich kein Auto leisten.

g) Die Firma ist pleite. Alle sind entlassen worden.

h) Der Kranke ist schwer krank. Er muss sofort operiert werden.

i) Es regnet. Wir können keinen Ausflug machen.

j) Das Kind geht ins Ausland. Seine Mutter macht sich immer Sorgen um es.

k) Der Mann hat viel Geld. Die Frau möchte ihn heiraten.

l) Er liest nicht viel. Er weiß nicht viel.

m) Sie macht viele Computerspiele. Sie verpasst viele gute Chancen.

n) Die Übungen sind interessant. Wir machen sie gern.

(3) an ihrer Stelle ... / an seiner Stelle ...
如果我是她的话……／如果我处于他的境地……

例句：

* Hast du gehört, *Adam und Eva möchten heiraten*?
  你听说了吗，亚当和夏娃想结婚。
+ Was?! **An seiner Stelle** würde ich *die faule Eva* aber nicht *heiraten*.
  什么？我要是他的话，我不会娶懒惰的夏娃。

Lektion 26

> *oder*:
> + Was?! **An ihrer Stelle** würde ich *den dummen Adam* aber nicht *heiraten*.
>   什么？如果我是她的话，我不会嫁给愚蠢的亚当。

(4) so tun, als ob … / als …   装得像……

例句：

> Er ist nicht Chef. 他不是领导。
>
> **Er tut nur/bloß so,**   als ob er Chef wäre.
> 他装得像是领导。   als wäre er Chef.

Übungen Ⅲ

1. Formen Sie die Sätze bitte mit *an … Stelle* um!

a) Der Mann geht ganz allein durch den Wald.

b) Die Frau putzt jeden Tag die Fenster.

c) Der Mann sieht jeden Abend fern.

d) Herr Gu steht täglich um 6 Uhr auf.

e) Frau Lin möchte nicht mehr weiter Deutsch lernen.

f) Er schreibt seine Arbeit nicht mit dem Computer.

g) Sie geht immer in ein kleines Krankenhaus, wenn sie krank ist.

h) Er ist schon sehr dick und isst noch viel Fleisch.

i) Viele Studenten möchten heute lieber zu Hause bleiben als eine einfache Arbeit zu

Lektion 26

suchen.

2. Formen Sie die Sätze bitte mit *so tun*, *als ob* ... um!

a) Er kann nicht kochen.

b) Er hat nicht viel Geld.

c) Er kann die Maschine nicht bedienen.

d) Er ist schon alt.

e) Sie interessiert sich nicht für Fußball.

f) Sie kennt ihn nicht.

g) Sie hat die anderen nicht verstanden.

B Konjunktiv II der Vergangenheit   表达过去的第二虚拟式形式

形式：wäre ... / hätte ... ＋ P. II

时态	直陈式	第二虚拟式
现在和将来	Hans kommt. Monika erzählt.	Hans käme. Monika würde erzählen.
过去	Hans ist gekommen. Hans kam. Hans war gekommen. Monika hat erzählt. Monika erzählte. Monika hatte erzählt.	Hans *wäre gekommen*. Monika *hätte erzählt*.
现在和将来	Li muss heute kommen.	Li müsste heute kommen.
过去	Li konnte gestern nicht kommen. Li hat gestern nicht kommen können. Li hatte gestern nicht kommen können.	Li *hätte* gestern nicht *kommen können*.

Lektion 26

说明:

1. 过去的第二虚拟式形式,是由虚拟式的助动词 *wäre* ... /*hätte* ... + 动词的第二分词构成的,即:

   | wäre ... /hätte ... + 动词的第二分词 |

2. 在直陈式中情态助动词常用过去时,现在完成时则用得较少。情态助动词在现在完成时中的助动词为 **haben**,情态助动词以不定式形式位于句末,在实义动词之后,即:

   | haben + …… + 实义动词不定式 + 情态动词不定式 |

例如:

a) Der Arzt hat den Kranken gestern untersuchen wollen.
   医生昨天曾想给病人作检查。

b) Herr Li hat im Ausland studieren können.
   李先生曾有可能在国外上大学。

c) Ich habe Dr. Müller sprechen müssen.
   我昨天必须和米勒博士谈话。

当情态动词用于表示**过去的第二虚拟式**时,其常用形式为:

| hätte ... + …… + 实义动词不定式 + 情态动词不定式 |

见上面表格中的例句。

注意:

如果情态动词用于表示**过去的第二虚拟式**出现在从句中时,助动词必须位于实义动词不定式和情态动词不定式之前。如:

Wenn Herr Li gestern **hätte kommen können**, **hätte** er seine Eltern **besucht**.
如果李先生昨天能来的话,他就看望他的父母了。

Übungen

1. Formen Sie bitte die Sätze in irreale Bedingungssätze um!

a) Der Mann hat nicht studiert. Er kann keine gute Arbeit finden.

___

b) Alles ist teurer geworden. Wir können uns vieles nicht leisten.

___

c) Er machte den Computer kaputt. Er konnte die Arbeit nicht erledigen.

___

d) Sie hat sich nicht angemeldet. Sie hat keinen Kurs besuchen dürfen.

___

Lektion 26

e) Das Kind fiel ins Wasser. Es passte nicht auf.

f) Die alte Dame ist zum Bahnhof gegangen. Man hat ihre Geldtasche gestohlen.

g) Wir haben auf die Verkehrsregeln geachtet. Es gibt weniger Unfälle.

2. Machen Sie bitte die Übung wie das Beispiel!

Herr Müller bereut sich heute:

Beispiel: Ich bin gestern zu spät aufgestanden. Ich musste die U-Bahn nehmen.
→ **Wenn ich gestern *früher/nicht so spät aufgestanden wäre*, hätte ich nicht *mit der U-Bahn fahren müssen*.**

a) Ich musste mit der U-Bahn fahren. Jemand hat meine Geldtasche gestohlen.

b) Jemand hat meine Geldtasche gestohlen. Ich konnte meiner Frau kein Geburtstagsgeschenk kaufen.

c) Ich konnte meiner Frau kein Geburtstagsgeschenk kaufen. Sie ärgerte sich sehr.

d) Meine Frau ärgerte sich sehr. Sie wollte nicht mit mir ins Restaurant gehen.

Lektion 27

Grammatik

Konjunktiv I 第一虚拟式

A Konjunktiv I der Gegenwart und Zukunft
  表达现在和将来的第一虚拟式形式

形式：动词词干 + -e + ...

表 1   规则动词和不规则动词的第一虚拟式形式

直陈式		第一虚拟式	第二虚拟式
ich	kaufe/nehme	kauf/nehm-**e**	**würde** kaufen/nehmen
du	kaufst/nimmst	kauf/nehm-**e-st**	
er sie es	kauft/nimmt	kauf/nehm-**e**	
wir	kaufen/nehmen	kauf/nehm-**e-n**	**würden** kaufen/nehmen
ihr	kauft/nehmt	kauf/nehm-**e-t**	
sie	kaufen/nehmen	kauf/nehm-**e-n**	**würden** kaufen/nehmen
Sie	kaufen/nehmen	kauf/nehm-**e-n**	**würden** kaufen/nehmen

例句：

> Er sagt：„<u>Ich kaufe</u> ein Auto."（direkte Rede）
> 他说："我买一辆轿车"。
> → Er sagt, **er kaufe** ein Auto.（indirekte Rede）
> 他说，他买一辆轿车。

Lektion 27

说明：

当第一虚拟式形式和其直陈式的形式相同时，用第二虚拟式 $\boxed{würde(n) + 动词不定式}$ 的形式来代替，见表1。

表2　　　　　　　　　　　情态助动词的第一虚拟式

直陈式		第一虚拟式	第二虚拟式
ich	kann/will	könn/woll-**e**	
du	kannst/willst	könn/woll-**e-st**	
er sie es	kann/will	könn/woll-**e**	
wir	können/wollen	könn/woll-**e-n**	**könnten/wollten**
ihr	könnt/wollt	könn/woll-**e-t**	
sie	können/wollen	könn/woll-**e-n**	**könnten/wollten**
Sie	können/wollen	könn/woll-**e-n**	**könnten/wollten**

例句：

Der Pianist fragt seine Freundin:„Willst du mich heiraten?"（direkte Rede）
钢琴演奏者问他的女朋友："你愿意嫁给我吗？"
→ Der Pianist fragt seine Freundin, **ob sie ihn** heiraten **wolle**.（indirekte Rede）
钢琴演奏者问他的女朋友，她是否愿意嫁给他。

表3　　　　　　　　　　　sein 的第一虚拟式形式

直陈式		第一虚拟式
ich	bin	sei
du	bist	sei - **est**
er sie es	ist	sei
wir	sind	sei - **en**
ihr	seid	sei - **et**
sie	sind	sei - **en**
Sie	sind	sei - **en**

例句：

> Hans behauptet：„Meine Frau ist sehr hübsch."（direkte Rede）
> 汉斯声称："我的太太很漂亮。"
> → Hans behauptet，seine Frau sei sehr hübsch.（indirekte Rede）
> 汉斯声称,他的太太很漂亮。

B Konjunktiv Ⅰ der Vergangenheit 表达过去的第一虚拟式形式

形式：habe . . . /sei . . . ＋ P. Ⅱ

例句：

> Er erzählt mir：„Am Montag habe ich Tennis gespielt. Ich habe verloren."（direkte Rede）
> 他告诉我："周一我打了网球,我输了。"
> → Er erzählt mir，am Montag habe er Tennis gespielt. Er habe verloren.（indirekte Rede）
> 他告诉我,周一他打了网球,他输了。
>
> In der Zeitung steht：„Am Dienstag ist ein Bus ins Wasser gestürzt."（direkte Rede）
> 报上登载着："周二有一辆公共汽车冲进了（河）水中。"
> → In der Zeitung steht，am Dienstag sei ein Bus ins Wasser gestürzt.（indirekte Rede）
> 报上登载着,周二有一辆公共汽车冲进了（河）水中。
>
> Er erzählt mir：„Am Samstag wollte ich Sie anrufen."（direkte Rede）
> 他告诉我："周六我本想要打电话给您的。"
> → Er erzählt mir，am Samstag habe er mich anrufen wollen.（indirekte Rede）
> 他告诉我,周六他本想要打电话给我的。

说明：

第一虚拟式主要用于间接引语,客观地转述他人的话语。

1. 间接引语中人称代词、物主代词需要作相应的变化。例如直接引语：Er sagt：„Ich bin Student."间接引语为：Er sagt, er sei Student.
2. 如果直接引语是一般疑问句,变成间接引语时,用 ob 引出。例如直接引语：Er fragte sie：„Kommst du mit?"间接引语为：Er fragte sie, ob sie mitkomme.
3. 如果直接引语是命令句,则变成间接引语时,用情态动词 sollen 的虚拟式表示命令语气。例如直接引语：Er sagte zu seiner Tochter：„Geh ins Bett!"间接引语为：Er sagte zu seiner Tochter, sie solle ins Bett gehen.
4. 情态助动词用于表示过去的第一虚拟式的形式为：

> habe . . . ＋ 实义动词不定式 ＋ 情态助动词不定式

Lektion 27

Übungen

1. Bilden Sie bei folgenden Verbformen den Konjunktiv I!

er misst, du nimmst, ihr schreibt, es gelingt, ich darf, ihr heißt, sie will, sie sind, ich kann, du bist, es regnet, du spielst, er muss, sie weint, du wirst, er hat, sie fährt

2. Die Zeitung berichtet,

a) China _____ immer stärker. (werden)

b) Deutschland _____ eine noch bessere Beziehung zu China haben. (wollen)

c) Es _____ eine Geldstrafe, wenn dieser Maßnahme nicht gefolgt wird. (geben)

d) Die Euro-Zone _____ ein Problem. (haben)

e) Brasilien _____ sich sehr schnell. (entwickeln)

3. Ein Rezept: Bananen in Kokosmilch

Ein Koch erzählt, er _____ (schneiden) die Bananen in kleine Stücke, _____ (geben) die Kokosmilch in einen Topf und _____ (erhitzen), (fügen) Zucker und Salz hinzu und _____ (bringen) alles zum Kochen. Dann _____ (nehmen) er den Topf vom Herd, _____ (mischen) die Bananen unter die Milch und _____ (sorgen) dafür, dass die Bananen max. 3 Minuten ziehen. Zum Schluss _____ (lassen) er das Gericht 30 Minuten abkühlen.

4. Füllen Sie die Lücken aus!

a) Der Junge versicherte: „Ich weiß nichts!"

→ Der Junge versicherte, _____ _____ nichts.

b) Das Mädchen sagte: „ich wollte am vergangenen Wochenende nach Hause gehen!"

→ Das Mädchen sagte, _____ _____ am vergangenen Wochenende nach Hause _____ _____ .

c) Karl behauptete: „Ich schaffe die Arbeit allein."

→ Karl behauptete, _____ _____ die Arbeit allein.

d) Der Schaffner fragte: „Wo haben Sie Ihre Fahrkarte hingelegt?"

→ Der Schaffner fragte, wo _____ meine Fahrkarte _____ _____ .

e) Die ältere Frau betonte: „ Ich bin erst achtzig Jahre alt."

→ Die ältere Frau betonte, _____ _____ erst achtzig Jahre alt.

f) Wang Dali sagt heute im Telefon zu seiner Mutter: „ Am Freitag bin ich in Deutschland, in Fankfurt angekommen."

→ Wang Dalis Mutter sagt am nächsten Morgen zu ihren Eltern, _____ _____ am Freitag in Deutschland, in Fankfurt _____ .

Lektion 28

Übungen

1. Bilden Sie bitte Passivsätze!

So wird *Eisbein mit Sauerkraut* gemacht:

(zuerst) das Suppengrün putzen und in Würfel schneiden,

(gleichzeitig) das Eisbein in kaltes Wasser zum Kochen bringen,

(dann) das Suppengrün und eine geschnittene Zwiebel zugeben,

(außerdem) fünf Pfefferkörner hinein geben,

das Ganze bei schwacher Hitze etwa zweieinhalb Stunden kochen müssen,

(in der Zwischenzeit) Butter in einem Topf erhitzen, eine geschälte und fein gewürfelte Zwiebel darin dünsten,

(nach zwei Minuten) das Sauerkraut hinein geben und etwas auflockern,

das Ganze etwa eine Stunde dünsten,

(zum Schluss) mit Salz und Zucker abschmecken,

das Sauerkraut auf einer vorgewärmten Platte anrichten und das Eisbein darauf legen

Zuerst *wird* das Suppengrün *geputzt* und in Würfel *geschnitten*.

Lektion 28

2. Bilden Sie bitte Passivsätze, wenn möglich!

Was ist dem Patienten gestern Abend passiert?

Man hat den Patienten ins Krankenhaus eingeliefert, weil er sich nicht wohl fühlte. Eine junge und hübsche Krankenschwester wog ihn und stellte die Größe fest. Dann fühlte sie den Puls des Patienten, maß das Fieber und trug beides auf eine Karte ein. Der Arzt untersuchte ihn und verschrieb ihm Medikamente. Anschließend gab die Krankenschwester dem Patienten Spritzen und Medikamente, die er einnehmen musste. Darüber hinaus nahm sie das Blut ab und schickte es ins Labor. In der Zwischenzeit tröstete und beruhigte die Krankenschwester den Patienten. Nach der ärztlichen Behandlung durfte der Patient das Krankenhaus verlassen. Aber er lehnte es ab, weil er sich in die hübsche Krankenschwester verliebt hat . . . .

Gestern Abend *ist der Patient* ins Krankenhaus *eingeliefert worden*, weil _____

Lektion 28

3. Formen Sie bitte die Sätze ins Konjunktiv II um!

a) Maria hatte einen Unfall, weil sie zu schnell gefahren ist.

   Wenn _____

b) Der Fahrgast hatte keinen Fahrschein. Er musste 45 Euro Strafe zahlen.

   Wenn _____

c) Du hast mir nicht mitgeteilt, wann du kommst.

   Wenn _____
   _____!

d) * Hat er dich wirklich verstanden?

   + Ich weiß auch nicht. Aber er schaute mich an, _____

e) * Gib mir doch dein ganzes Geld!

   + Kannst du es nicht höflicher sagen?

   * Na gut! _____?

f) Was?! Er hat ihr die Wahrheit gesagt? An _____

g) Adam hat Evas Adresse vergessen. Er wünscht sich:
   _____!

h) Der Ausländer hat den Beamten nicht verstanden. Er ist in den falschen Zug eingestiegen.

   Wenn _____

i) * Hat dein Hans keine Angst vor dir?

   + Doch, aber er _____

4. Schreiben Sie die Sätze in indirekte Sätze um!

a) Herr Liu sagt: „Ich habe am Wochenende einen interessanten Film gesehen."

Lektion 28

b) Die Kinder fragen die Mutter: „Wann können wir fernsehen?"

___

c) Petra sagte zu Christian: „Beeil dich!"

___

d) „Mein Vater wollte ins Ausland gehen, aber er hatte kein Geld. Ich habe Geld, aber ich möchte nicht ins Ausland gehen", sagt Frau Li.

___

e) Der Student aus Fujian sagte: „Ich wollte mit dem Zug nach Shanghai fahren, aber ich konnte keine Fahrkarte bekommen. Dann bin ich nach Shanghai geflogen."

___

Lösungen

Lektion 2

Grammatik I
Personalpronomen im Nominativ (N) und Konjugation der Verben im Präsens (1)
Übungen
1.
a) Er/Sie/Es/Ihr   b) du/er   c) Ich   d) wir/sie/Sie
e) Er/Sie/Es/Ihr   f) Er/Sie/Es/Ihr   g) Er/Sie/Es/Ihr

2.
a) Sie   b) Sie   c) ich   d) Wir   e) Es

3.
a) Wann **geht ihr** nach Hause?
b) Was **macht ihr** heute?
c) Wo **wohnt ihr** ?

Personalpronomen im Nominativ (N) und Konjugation der Verben im Präsens (2)
Übungen
1.

	arbeiten	bilden	wissen	zeichnen	sein	öffnen
ich	arbeit *e*	bild *e*	**weiß**	zeichn *e*	**bin**	öffn *e*
du	arbeit *est*	bild *est*	**weißt**	zeichn *est*	**bist**	öffn *est*
er/sie/es	arbeit *et*	bild *et*	**weiß**	zeichn *et*	**ist**	öffn *et*
wir	arbeit *en*	bild *en*	**wissen**	zeichn*en*	**sind**	öffn *en*
ihr	arbeit *et*	bild *et*	**wisst**	zeichn *et*	**seid**	öffnet *et*
sie/Sie	arbeit *en*	bild *en*	**wissen**	zeichn *en*	**sind**	öffn *en*

2.
a) Du zeichnest gern. Sie zeichnet auch gern.

Lösungen

b) Du wirst Zollbeamtin. Sie wird auch Zollbeamtin.
c) Du arbeitest am Zoll. Sie arbeitet auch am Zoll.
d) Du bist Betreuerin. Sie ist auch Betreurin.
e) Du suchst Wang Dali. Sie sucht auch Wang Dali.
f) Du weißt das. Sie weiß auch das.

3.
a) Sie   b) Sie   c) sie   d) Sie

4.
a) -e ..., -e ..., -e ...   b) -en, -t, -st   c) -t, -t, -t

5.
a) heißt   b) suche   c) wohnt   d) kauft
e) macht, lernen   f) Kommt

6.
heiße, heißt, kommst, machst, studiere

Grammatik II

Übung

a) Das ist mein Buch.
b) Das ist ihre Kleidung.
c) Das ist unser Koffer.
d) Das sind Ihre Taschen.
e) Das sind eure Bücher.

Grammatik III

A/Übungen

1.
a) Ja, ich **wohne** in Shanghai./Nein, ich **wohne** in ...
b) Ich **lerne** Deutsch am Deutschkolleg.
c) Ja, ich **komme** aus Beijing./Nein, ich **komme** aus ...
d) Ja, er **lehrt** Deutsch./Nein, er **lehrt** ...
e) Ja, wir **fliegen** nach Hamburg./Nein, wir **fliegen** nach ...
f) Ja, ich **bin** Chinesin./Nein, ich **bin** ...
g) Er **heißt** ...
h) Ja, sie **ist** aus Korea./Nein, sie **ist** aus ...

2.
a) Er braucht das Lehrbuch.
b) Sie arbeiten in München.
c) Was machen Sie in London?
d) Zeichnen Sie?
e) Kommt er aus Nanjing?
f) Sind Sie Lehrer?
g) Wer heißt Wang Dali?
h) Woher kommen sie?

3.
a) **Wo** wartet Anna?
b) **Wer** ist unser Lehrer?
c) **Was** macht ihr jeden Tag?/**Was** machen Sie jeden Tag?
d) **Was** wissen die Studenten?
e) **Wo** sind Bücher?

f) **Was** lernt dein Betreuer? /**Was** lernt Ihr Betreuer?

g) **Wo** arbeitet Hans?

h) **Was/Wie** ist sein Vorname?

k) **Was** ist im Koffer?

4.

a) Übungen macht Karin.

b) Chinesisch sprechen die Deutschen.

c) An der Tongji Universität lerne ich Deutsch.

d) In Darmstadt lebt Frau Pöppelmann.

e) Euer Buch brauchen wir.

f) Wang Dali ist mein Name.

g) Nach Frankfurt fliegen sie.

h) In Shanghai wohne ich.

i) An der TU Darmstadt arbeitet Herr Pöppelmann.

j) Im Flugzeug sind wir.

k) Hier ist mein Pass.

l) In die Schweiz fliegen wir.

m) Im Koffer sind Bücher.

5.

a) Woher kommen Sie? /Woher kommst du?

b) Lernst du Englisch? /Lernen Sie Englisch?

c) Wie heißt sie?

d) Ist das sein Koffer?

e) Wo studierst du? /Wo studieren Sie?

f) Arbeiten Sie viel? /Arbeitest du viel?

g) Heißt er Wang Ming?

h) Wohin fliegen Sie? /Wohin fliegt ihr?

i) Leben Sie in Frankfurt? /Lebst du in Frankfurt?

j) Sind Sie Koreanerin? /Bist du Koreanerin?

k) Warten Sie schon lange? /Wartest du schon lange?

B/Übungen

1.

Wohin, nach, woher, Aus, in, in, was, in

2.

a) **Wo** wohnt Hans?

b) **Woher** kommt Karin?

c) **Wohin** fliegen sie?

d) **Wo** leben Frau und Herr Pöppelmann?

e) **Wo** lernt Xiao Wang Deutsch?

f) **Wohin** fliegt das Flugzeug?

3.

b) 6 c) 2 d) 5 e) 3 f) 1

4.

a) **Woher** ...

b) **Wo**...

c) **Wohin**...

d) **Wohin fliegen Sie?** /**Wohin fahrt ihr?**

Lösungen

e) Wo studieren sie?
f) Woher kommt er?
g) Wo wohnt sie?
h) Wohin fliegst du? /Wohin fliegen Sie?

Lektion 3

Grammatik I
Übungen
1.

	nehmen	sehen	fahren	geben	haben	essen
ich	nehme	sehe	fahre	gebe	habe	esse
du	nimmst	siehst	fährst	gibst	**hast**	isst
er/sie/es	nimmt	sieht	fährt	gibt	**hat**	isst
wir	nehmen	sehen	fahren	geben	haben	essen
ihr	nehmt	seht	fahrt	gebt	habt	esst
sie/Sie	nehmen	sehen	fahren	geben	haben	essen

2.
a) Du <u>sprichst</u>... Er <u>spricht</u>...
b) Du <u>fährst</u>... Er <u>fährt</u>...
c) Du <u>nimmst</u>... Er <u>nimmt</u>...
d) Du <u>läufst</u>... Er <u>läuft</u>...
e) Du <u>siehst</u>... Er <u>sieht</u>...
f) Du <u>schläfst</u>... Er <u>schläft</u>...
g) Du <u>hast</u>... Er <u>hat</u>...
h) Du <u>isst</u>... Er <u>isst</u>...

3.
a) <u>Hast</u> du...?
b) <u>Isst</u> du...?
c) Was <u>liest</u> du...?
d) <u>Sprichst</u> du...?
e) <u>Nimmst</u> du...?
f) Wo <u>schläfst</u> du?
g) Wen <u>siehst</u> du...?

4.
a) fährst, fahre
b) Arbeitest, siehst
c) liest, lese
d) schlafen, holt, heißt, liest, hört, isst, isst, trinkt, kommt, wartet, nimmt, isst, isst, trinkt, liest

5.
a) bin, ist   b) Hast, habe, habe   c) Sind, bin   d) Habt, haben
e) Ist, ist   f) Hast, habe   g) hast, habe, ist, ist   h) Sind

Grammatik II
Übungen
1.
a) Ja, ich frage <u>ihn</u>.

b) Ja, ich frage **es**.
c) Ja, ich brauche **sie**.
d) Ja, er braucht **ihn**.
e) Ja, er öffnet **es**.
f) Ja, sie kauft **ihn**.
g) Ja, sie kauft **ihn**.
h) Ja, ich kenne **es**.
i) Ja, ich kenne **ihn**.
j) Ja, sie nimmt **es**.
k) Ja, wir nehmen **sie**.
l) Ja, ich nehme **sie**.

2.
a) Wo ist mein Vater? Ich suche **ihn**.
b) Wo ist meine Frau? Ich suche **sie**.
c) Wo ist mein Heft? Ich suche **es**.
d) Wo ist meine Tasche? Ich suche **sie**.
e) Wo ist meine Zeitung? Ich suche **sie**.
f) Wo ist mein Foto? Ich suche **es**.
g) Wo ist mein Pullover? Ich suche **ihn**.

3.
a) Siehst du **ihn**?
b) Verstehst du **sie**?
c) Besuchst du **ihn**?
d) Kaufst du **ihn**?
e) Brauchst du **es**?
f) Kennst du **ihn**?
g) Nimmst du **sie**?
h) Brauchst du **es**?
i) Siehst du **sie**?
j) Verstehst du **ihn**?

Grammatik III

Übungen

1.
a) Ich suche **einen** Pullover. Siehst du **den** Pullover?
b) Ich suche **ein** Fahrrad. Siehst du **das** Fahrrad?
c) Ich suche **einen** Bleistift. Siehst du **den** Bleistift?
d) Ich suche **eine** Uhr. Siehst du **die** Uhr?
e) Ich suche **ein** Heft. Siehst du **das** Heft?
f) Ich suche **ein** Radio. Siehst du **das** Radio?
g) Ich suche **eine** Tasse. Siehst du **die** Tasse?
h) Ich suche **einen** Ball. Siehst du **den** Ball?
i) Ich suche **einen** Pass. Siehst du **den** Pass?
j) Ich suche **einen** Koffer. Siehst du **den** Koffer?

2.
a) ein, ein, eine   b) ein, eine, -   c) eine, eine, -   d) einen, einen, ein

3.
a) **Der** Vater.   b) **Den** Bruder.   c) **Das** Buch.   d) **Den** Pullover.

Lösungen

e) **Den** Arzt.

4.

a) eine b) der c) einen, Der d) die, den

e) eine, einen, einen, Die, der

5.

a) **Was** kaufst du? / **Was** kaufen Sie?

b) **Was** trinkt Jana?

c) **Wen** fragt das Kind?

d) **Wen** kennst du? / **Wen** kennen Sie?

e) **Was** liest er im Flugzeug?

f) **Was** erklärt der Lehrer?

g) **Was** bildet er?

h) **Wer** fährt zum Flughafen?

Grammatik IV
Übung

a) -, ein b) -, den c) Die, -, die d) -, -, -
e) eine f) -, - g) - h) -
i) - j) Das, die k) -, - l) -
m) - n) - o) -, einen, eine p) -, -, -, -, -
q) -, -, eine, -, -, -, eine

Grammatik V
Übungen

1.

a) deine b) seinen c) ihren d) eure
e) unsere f) euer g) euren h) Ihre / ihre

2.

a) unseren b) ihren, ihren c) ihr d) meinen
e) eure f) meinen g) seine h) mein, mein

Lektion 4

Grammatik I
Übungen

1.

a) einen, keinen b) -, keinen c) eine, keine d) -, keine
e) -, keine f) -, keine g) -, keinen

2.

a) Nein, sie fährt **nicht** zum Supermarkt.

b) Nein, ich habe **keinen** Füller.

c) Nein, ihr kauft (wir kaufen) **nicht** auf dem Markt.

d) Nein, hier ist **keine** Banane.

e) Nein, er hat **kein** Kind.

f) Nein, er öffnet die Tür **nicht**.

g) Nein, ich mache **keine** Hausaufgaben.

3.

a) nicht b) kein c) keinen d) keine

e) kein, nicht   f) nicht, nicht   g) nicht, nicht

Grammtik II

Übungen

1.

a) Man **darf** hier nicht schwimmen.

b) Was **soll** ich kaufen?

c) Michael **möchte** ein Stück Kuchen essen.

d) Herr Müller **muss** zu Hause bleiben.

e) **Kannst** du Deutsch sprechen?

2.

a) können   b) Musst   c) kann, muss   d) kann

3.

a) müssen   b) soll   c) müssen   d) sollen

4.

will/möchte, darf, musst, will, darfst, kannst, darf/kann, muss

5.

a) kannst, kann, soll   b) Musst, kannst, muss, können   c) Können, soll

d) Möchten, möchte   e) dürfen   f) müssen

g) kann

Wortschatz II

Übungen

1.

a) ein Glas/ eine Flasche/ ein Liter Wein

b) ein Pfund/ eine Tasse/ ein Becher/eine Packung Kaffee

c) eine Tasse/ ein Teller Suppe

d) ein Glas/ ein Becher Joghurt

e) ein Glas/ Honig

f) ein Pfund/ ein Stück Käse

g) ein Pfund/ ein Stück Brot

h) ein Stück Kuchen

i) ein Pfund/ ein Stück Wurst

j) eine Packumg Eier

2.

a) zwei Kilo, ein Pfund

b) drei Liter

c) Tassen, Stück

d) Packungen, Glas, Dosen

Wortschatz IV

Übungen

1.

a) neunundvierzig

b) zweihundertsechsundneunzig

c) achtundsiebzig

d) (ein)tausendzweihundertsieben

e) achthundertzwanzig

f) fünfundvierzigtausendzweihundertzehn

Lösungen

g) dreißigtausendvierhundertfünfzig
h) zehntausenddreihundertneununddreißig
i) (ein)hundert Millionen dreiundzwanzigtausendneun
j) drei Milliarden zweihundertsechsundfünfzig Millionen dreihundertachtundachtzigtausend
k) sechs Komma neun Milliarden

2.
a) Zweitausendachtundneunzig minus (ein)tausendsiebenhundertfünfundachtzig ist gleich dreihundertvier.
b) Achtzehn mal drei ist gleich vierundfünfzig.
c) Neunhundertneunundneunzig durch (ein)hundertelf ist gleich neun.
d) (Ein)tausendneunhundertachtundachtzig plus zweihunderteins ist gleich zweitausendeinhundertneunundachtzig.
e) Zweitausend durch fünfundzwanzig ist gleich achtzig.
f) (Ein)tausend minus siebenhundertneunundachtzig ist gleich zweihundertelf.
g) Achttausendachthundertachtundachtzig durch acht ist gleich eintausendein hundertelf.

3.
a) Eine Stunde hat **sechzig Minuten**.
b) Ein Tag hat **vierundzwanzig Stunden**.
c) Eine Woche hat **sieben Tage**.
d) Ein Monat hat **achtundzwanzig/neunundzwanzig/dreißig/einunddreißig Tage**.
e) Ein Jahr hat **zwölf Monate**.
f) Ein Fernseher kostet **sechshundertfünfzig Euro**.
g) Zwei Kilo Tomaten kosten **fünf Euro zweiunddreißig**.
h) Eine Dose Cola kostet **drei Yuan/RMB**.

Wiederholungsübungen (1)

I.
1. Koffer   2. System   3. Fenster   4. öffnen   5. Maul
6. leben   7. Beijing   8. Nächte   9. Ende   10. Mutter

II.
1. **Getränke**
   der Kaffee, Tee, Saft, Joghurt, Wein
   die Milch, Cola
   das Wasser, Bier
2. **Gemüse**
   der Chinakohl, Spinat, Blumenkohl, Knoblauch, Weißkohl,
   die Gurke, Tomate, Zwiebel, Kartoffel
3. **Obst**
   der Apfel
   die Orange, Birne, Banane, Wassermelone, Erdbeere, Kiwi
4. **Fleischwaren**
   der Fisch
   das Fleisch, Huhn, Hähnchen, Geflügel, Rindfleisch, Eisbein
   die Wurst, Ente
5.
a) das   Autos,   Fotos,   Radios,   Büros
b) die   Übungen,   Zeitungen,   Packungen,   Wohnungen

Lösungen

c) der Vater ⸗, Bruder ⸗, Lehrer, -
   die Mutter ⸗, Schwester -n
   das Zimmer -
d) die Kartoffel -n, Zwiebel -n, Schüssel -n
   der Löffel -, Schlüssel -
e) die Tasse -n, Tasche -n, Banane -n, Tomate -n
   der Chinese -n, Franzose -n, Name -n

III.
1. b   2. c   3. b   4. d   5. a
6. b   7. d   8. b   9. b   10. d

IV.
1. Er kommt *nicht* aus Shanghai.
2. Das ist *nicht* meine Tasche.
3. Ich suche *kein* Buch.
4. Das Kind fragt seine Großmutter *nicht*.
5. Wer hat *keinen* Pass?
6. Wang Dali fährt *nicht* zum Flughafen.
7. Maria ist *nicht* Studentin.
8. Herr Schmidt ist *nicht* alt.
9. Deine Brille liegt *nicht* hier.
10. Wir lieben sie *nicht*.

IV.
kommt, studiert, lernt, lernt/ist, liest, macht, kann, will/möchte,
soll, will, will/möchte, ist, arbeitet

V.
1. Er nimmt eine Tasse Kaffee.
2. Wer kommt mit Hans zusammen?
3. Peter möchte dich heute besuchen. / Möchtest du Peter heute besuchen?
4. Mein Bruder hat einen Sohn und eine Tochter.
5. Nein, heute haben wir keinen Unterricht.
6. Wang Dali möchte Petra zum Abendessen einladen.

Lektion 5

Wortschatz I

A/Übungen

1.

3.00	Es ist **drei Uhr**.	Es ist **drei**.
5.00	Es ist **fünf Uhr**.	Es ist **fünf**.
6.00	Es ist **sechs Uhr**.	Es ist **sechs**.
7.00	Es ist **sieben Uhr**.	Es ist **sieben**.
12.00	Es ist **zwölf Uhr**.	Es ist **zwölf**.
14.00	Es ist **vierzehn Uhr**.	Es ist **zwei**.
19.00	Es ist **neunzehn Uhr**.	Es ist **sieben**.
23.00	Es ist **dreiundzwanzig Uhr**.	Es ist **elf**.

Lösungen

2.

2.30	Es ist **zwei Uhr dreißig.**	Es ist **halb drei.**
11.30	Es ist **elf Uhr dreißig.**	Es ist **halb zwölf.**
12.30	Es ist **zwölf Uhr dreißig.**	Es ist **halb eins.**
16.30	Es ist **sechzehn Uhr dreißig.**	Es ist **halb fünf.**
23.30	Es ist **dreiundzwanzig Uhr dreißig.**	Es ist **halb zwölf.**
0.30	Es ist **null Uhr dreißig.**	Es ist **halb eins.**

3.

2.15	Es ist **zwei Uhr fünfzehn.**	Es ist **Viertel nach zwei.**
14.15	Es ist **vierzehn Uhr fünfzehn.**	Es ist **Viertel nach zwei.**
8.15	Es ist **acht Uhr fünfzehn.**	Es ist **Viertel nach acht.**
7.15	Es ist **sieben Uhr fünfzehn.**	Es ist **Viertel nach sieben.**
5.15	Es ist **fünf Uhr fünfzehn.**	Es ist **Viertel nach fünf.**
10.15	Es ist **zehn Uhr fünfzehn.**	Es ist **Viertel nach zehn.**

4.

3.45	Es ist **drei Uhr fünfundvierzig.**	Es ist **Viertel vor vier.**
5.45	Es ist **fünf Uhr fünfundvierzig.**	Es ist **Viertel vor sechs.**
13.45	Es ist **dreizehn Uhr fünfundvierzig.**	Es ist **Viertel vor zwei.**
16.45	Es ist **sechzehn Uhr fünfundvierzig.**	Es ist **Viertel vor fünf.**
6.45	Es ist **sechs Uhr fünfundvierzig.**	Es ist **Viertel vor sieben.**
0.45	Es ist **null Uhr fünfundvierzig.**	Es ist **Viertel vor eins.**

5.

2.43	Es ist **zwei Uhr dreiundvierzig.**	Es ist **siebzehn vor drei.**
20.10	Es ist **zwanzig Uhr zehn.**	Es ist **zehn nach acht.**
6.20	Es ist **sechs Uhr zwanzig.**	Es ist **zwanzig nach sechs.** / Es ist **zehn vor halb sieben.**
12.19	Es ist **zwölf Uhr neunzehn.**	Es ist **neunzehn nach zwölf.**
8.40	Es ist **acht Uhr vierzig.**	Es ist **zwanzig vor neun.** / Es ist **zehn nach halb neun.**
17.20	Es ist **siebzehn Uhr zwanzig.**	Es ist **zwanzig nach fünf.** / Es ist **zehn vor halb sechs.**
7.55	Es ist **sieben Uhr fünfundfünfzig.**	Es ist **fünf vor acht.**
21.05	Es ist **einundzwanzig Uhr fünf.**	Es ist **fünf nach neun.**
6.44	Es ist **sechs Uhr vierundvierzig.**	Es ist **sechzehn vor sieben.**
0.02	Es ist **null Uhr zwei.**	Es ist **zwei/kurz nach zwölf.**

11.17	Es ist <u>elf Uhr siebzehn.</u>	Es ist <u>siebzehn nach elf.</u>
1.23	Es ist <u>ein Uhr dreiundzwanzig.</u>	Es ist <u>sieben vor halb zwei.</u>

B/Übungen

a) Um Viertel vor acht. / Ich gehe <u>um Viertel vor acht</u> zum Unterricht.
b) Um Viertel nach sieben. / Er geht <u>um Viertel nach sieben</u> zur Arbeit.
c) Um zwanzig nach sieben. / Um zehn vor halb acht. / Sie geht <u>um zwanzig nach sieben</u> / <u>um zehn vor halb acht</u> zur Arbeit.
d) Um fünf vor acht. / Ich bin <u>um fünf vor acht</u> im Klassenzimmer.
e) Um zwanzig vor zehn. / Um zehn nach halb zehn. / Ich mache <u>um zwanzig vor zehn</u> / <u>um zehn nach halb zehn</u> Pause.
f) Um zwanzig vor zwölf. / Um zehn nach halb zwölf. / Ich gehe <u>um zwanzig vor zwölf</u> / <u>um zehn nach halb zwölf</u> zum Mittagessen.
g) Um fünf nachmittags. / Ich gehe <u>nachmittags um fünf</u> nach Hause.
h) Um Viertel nach fünf nachmittags. / Sie ist <u>nachmittags um Viertel nach fünf</u> zurück zu Hause.
i) Um halb sieben abends. / Er ist <u>abends um halb sieben</u> zurück zu Hause.
j) Um Viertel vor sieben abends. / Ich(Wir) esse(n) <u>abends um Viertel vor sieben</u> zu Abend.
k) Um halb elf nachts. / Ich(Wir) gehe(n) <u>nachts um halb elf</u> ins Bett.

Grammatik

A/Übung

a) Bilden Sie (bitte) einen Satz!
b) Antworten Sie (bitte) laut!
c) Kaufen Sie (bitte) das Buch!
d) Machen Sie (bitte) die Übung!
e) Seien Sie (bitte) geduldig!
f) Haben Sie (bitte) Geduld!
g) Werden Sie (bitte) Lehrer!
h) Kommen Sie (bitte) pünktlich zum Unterricht!
i) Kommen Sie (bitte) herein!
j) Nehmen Sie (bitte) den Platz!
k) Kommen Sie (bitte) an den Tisch!
l) Warten Sie (bitte) einen Augenblick!
m) Fahren Sie (bitte) langsam!
n) Seien Sie (bitte) freundlich!
o) Erklären Sie (bitte) den Satz!
p) **Zum Lehrer:** Entschuldigen Sie (bitte)!

B/Übungen

1.

a) Öffne das Buch!
b) Geh ins Bett!
c) Iss Gemüse!
d) Fahr langsam!
e) Hör täglich Radio!
f) Antworte bitte!
g) Öffne bitte das Fenster!
h) Nehmt ein Taxi!
i) Seid fleißig!

Lösungen

2.
a) Besuch mich (mal)!
b) Bleibt (doch) zu Hause!
c) Nehmt (bitte) Platz!
d) Lauf schnell!
e) Macht (bitte) eine Pause!

Lektion 6

Grammatik I
Übung
a) wart, hatten, waren;   b) war, war, hatten, war, waren, Hattest, warst, hatte, war, hatte;   c) war   d) war;   e) war, war, hatte;   f) hatte, waren;   g) hatten

Grammatik II
Übungen
1.
a) wolltest, konnte, musste; b) Musstet, durften, mussten; Musstet, durften/konnten, konnten; c) konnte, musste
2.
war, sollte/wollte, war, wollte, konnte, war, wollte, musste, hatte, konnte, konnte, wollte, konnte, war, wollte, konnte, hatte, konnte/sollte, wollte, konnte, war, hatte, konnte, konnte

Grammatik III
Übung

a) Nein	b) Ja, Nein	c) Ja	d) Doch	e) Nein
f) Doch, Nein	g) Doch	h) Nein	i) Doch, Nein	j) Doch
k) Nein	l) Nein	m) Doch	n) Ja	o) Doch
p) Nein	q) Doch			

Lektion 7

Grammatik I
Übungen
1.
a) Wann stehst du morgens auf?
b) Wiederholt er die regelmäßigen Verben?
c) Der Lehrer beendet in zwei Stunden den Unterricht.
d) Wann fängt der Film an?
e) Das Konzert findet am Montag statt.
f) Wang Dali muss den Termin absagen.
g) Soll ich die Paketkarte noch einmal ausfüllen?

2.
a) versteht, -   b) Beginnen, -   c) kaufe, ein   d) fahren, los
e) Kommt, mit   f) frühstückst, -   g) rufst, an   h) Bestell, -
i) erzählt, -   j) höre, zu   k) holt, ab   l) Nimm, mit
m) gehe, spazieren, Kommst, mit, sehe, fern

Grammatik II
A/Übungen

1.
a) mir   b) mich   c) mir   d) mich, mich
e) mir   f) mich   g) mich   h) mir

2.
a) dir, mir   b) euch   c) ihm   d) dir/Ihnen, mir
e) dir, mir, mir   f) Ihnen

B/Übungen

1.
a) **dem** Lehrer, **dem** Ingenieur, **dem** Mädchen, **dem** Studenten
b) **einem** Lehrer, **einem** Freund, **einer** Frau, Her**rn** Pöppelmann
c) **dem** Mann, **der** Frau, **dem** Kind, **dem** Vater, **der** Schülerin, **dem** Lehrer

2.
a) **der** Frau   b) **den** Großeltern   c) **der** Dame   d) **den** Kinder**n**
e) **dem** Lehrer   f) **dem** Vater, **der** Mutter, **dem** Sohn, **der** Tochter

C/Übungen

1.
a) Ich gratuliere **meinem** Vater.
b) Ich gratuliere **meiner** Frau.
c) Ich gratuliere **meinem** Bruder.
d) Ich gratuliere **meiner** Tochter.
e) Ich gratuliere **meiner** Schwester.
f) Ich gratuliere **meinem** Onkel.
g) Ich gratuliere **meinem** Großvater.
h) Ich gratuliere **meinen** Kollegen.

2.
a) **meinem** Vater   b) **eurer** Großmutter   c) **unserem** Sohn   d) **seiner** Frau
e) **ihrem** Mann   f) **deinem** Bruder

3.
a) **Ihrem** Mann, **meinem** Mann, **Ihren** Kinder**n**, **meinen** Kinder**n**
b) **eurer** Mutter, **unserer** Mutter
c) **deiner** Tochter
d) **ihrem** Lehrer, **seinen** Schüler**n**
e) **meinem** Bruder
f) **seinen** Kollegen

Grammatik III
Übungen

1.
a) Er schenkt **mir Bücher**.
b) Er kauft **ihr einen Computer**.
c) Sie bringt **dem Lehrer das Buch**.
d) Er repariert **seinem Vater das Auto**.
e) Die Mutter gibt **ihren Kindern Geld**.
f) Ich schicke **meinem Mann ein Paket**.

Lösungen

g) Er empfiehlt **ihr die Zeitung**.
h) Ich zeichne **dir ein Bild**.
i) Sie schreibt **ihrer Mutter einen Brief**.

2.
a) deinem Bruder, das Paket   b) mir, eine Postkarte   c) dem Gast, den Salat
d) dir, eine Geschichte   e) seiner Freundin, Schmuck

3.
a) uns   b) es, ihm   c) ihn, ihm   d) ihn, ihm   e) sie, ihr   f) es, mir

4.
a) **Wem** schreibt die Frau einen Brief?
b) **Wer** schreibt der Freundin nie einen Brief?
c) **Was** schickt sie heute der Mutter zum Geburtstag?
d) **Wem** zeigt Leo den Weg?
e) **Was** kocht ihr uns?

Grammatik IV
Übung
a) Familienname**n**   b) Junge**n**   c) dem Dozen**ten**
d) Her**rn** Pöppelmann   e) Nachbar**n**   f) meinem Studen**ten**
g) ihrem Kolleg**en**   h) dem Franzose**n**

Lektion 8

Übungen

1.
a) Wir schenken **dem Vater ein Radio**.
b) **Die Eltern** kaufen **einen Schreibtisch** für **die Tochter**.
c) Hier ist **ein Brief** von **der Tante**.
d) Ich gebe **der Kellnerin das Geld**.
e) Ulrike kommt aus **der Bibliothek**.
f) Du schenkst **den Kindern die Bücher**.
g) Die Katze spielt mit **einem Ball**.
h) Ludwig fährt mit **dem Zug** nach Köln.

2.
Unsere, ihr, unseren, unserem, seinem, Unser, seine, ihrem, unserer

3.
geht, sitze, trinke, muss ... treffen, machst, Arbeitest, hast, möchte ... gehen, läuft, Kommst ... mit, Ruf ... an, ist

4.
a) war, Wart, hatten, hatte, wollte, musste/sollte   b) bist, waren   c) Sind, bin, war, ist   d) Sind, war, habe, möchten/wollen   e) haben, hatten   f) hatte, wollte, konnte, war, habe, kann, habe

5.
a) Darf/Kann, darf   b) dürft   c) könnt/dürft, müsst   d) kann, müssen
e) muss   f) kann, muss   g) Kannst   h) darf

6.
a) Herr Pöppelmann hat nicht die Nummer 2345 6789.
b) Heute Abend findet das Mozartkonzert statt.
c) Wann fahren wir los?

d) Petra lädt uns zu ihrer Geburtstagsfeier ein.
e) Wir kommen morgen um 16 Uhr nach Darmstadt zurück.
f) Maria, ruf mich doch heute an!
g) Nächste Woche kann ich dir die Kamera zurückgeben.

7.
a) Was muss er machen?
b) Wie viele Flaschen Apfelsaft möchten Sie/möchtest du nehmen?
c) Wann gehen wir/gehen Sie/geht ihr ins Kino?
d) Wie lange muss Monika im Bett liegen?
e) Wie gefällt es ihm in Darmstadt?
f) Wem zeigen Sie die Wohnung? / Wem zeigst du die Wohnung?
   Was zeigen Sie Frau Schmidt? / Was zeigst du Frau Schmidt?

8.
a) Ihnen   b) mir/uns   c) euch   d) dir   e) uns
f) mir, es, dir, es, dir, mir, es, mir

9.
a) Räumt euer Zimmer auf!
b) Nimm die Tabletten ein!
c) Treibt Sport!
d) Bleiben Sie bitte im Bett!
e) Seien Sie bitte leise!

Lektion 9

Wortschatz I

A/Übungen

1.
a) dreiunddreißigste   b) zehnte   c) dreißigste, fünfte   e) erste

2.
a) **Am wievielten** hast du/haben Sie Geburtstag?
b) **Am wievielten** ist seine Tochter geboren?
c) **Am wievielten** fängt das Semester an?
d) **Der wievielte** ist der Kindertag?
e) **Am wievielten** findet das Konzert statt?
f) **Der wievielte** ist der Valentinstag?

Grammatik

Übungen

1.
a) geschrieben   b) gesagt   c) geschlossen   d) gefunden
e) gegessen   f) angerufen   g) empfohlen   h) gefahren
i) geworden   j) angekommen

2.
a) geschlafen   b) gesehen   c) gekocht   d) getrunken
e) gemacht, gelesen

3.
a) bist, habe   b) hast, bin   c) bist, bin, habe   d) sind, haben
e) Seid, sind   f) Seid, haben

Lösungen

4.

a) hat, begonnen   b) habe, getroffen   c) hat, gewonnen
d) hast, gefunden   e) ist, gestorben   f) habt, kennen gelernt
g) hat, empfohlen   h) sind, eingestiegen   i) hat, geschenkt

5.

ist, aufgestanden
hat, geduscht, hat, gefrühstückt
hat, gekocht
hat, gelesen, hat
gemacht, ist
gegangen, hat
getanzt, ist, gegangen

Lektion 10

Grammatik

A/Übungen

1.

a) -es   b) -er   c) -er   d) -es   e) -en
f) -es   g) -er   h) -e   i) teure   j) -

2.

a) neuer, neuen   b) kleines, kleinen
c) zweiter, zweiten, schöne   d) alten, alten
e) deutsche, deutsche   f) neues
g) dunklen   h) kleine, dunkelblauen
i) interessanten amerikanischen   j) blauen, grauen, schwarze
k) weinrote, schöne   l) billigen, modische
m) blauen, schwarzen

B/Übungen

1.

a) -e   b) -er   c) -es   d) -es   e) -e
f) -er   g) teurer   h) -es   i) -e   j) -er
k) dunkle   l) -e

2.

a) dunkle, dunklen, helle   b) kalte, warme
c) Grünen, schwarzen   d) Französischer
e) Deutsche   f) englische
g) süße   h) deutsche
i) warme   j) weiße

C/Übung

a) **Welche** Schuhe gefallen Ihnen/dir?
b) **Was für eine** CD möchten Sie/möchtet ihr Hans schenken?
c) **Was für einer** Dame hat Peter gestern geholfen?
d) **Was für eine** Zeitung hat sie bestellt?
e) **Was für eine** Krawatte passt zum neuen Anzug?
f) **Was für** Schmuck hat Herr Müller seiner Frau zum Geburtstag geschenkt?
g) **Was für einen** Tisch möchten sie für neun Personen bestellen?
h) **Was für** Röcke tragen junge Damen gern?

i) **Welches** Hemd ist dem Mann zu kurz?

j) **Was für eine** Bluse möchte Monika kaufen?

k) **Welches** Sakko passt nicht zur gelben Hose?

l) **Was für einen** Gürtel braucht der Mann?

D/Übungen

1.

a) -e, -en   b) -e, -e   c) -e, -e   d) -e, -en   e) -e, -e

f) -, -er   g) -, -es   h) -e, -en   i) -e, -en   j) -e, -en

2.

a) -e, -e   b) -e, -en   c) -e, -e   d) -, -   e) -e, -en

f) -e, -e   g) -e, -e, -en   h) -, -   i) -e, -e, -e, -e

j) -e, -en   k) -, -, -, -

Lektion 11

Grammatik

A/Übung

a) Meine Wohnung ist **so / genauso / ebenso groß wie** seine Wohnung.

b) Ich esse **so / genauso / ebenso gern** Obst **wie** Gemüse.

c) Chinesen essen **nicht so viel** Kartoffeln **wie** Reis.

d) Der Lehrer spricht Englisch **nicht so fließend wie** Deutsch.

e) Herr Groß ist ein **so / genauso / ebenso kluger Mann wie** Herr Fischer.

f) Der Anzug steht mir **nicht so gut wie** meinem Bruder.

g) Heute stand ich **nicht so früh** auf **wie** gestern. / Gestern stand ich **nicht so spät** auf **wie** heute.

h) Am Samstag war es **so / genauso / ebenso warm wie** am Sonntag.

i) Auf dem Sofa kann man **nicht so gut** schlafen **wie** im Bett.

j) Ich gehe **nicht so oft** ins Theater **wie** ins Kino.

B/Übungen

1.

a) Der Perlfluss ist **lang**.

   Der Gelbe Fluss ist **länger als** der Perlfluss.

   Der Yangtse-Fluss ist **am längsten**.

b) Die Katze ist **klug**.

   Der Hund ist **klüger als** die Katze.

   Der Affe ist **am klügsten**.

c) Das Schwein wiegt **schwer**.

   Das Rind wiegt **schwerer als** das Schwein.

   Der Elefant wiegt **am schwersten**.

d) Im Sommer ist es in Shanghai **heiß**.

   Im Sommer ist es in Hongkong **heißer als** in Shanghai.

   Im Sommer ist es in Hainan **am heißesten**.

e) Der Sohn ist **alt**.

   Der Vater ist **älter als** der Sohn.

   Der Großvater ist **am ältesten**.

f) Amerika ist **groß**.

   China ist **größer als** Amerika.

   Russland ist **am größten**.

Lösungen

2.

a) Fahrräder sind **teure Waren**.
   Motorräder sind **teurere Waren als** Fahrräder.
   Autos sind **die teuersten Waren**.

b) Kim trägt **ein langes Kleid**.
   Anne trägt **ein längeres Kleid**.
   Susanne trägt **das längste Kleid**.

c) Der Affe hat **ein starkes Gedächtnis**.
   Der Mensch hat **ein stärkeres Gedächtnis** als der Affe.
   Der Computer hat **das stärkste Gedächtnis**.

d) Das Arbeitszimmer ist **ein kleiner Raum**.
   Das Schlafzimmer ist **ein kleinerer Raum** als das Arbeitszimmer.
   Das Kinderzimmer ist **der kleinste Raum** in der Wohnung.

C/Übungen

1.

a) Ich esse **gern** Fisch.
   Ich esse **lieber** Schweinefleisch **als** Fisch.
   Ich esse **am liebsten** Rindfleisch.

b) Von Shanghai ist Nanjing **nah**.
   Von Shanghai ist Wuxi **näher als** Nanjing.
   Von Shanghai ist Suzhou **am nächsten**.

c) Die Hausfrau hat am Vormittag **viel Hausarbeit**.
   Die Hausfrau hat am Nachmittag **mehr Hausarbeit als** am Vormittag.
   Die Hausfrau hat nach dem Abendessen **die meiste Hausarbeit**.

d) Der Staatschef reist **oft**.
   Der Firmenleiter reist **öfter/häufiger als** der der Staatschef.
   Der Reiseführer reist **am häufigsten**.

e) Hangzhou ist **eine große Stadt**.
   Tianjin ist **eine größere Stadt** als Hangzhou.
   Shanghai ist **die größte Stadt**.

f) Abends sind auf der Straße nach neun **wenige Menschen**.
   Abends sind auf der Straße nach zehn **weniger Menschen als** nach neun.
   Abends sind auf der Straße nach elf **die wenigsten Menschen**.

2.

a) teuersten	b) ältesten	c) glücklichsten	d) meisten
e) höchsten	f) meisten	g) längste	h) kleinste
i) größten	j) tiefste, älteste		

k) größer, stärker, beste, schlechtere, mehr, besser, langweiligste, interessanter

Wiederholungsübungen (2)

1.

a) Haben Sie die E-Mails ausgedruckt?
b) Haben Sie den Computer ausgeschaltet?
c) Haben Sie den Brief an die Firma geschrieben?
d) Haben Sie die Briefe zur Post gebracht?
e) Haben Sie einen Termin mit Herrn Mayer gemacht?
f) Haben Sie mit dem Chef die Termine besprochen?

g) Sind Sie um 10 Uhr zur Besprechung gegangen?
h) Haben Sie heute in der Kantine gegessen?
i) Haben Sie gestern um 16 Uhr 30 Feierabend gemacht?

2.
a) Wir sind schon spazieren gegangen.
b) Der Bus ist schon abgefahren.
c) Unsere Nachbarn sind schon in Urlaub geflogen.
d) Er hat die Post schon geholt.
e) Wir haben die Blumen schon gegossen.
f) Ich habe euch den Schlüssel schon gebracht.
g) Wir sind schon umgezogen.
h) Ich habe meinem Nachbarn schon beim Umzug geholfen.

3.
bist, bin, Hat, habe, hast, habe, hat,
habe, habe, Bist, hast, habe, habe, hast,
habe, habe, habt, hast, habe

4.
a) neue	b) blauen, grauen, graue	c) neue, neuen
d) alte, alten	e) weiße, roten, weiße	f) langen, kurzen
g) blaue	h) neuer	i) gutes, dünnes
j) neue, letzte	k) alten	l) berühmten

5.
| a) besser | b) lieber | c) kleinsten | d) gesünder/gesunder | e) mehr |
| f) besten | g) älter | h) höchste | i) teurer | j) mehr |

Lektion 12

Grammatik A

1.
a) Vom/Aus dem, von der	b) Vom, aus dem	c) Aus, vom	d) Aus, von der, von
e) Aus der, aus dem, von	f) Von, von	g) aus	h) vom
i) aus	j) vom		

2.
| a) in die, nach, zum | b) nach, nach, in die | c) zur, auf die/zur, zum, zu, zur, zum, zu |
| d) nach, zu | e) zur | f) zum, zur | g) zur |

3.
| a) gegenüber | b) bei | c) bei | d) gegenüber |

Grammatik B

| a) um | b) gegen/um | c) um | d) bis | e) bis zur |
| f) durch | g) entlang | h) um | i) gegen |

Grammatik C
a) ... zwischen die Mutter und den Vater
b) ... in den Irak
c) ... auf dem Sofa
d) ... vor den Garten
e) ... an die Wand
f) ... auf dem Schreibtisch
g) ... neben der Mittelschule
h) ... auf den Fernseher
i) ... an der Wand
j) ... vor dem Kaufhaus
k) ... über dem Bett
l) ... an dem Fenster
m) ... zwischen dem Sessel und der Tür
n) ... an das Fenster
o) ... hinter die Tür
p) ... in die Ecke
q) ... neben seine Frau
r) ... in der Sipingstraße
s) ... in die Nanjingstraße
t) ... auf der Treppe
u) ... über den Esstisch
v) ... in das Bett
w) ... unter das Bett
x) ... neben der Tür
y) ... zwischen seinen beiden Töchtern

Lösungen

Lektion 13

Grammatik I
Übung
gab, schrieb, war, regnete, gab es, flog, war, konnte, flog, ab, landete, musste, musste, wollte, konnte, war, half, dankte, nahm, fuhr, stieg ... aus, kaufte, fuhr, stieg ... ein, war, saß, las, trug, grüßte, setzte, sprach ... an, begannen, fragte, erzählte, hatte, studierte, gingen, besuchte, dauerte, stieg ... um, fuhr

Grammatik II
Übung

a) Am, um b) Am, am, am c) In, um d) Am, vor/nach
e) Am, in f) Seit, seit dem g) in, im, im, im, im h) Ab, Ab, ab dem
i) Von ... bis ..., Vom ... bis zum j) Bis, Bis, bis zum, bis k) Am, in, in
l) Beim, beim, beim, vor m) Im, in, zwischen n) Beim, in, nach o) Am, am, an, in
p) Nach/Vor, am, zwischen

Grammatik III
Übung

a) Ohne, mit, ohne b) zum, Für, ohne, zum c) für, Ohne d) Außer
e) Für f) zur, zum g) ohne h) für
i) außer j) Außer k) ohne

Lektion 14

Übungen

1.
a) mir b) uns c) ihn d) mir, dir e) ihr f) es, mir

2.
a) möchten b) kann c) sollen d) können e) Darf f) musst

3.
a) Bei
b) von, bis, zu, Um
c) Auf dem
d) Ins
e) in die, ans, mit/bei, -er, zu
f) mit einem/dem
g) in den, zum, nach
h) zum, ins
i) beim
j) Außer, ins
k) seit, in der, Vor, in die
l) Auf den, vor dem/neben dem/...
m) an die, in der, an der, in der, an die, über dem
n) im
o) zu, Zwischen, Um / Gegen, nach

4.
a) -er, -es b) -en c) -en d) -es, -en, -en, -e e) -e

5.
moderne, größer, besten, älteste

Lösungen

6.

a) sahen　　b) schrieb　　c) bekam, wurde　　d) wart　　e) lasen

7.

a) Der Wecker hat um 6.15 Uhr geklingelt.
b) Frau Müller ist aufgestanden.
c) Um 7.00 Uhr haben alle in der Küche gefrühstückt.
d) Um 7.15 Uhr ist Herr Müller ins Büro gegangen.
e) Dann ist die Tochter mit dem Rad in die Schule gefahren.
f) Frau Müller ist um 7.45 aus dem Haus gegangen.
g) Ihre Arbeit hat um 8.30 Uhr begonnen.
h) Sie hat um 17.00 Uhr ihre Arbeit beendet.
i) Um 18.00 Uhr ist sie nach Hause gekommen.
j) Herr Müller hat das Essen gemacht und die Tochter hat den Tisch gedeckt.
k) Nach dem Essen hat Frau Müller das Geschirr gespült.
l) Um 22.00 Uhr sind sie schlafen gegangen.

8.

a) Wer wohnt gern auf dem Land?
b) Wie lange treibt Wang Dali täglich Sport?
c) Wie finden Sie die Musik? /Wie findest du die Musik?
d) Wem zeigt er seine Liebe?
　　Was zeigt er seiner Frau?
e) Welches Gebäude soll ich Ihnen zeigen?
f) Was für eine Frau hast du kennen gelernt? /Was für eine Frau haben Sie kennen gelernt?

9.

b) Spül bitte das Geschirr!
c) Sprich ihn einfach an!
d) Macht bitte die Betten!
e) Laden Sie ihn bitte zu einem Bier ein!
f) Waschen Sie bitte den Pullover!

Lektion 15

Grammatik I

A/Übung

a) sich, sich　　b) sich, sich, sich, sich　　c) mir　　d) dir
e) sich　　f) sich　　g) euch　　h) sich
i) mir　　j) sich　　k) dir　　l) sich

B/C/Übung

begegneten sich, begrüßten sich, lernten sich kennen, verabredeten ... sich, trafen sich, unterhielten sich, verstanden sich, sich ... verabschieden, stritten ... sich, trennten sich, sich ... sehen

Grammatik II

C/Übungen

1.

a) sich kümmern um　　　　　　　　　　die alten Leute
　　* **Um wen** kümmerst du dich?
　　+ Ich kümmere mich um die alten Leute. Und du? **Um wen** kümmerst du dich?
　　* Ich kümmere mich auch **um sie**.

b) achten auf　　　　　　　　　　　　　der Verkehr

Lösungen

     * **Worauf** achten Sie?

     + Ich achte auf den Verkehr. Und Sie? **Worauf** achten Sie?

     * **Darauf** achte ich auch.

c) sich informieren bei   die Sekretärin

     * **Bei wem** informieren Sie sich?

     + Ich informiere mich bei der Sekretärin. Und Sie? **Bei wem** informieren Sie sich?

     * Ich informiere mich auch **bei ihr**.

d) bitten um   Hilfe

     * **Worum** bitten Sie?

     + Ich bitte um Hilfe. Und Sie? **Worum** bitten Sie?

     * **Darum** bitte ich auch.

e) denken an   die Eltern

     * **An wen** denken Sie?

     + Ich denke an die Eltern. Und Sie? **An wen** denken Sie?

     * Ich denke auch **an sie**.

f) einladen zu   die Party

     * **Wozu** lädst du sie ein?

     + Ich lade sie zur Party ein. Und du? **Wozu** lädst du sie ein?

     * **Dazu** lade ich sie auch.

g) fragen nach   der Prüfungstermin

     * **Wonach** fragst du?

     + Ich frage nach dem Prüfungstermin. Und du? **Wonach** fragst du?

     * **Danach** frage ich auch.

h) sprechen von   der Urlaub

     * **Wovon** sprechen Sie?

     + Ich spreche vom Urlaub. Und Sie? **Wovon** sprechen Sie?

     * **Davon** spreche ich auch.

i) beginnen mit   die Arbeit

     * **Womit** beginnst du?

     + Ich beginne mit der Arbeit. Und du? **Womit** beginnst du?

     * **Damit** beginne ich auch.

j) diskutieren über   die Wahl

     * **Worüber** diskutiert ihr?

     + Wir diskutieren über die Wahl 2013. Und ihr? **Worüber** diskutiert ihr?

     * **Darüber** diskutieren wir auch.

k) sich freuen auf   die Ferien

     * **Worauf** freust du dich?

     + Ich freue mich auf die Ferien. Und du? **Worauf** freust du dich?

     * **Darauf** freue ich mich auch.

l) danken für   die Unterstützung

     * **Wofür** danken Sie?

     + Ich danke für die Unterstützung. Und Sie? **Wofür** danken Sie?

     * **Dafür** danke ich auch.

2.

a) **Worüber** spricht Herr Wang viel?

b) **Woran** erinnert sich Frau Müller gern?

c) **Wofür** interessiert ihr euch? / **Wofür** interessieren Sie sich?

d) **Mit wem** unterhalten Sie sich gern / unterhältst du dich gern?

Lösungen

e) **Wozu** gratuliert er Peter herzlich?
f) **Von wem** erzählt die alte Dame viel?
g) **Wonach** fragt Wang Dali einen Passanten?
h) **Womit** hat Sabine aufgehört?
i) **Mit wem** verabredet sich Herr Li?
j) **Worauf** bereitet sich Frau Gu vor?
k) **Worüber** freut ihr euch? / **Worüber** freuen Sie sich?
l) **Bei wem** und **wofür** bedankt sich Frau Ding?
m) **Wofür** entschuldigt er sich?
n) **Worauf** kann sie nicht antworten?

3.

a) auf, -en
b) um das/unser
c) mit dem
d) aus -er
e) nach dem
f) um, -en
g) Worum
h) Wozu
i) von
j) über die
k) um, -e
l) bei dem, nach dem
m) um, -en
n) an, -e
o) auf die
p) Worüber/Wovon
q) mit dem
r) mit dem
s) um die
t) bei, für, -e
u) für, -en
v) Darauf; darüber
w) auf, -
x) zum
y) an

Grammatik III

A/Übung

a) Er hat viel Geld, **aber** er ist nicht glücklich. / ..., ist aber nicht glücklich.
b) Ich habe wenig Geld **und** bin nicht glücklich. / und ich bin nicht glücklich.
c) Soll ich Deutsch weiter lernen **oder** (soll ich) Deutsch nicht mehr lernen?
d) Herr Thomas ist Vater **und** auch Mutter, **denn** er ist geschieden **und** hat zwei Kinder.
e) Ich habe sehr fleißig gelernt, **aber** (ich habe) die Prüfung nicht bestanden.
f) Er ist faul und arbeitet nicht viel, **aber** er hat immer gute Noten. / ..., hat aber immer gute Noten.
g) Ist sie nach Deutschland gefahren **oder** bleibt sie noch in Shanghai?
h) Das ist nicht mein Mann **sondern** mein Bruder.
i) Heute hat sich Li Ming ordentlich angezogen, **denn** er muss heute seine zukünftigen Schwiegereltern besuchen.
j) Vom Flughafen können Sie mit dem Flughafenbus Linie 4 fahren **oder** ein Taxi nehmen.
k) Ich esse gern Fisch **und** Fleisch.

B/Übungen

1.

a) zwar, aber
b) nicht nur, sondern auch
c) Entweder, oder
d) zwar, aber
e) nicht nur, sondern auch/weder, noch

2.

a) Er kann **nicht nur** Englisch **sondern auch** Deutsch und Französisch.
b) Der arme Mann hat **weder** Geld **noch** Frau. Er lebt **nicht nur** einfach **sondern auch** einsam.
c) Wir müssen **nicht nur** mehr Fachkenntnisse **sondern auch** bessere Fremdsprachenkenntnisse haben.
d) Die Waren sind **zwar** sehr teuer, **aber** viele kaufen sie noch.
e) Zum Bahnhof kann ich **nicht nur** mit dem Bus fahren **sondern auch** mit der U-Bahn fahren.
f) Das große Theaterhaus in Shanghai ist **nicht nur** groß **sondern auch** modern.
g) **Entweder** fahre ich zum Frühlingsfest nach Hause, **oder** meine Eltern besuchen mich in Shanghai.
h) In China gibt es noch viele Leute. Sie können **weder** lesen **noch** schreiben.
i) Es ist **zwar** sehr kalt, **aber** er hat wenig an.

Lösungen

Lektion 16

Grammatik I

Übungen

1.

a) Es ist schön, **dass** die Frauen auch Fußball spielen.

b) Es ist schade, **dass** ich das Volleyballspiel nicht sehen kann.

c) Es tut mir Leid, **dass** sich mein Freund beim Training verletzt hat.

d) Es hat mich sehr gefreut, **dass** meine Freundin mit mir Tennis gespielt hat.

e) Es ist unglaublich, **dass** das 7-jährige Kind stundenlang schwimmen kann.

2.

a) Eva schreibt, **dass** ihre Tochter in diesem Jahr einen Turnkurs besucht.

b) Ich habe gehört, **dass** Familie Klein nach Winterberg fährt und dort Ski läuft.

c) Ich hoffe, **dass** ich immer gesund bleibe.

d) Der Trainer hat gesagt, **dass** das Training sehr hart ist.

e) Die Sportler wissen, **dass** sie für die Meisterschaft trainieren.

3.

a) Ich weiß nicht, **ob** er in die Sporthalle gegangen ist. / **Ob** er in die Sporthalle gegangen ist, weiß ich nicht.

b) Es ist allen bekannt, **dass** der Spaziergang gesund für uns ist. / **Dass** der Spaziergang gesund für uns ist, ist allen bekannt.

c) Er weiß nicht, **ob** seine Eltern mit dieser Reise nach Spanien einverstanden sind. /
Ob seine Eltern mit dieser Reise nach Spanien einverstanden sind, weiß er nicht.

d) Es ist nicht sicher, **ob** es noch Eintrittskarten für Fußballspiel gibt. / **Ob** es noch Eintrittskarten für Fußballspiel gibt, ist nicht sicher.

e) Es ist möglich, **dass** die Lehrer ihre Sommerferien in Deutschland verbringen. /
Dass die Lehrer ihre Sommerferien in Deutschland verbringen, ist möglich.

f) Es ist ein Problem, **dass** Herr Robert keinen Sport treibt. / **Dass** Herr Robert keinen Sport treibt, ist ein Problem.

g) Ich habe keine Ahnung, **ob** Herr Huber im nächsten Kurs dein Lehrer ist. / **Ob** Herr Huber im nächsten Kurs dein Lehrer ist, habe ich keine Ahnung.

h) Es fällt mir auf, **dass** er sich beim Basketballspiel schwer verletzt hat. / **Dass** er sich beim Basketballspiel schwer verletzt hat, fällt mir auf.

i) **Dass** Stefan immer im Büro raucht, gefällt seinen Kollegen nicht. / Es gefällt seinen Kollegen nicht, **dass** Stefan immer im Büro raucht.

4.

a) dass b) dass c) ob d) Dass e) dass
f) dass g) ob   h) Ob i) Dass j) ob

Grammatik II

Übung

a) ..., **warum** er täglich zur Arbeit läuft.

b) ..., **wann** Shanghai die U-Bahnlinie 4 zwischen Pudong und Puxi eröffnet hat?

c) ..., **wie lange** Sie täglich Sport treiben?

d) ..., **welche** Sportarten in China beliebt sind.

e) ..., **wie viel** diese Badehose kostet.

f) ..., **wo** ich meinen Urlaub gemacht habe.

g) ..., **wohin** die Sportler fahren!

h) ..., **wie teuer** der Schläger ist.

i) ..., **woher** der Fußballer kommt?

Grammatik III

A/Übungen

1.
a) d<u>er</u> Universität
b) mein<u>es</u> Student<u>en</u>
c) d<u>es</u> Leichtathlet<u>en</u>
d) d<u>es</u> Basketballspiel<u>ers</u>
e) d<u>er</u> Schule
f) d<u>es</u> Sportverein<u>s</u>
g) d<u>es</u> Tourismus

2.
a) Die Uhr d<u>es</u> Trainer<u>s</u> ist kaputt.
b) Das ist die Uniform d<u>es</u> Polizist<u>en</u>.
c) Nein, das ist der Computer d<u>es</u> Kolleg<u>en</u>.
d) Nein, die Tochter mein<u>es</u> Nachbar<u>n</u> ist beim Training verletzt.
e) Mit Hilfe d<u>es</u> Weltmeister<u>s</u> hat die Mannschaft gewonnen.

B/Übung
a) Ma<u>x</u>' Schläger
b) Han<u>s</u>' Sportjacke
c) Monika<u>s</u> Onkel
d) Carl Lewi<u>s</u>' Heimat
e) Her<u>rn</u> Beckenbauer<u>s</u> Sportschuhe
f) Bori<u>s</u>' Urlaub

C/Übung
a) Im Jahr 2000 haben die Deutschen den 100. Geburtstag <u>des Deutschen Fußball-Bundes</u> gefeiert.
b) Der Deutsche Fußball-Bund ist der größte Sportfachverband <u>der ganzen Welt</u>.
c) Der Karneval <u>des letzten Jahres</u> ist besonders bei den jungen Leuten beliebt.
d) Die chinesische Wasserspringerin hat die beste Leistung <u>der ganzen Welt</u> erzielt.
e) Die Beliebtheit <u>des chinesischen Gongfus</u> ist bei den ausländischen Studenten sehr gestiegen.

D/Übungen

1.
a) <u>Wegen</u> weniger finanziell<u>er</u> Unterstützung …
b) <u>Trotz</u> d<u>es</u> kurz<u>en</u> Aufenthalt<u>s</u> …
c) <u>Statt</u> ein<u>er</u> Frauenzeitschrift …
d) <u>Während</u> d<u>er</u> lang<u>en</u> Zugfahrt …
e) Seine Freundin hat ihm <u>statt</u> ein<u>er</u> groß<u>en</u> Torte …
f) <u>Wegen</u> d<u>er</u> teur<u>en</u> Eintrittskarten …
g) <u>Trotz</u> d<u>er</u> stark<u>en</u> Erkältung …
h) <u>Während</u> d<u>er</u> Fortbildung …

2.
a) <u>Während seines Urlaubs</u> kann man den Sportarzt in dringenden Fällen unter der Nummer 959591 erreichen.
b) <u>Statt der Sportnachrichten</u> sendet das Fernsehen sehr viel Werbungen.
c) <u>Während des Golfspielens</u> will Herr Rau nicht rauchen.
d) <u>Trotz der Geschäftszeit</u> bekommen wir keine Bedienung.
e) <u>Während der Ferien</u> können sich die Studenten gut erholen oder jobben.
f) <u>Trotz der Dunkelheit</u> trainieren die Sportler immer noch.
g) <u>Statt eines Tischtennisballs</u> hat Eva einen Golfball mitgebracht.
h) <u>Trotz der Verletzung</u> nimmt der Fußballspieler am Spiel teil.
i) <u>Wegen der Fremdheit</u> reist der Weltmeister nicht ins Ausland.
j) <u>Trotz ihres hohen Alters</u> besucht Frau Altmeier noch einen Sportkurs.
k) <u>Statt der Sportkleidung</u> hat er seinen Anzug gewaschen.
l) <u>Wegen der starken Kälte</u> will niemand draußen Sport treiben.

Lösungen

Lektion 17

Grammatik I
Übung

a) In China hat man die Familienplanungspolitik eingeführt, **weil** China eine sehr große Bevölkerung hat. /
   Da/Weil China eine sehr große Bevölkerung hat, hat man in China die Familienplanungspolitik eingeführt worden.
b) Ich lerne Deutsch, **weil** ich in Deutschland studieren möchte.
   Da/Weil ich in Deutschland studieren möchte, lerne ich Deutsch.
c) Frau Dick isst Diät, **weil** sie schlanker werden will. /
   Da/Weil Frau Dick schlanker werden will, isst sie Diät.
d) Stefan geht zur Post, **weil** er dort ein Paket abgeben will. /
   Da/Weil Stefan ein Paket abgeben will, geht er zur Post.
e) Ich besuche den Deutschkurs an der Tongji-Universität, **weil** diese Universität eine enge Beziehung zu deutschen Universitäten hat. /
   Da/weil die Tongji-Universität eine enge Beziehung zu deutschen Universitäten hat, besuche ich den Deutschkurs an der Tongji-Universität.
f) Komm bitte um drei Uhr zu mir nach Hause, **weil** ich vor drei nicht zu Hause bin.
g) Gabi, nimm den braunen Rock nicht, **weil** er mir nicht gefällt.
h) Du solltest mehr anziehen, **weil** es kälter wird. /
   Da/Weil es kälter wird, solltest du mehr anziehen.
i) Sprechübung mache ich täglich, **weil** Übung den Meister macht/.
   Da/Weil Übung den Meister macht, mache ich täglich eine Sprechübung.
j) Letztes Jahr habe ich meinen Urlaub auf der Insel Hainan gemacht, **weil** die Insel Hainan mir sehr gefiel. /
   Da/Weil die Insel Hainan mir sehr gefiel, habe ich letztes Jahr meinen Urlaub auf der Insel Hainan gemacht.

Grammatik II
Übung

a) *Die Wohnung ist zu teuer*, **deshalb** *kaufe ich sie nicht.*
b) *Es regnet jetzt gerade*, **deshalb** *mache ich keinen Spaziergang.*
c) *Shanghai ist eine interessante Stadt.* **Deshalb** *lebe ich gern in Shanghai.*

Grammatik III
Übung

a) **Wenn/Falls** *ich gut Deutsch und Englisch spreche, möchte ich im nächsten Jahr bei einer deutschen Firma arbeiten.* /
   Ich möchte im nächsten Jahr bei einer deutschen Firma arbeiten, **wenn** *ich gut Deutsch und Englisch spreche.*
b) **Wenn/Falls** *du nächsten Sonntag zu mir kommst, erwarte ich dich zu Hause.* /
   Ich erwarte dich zu Hause, **wenn** *du nächsten Sonntag zu mir kommst.*
c) **Wenn/Falls** *du mehr Sport treibst, wirst du gesünder sein.* /
   Du wirst gesünder sein, **wenn** *du mehr Sport treibst.*
d) **Wenn/Falls** *Herr Li die Prüfung besteht, fliegt er nächstes Jahr zum Studium nach Deutschland.* /
   Herr Li fliegt nächstes Jahr zum Studium nach Deutschland, **wenn** *er die Prüfung besteht.*
e) *Erzähl mir dann darüber,* **wenn** *du dir den Film angesehen hast.*
f) **Wenn/Falls** *es morgen schneit, nehme ich dann ein Taxi zum Büro.* /
   Ich nehme ein Taxi zum Büro, **wenn** *es morgen schneit.*
g) **Wenn/Falls** *meine Tochter vor der Aufnahmeprüfung steht, kümmere ich mich noch mehr um sie.* /
   Ich kümmere mich noch mehr um meine Tochter, **wenn** *sie vor der Aufnahmeprüfung steht.*
h) **Wenn/Falls** *es nicht mehr regnet, gehe ich dann spazieren.*

Ich gehe spazieren, **wenn** es nicht mehr regnet.
i) **Wenn/Falls** die Sekretärin ein Kind bekommt, will sie auf ihren Beruf verzichten. /
Die Sekretärin will auf ihren Beruf verzichten, **wenn** sie ein Kind bekommt.
j) **Wenn/Falls** die Bauern nicht arbeiten, bekommen wir nichts zum Essen. /
Wir bekommen nichts zum Essen, **wenn** die Bauern nicht arbeiten.

Grammatik IV

Übung

a) **Obwohl** die Ampel rot ist, bremst der Autofahrer nicht. /
Der Autofahrer bremst nicht, **obwohl** die Ampel rot ist.
b) **Obwohl** es sehr stark regnete, machte das Liebespaar einen Spaziergang. /
Das Liebespaar machte einen Spaziergang, **obwohl** es sehr stark regnete.
c) **Obwohl** er weiß, dass das Rauchen ungesund ist, raucht er immer noch sehr viel. /
Er raucht immer noch sehr viel, **obwohl** er weiß, dass das Rauchen ungesund ist.
d) **Obwohl** er sie nicht liebte, hat er sie geheiratet. /
Er hat sie geheiratet, **obwohl** er sie nicht liebte.
e) **Obwohl** das Auto nicht in Ordnung ist, ist der junge Mann damit auf die Straße gefahren. /
Der junge Mann ist mit dem Auto auf die Straße gefahren, **obwohl** es nicht in Ordnung ist.
f) **Obwohl** dieser Kerl nicht viel von Musik versteht, spricht er viel darüber. /
Dieser Kerl spricht viel über die Musik, **obwohl** er nicht viel davon versteht.
g) **Obwohl** der Minirock nicht mehr in ist, hat sie ihn überall an. /
Sie hat den Minirock überall an, **obwohl** er nicht mehr in ist.
h) **Obwohl** der fleißige Student müde geworden ist, macht er keine Pause. /
Der fleißige Student macht keine Pause, **obwohl** er müde geworden ist.
i) **Obwohl** der Herr ein Milliardär ist, kleidet er sich wie ein Bettler. /
Der Herr kleidet sich wie ein Bettler, **obwohl** er ein Milliardär ist.
j) **Obwohl** die Sonne scheint, regnet es. /
Es regnet, **obwohl** die Sonne scheint.
k) **Obwohl** Deutsch schwer ist, will ich Deutsch gut lernen. /
Ich will Deutsch gut lernen, **obwohl** Deutsch schwer ist.

Grammatik V

Übung

a) Es ist gefährlich. **Trotzdem** fährt Herr Verrückt 200 km pro Stunde.
b) Er ist schwer krank, **trotzdem** lehnt er die ärztliche Behandlung ab.
c) Es war schon Mitternacht, **trotzdem** arbeitete Herr Tüchtig noch am Schreibtisch.

Lektion 18

Grammatik I

Übungen

1.
a) **ist** bei den ausländischen Studenten **üblich**, in den Ferien **zu jobben**.
b) **ist** für viele Studenten **schwer**, Deutsch **zu lernen**.
c) wieder **angefangen**, sehr stark **zu regnen**.
d) **hat** leider **keine Zeit**, in den Ferien eine Reise ins Ausland **zu machen**.
e) **ist** sehr **wichtig**, beim Lernen einer Fremdsprache Wörter und Redewendungen **auswendig zu lernen.**

2.
a) Wann hört ihr auf **zu essen**?
b) Es ist hier erlaubt **zu rauchen**.

Lösungen

c) Es ist verboten, in der Fußgängerzone **zu** **parken**.

d) Es ist in China üblich, in der Pause Zigaretten **zu** **rauchen**.

e) Es ist nicht erlaubt, während der Prüfung Wörterbücher **zu** **benutzen**.

f) Es ist (für alle) wichtig, ein gesundes Leben **zu** **führen**.

g) Es ist eine gute Sache (für alle), **jung** **zu** **bleiben**.

3.

a) ..., ein Geburtstagsgeschenk aus der Schweiz bekommen **zu** haben.

b) ..., am Wochenende ihre Eltern in Österreich **zu** besuchen.

c) ..., dich kennen gelernt **zu** haben.

d) ..., Ihren Sohn nicht **zu** schlagen.

e) ..., vorgestern eine E-Mail von meiner Freundin in Deutschland erhalten **zu** haben.

f) ..., jeden Samstag sein Schlafzimmer auf**zu**räumen.

Grammatik II

Übungen

1.

a) ..., **um** mehr Geld **zu** verdienen.

b) ..., **damit** seine Familie ein besseres Leben führen kann.

c) ..., **um** den letzten Zug nicht **zu** verpassen.

d) ..., **um** ihre schöne Figur **zu** halten.

e) ..., **damit** sie den Kindergarten besuchen kann.

f) ..., **um** einen Computer **zu** kaufen.

g) ..., **um** diese berühmte Stadt kennen **zu** lernen.

h) ..., **damit** ihre Kinder für ein paar Wochen selbständig leben.

i) ..., **um** ein 2-Semester-Auslandsstudium **zu** machen.

j) ..., **um** sich ein gutes Computerspiel **zu** kaufen.

k) ..., **damit** ihr Sohn ein eigenes Zimmer haben kann.

l) ..., **um** ein Paket nach Bremen **zu** schicken.

m) ..., **damit** seine Frau nicht vom Geräusch aufwacht.

n) ..., **um** eine bessere Arbeitsstelle **zu** bekommen.

o) ..., **um** an einer deutschen Universität **zu** studieren.

p) ..., **um** gesund **zu** bleiben.

q) ..., **um** sich ein klassisches Konzert an**zu**hören.

2.

a) ..., **um** Herrn Zhang ab**zu**holen.

b) ..., **um** chinesische Kultur kennen **zu** lernen.

c) ..., **um** eine Reise in die Schweiz **zu** machen.

d) ..., **um** besser **zu** lernen.

e) ..., **damit** mein Kommilitone seine Leistung verbessern kann.

f) ..., **um** ihr seine Liebe aus**zu**drücken.

g) ..., **damit** der Wecker ihn wecken kann.

h) ..., **um** sich bei mir für meine Hilfe **zu** **bedanken**.

i) ..., **um** mich munter **zu** machen.

j) ..., **um** sich besser **zu** konzentrieren.

k) ..., **damit** sein Freund das Fußballspiel im Stadion sehen kann.

l) ..., **um** sich über aktuelle Ereignisse **zu** informieren.

m) ..., **um** ihr für die gute Bedienung **zu** danken.

3.

a) ..., ihre Kinder **zu** schlagen.

b) ..., **um** Vorbild für ihre Kinder **zu** sein.
c) ..., **um** von ihr etwas Geld **zu** bekommen.
d) ..., schon am nächsten Tag einen Antwortbrief von seiner Großmutter erhalten **zu** haben.
e) ..., **um** ein Stipendium von einer Universität in den USA **zu** bekommen und dort **zu** studieren.
f) ..., Kinder und Jugendliche besser **zu** erziehen.
g) ..., **um** eine bessere Ausbildung **zu** bekommen.

Wiederholungsübungen (3)

1.
a) achten **auf** b) warten **auf** c) sich kümmern **um**
d) j-n fragen **nach** e) denken **an** f) j-m gratulieren **zu**
g) sich erkundigen **nach** h) aufhören **mit** i) sich informieren **über**
j) sich bedanken **für**

2.
a) sich erinnern **an** b) j-n bitten **um** c) sich interessieren **für**
d) j-n einladen **zu** e) sich verabreden **mit** f) antworten **auf**
g) diskutieren **über** h) suchen **nach** i) sprechen **von**
j) j-m helfen **bei**

3.
a) Du verabschiedest dich von deinen Eltern.
b) Wir freuen uns auf die Ferien.
c) Sein Freund erzählt uns über sein Leben in Deutschland.
d) Sie unterhalten sich über das Fußballspiel im Fernsehen.
e) Ihr müsst euch (gut) auf die Prüfung (gut) vorbereiten.

4.
a) Ich möchte mir den Dom und das Rathaus ansehen.
b) Kim nimmt an dem Tischtennisturnier in Köln teil.
c) Er bereitet sich schon seit Wochen auf das Turnier vor.
d) Lu Wei erinnert sich noch gut an seine erst**en** Wochen hier.
e) Vor dem Einsteigen in die S-Bahn muss man auf die Richtung achten.
f) Mit acht Jahr**en** begann sie mit dem Training.
g) Wie kann man auf die chinesischen Spieltechniken reagieren?
h) Wie lange haben wir uns nicht gesehen?
i) Die ledigen Frauen fühlen sich manchmal sehr einsam.
j) Eine Auslandsreise kann sich die Hausfrau nicht leisten.
k) Die berufstätig**en** Großmütter können ihren Kindern nicht helfen.
l) Sie wollen sich lieber mit Freundinnen treffen.
m) Manche Großmütter müssen auf ih**re** Interessen verzichten.
n) Die Touristen wundern sich über die Große Mauer.
o) Viele Eltern leiden unter mangelnd**en** Kenntnissen.
p) Die Kinder sollen selbst über ihre Zeit entscheiden.
q) Mit dies**en** Karten kann man z. B. von der S-Bahn in den Bus umsteigen.
r) Tageskarten sind innerhalb von 24 Stunden für beliebig vie**le** Fahrten gültig.
s) Die Tagesmutter kümmert sich nachmittags um die Kinder.
t) Viele Frauen streben heute nach ein**em** Leben zwischen Beruf und Familie.
u) Die Frauen werben für viele verschieden**e** Produkte aus unterschiedlich**en** Bereichen.
v) Die Karrierefrauen können mit der modern**en** Technik umgehen.

Lösungen

w) Wang Dali erkundigt sich nach dem Weg ins Stadtzentrum.

Lektion 19

Grammatik

A/Übungen

1.
a) Können Sie mir die Landkarte Chinas zeigen, **die** auf dem Tisch liegt.
b) Der Herr, **den** Herr Schmitt morgen vom Bahnhof abholt, ist Chinese.
c) Frau Garbe hat den Kaiserpalast besichtigt, **der** allen bekannt ist.
d) Der Tourist, **dem** ich sehr viel geholfen habe, möchte durch China reisen.
e) Die Stadt Beijing, **die** viele Sehenswürdigkeiten hat, ist auch eine moderne Stadt.
f) Das Kind, **dem** die Tagesmutter nicht gefällt, ist Lydias Sohn.
g) Frau Mannheim, **der** ich ein Rollbild geschenkt habe, ist meine Zimmervermieterin.
h) Sagen Sie es dem Kranken, **den** der Reiseführer besuchen will!

2.

a) das	b) die	c) der	d) das	e) den
f) das	g) die	h) der	i) dem	j) die
k) das	l) der	m) dem	n) dem	o) dem
p) die	q) der	r) dem	s) der	t) das
u) der	v) die	w) den		

B/Übung
a) Der ehemalige Student, **dessen** Namen ich vergessen habe, hat mich gestern besucht.
b) Wie heißt die Provinz, **deren** Hauptstadt Hefei ist?
c) China, **dessen** Fläche groß ist, liegt in Asien.
d) Die Universität Beijing, **deren** Studenten ausgezeichnet sind, ist bekannt.
e) Wie alt ist deine Urgroßmutter, **deren** Geburtstag du gestern gefeiert hast?
f) Der Schriftsteller, **dessen** Romane allen gefallen, wohnt jetzt auf dem Land.
g) Wir haben heute ein Ehepaar kennen gelernt, **dessen** Tochter mit unserem Sohn nach Deutschland gefahren ist.
h) Herr Huch, **dessen** Auto eine Panne hatte, stand ratlos am Straßenrand.

C/Übung
a) Herr Stein hat die Große Mauer gesehen, **von der** er sehr begeistert war.
b) Ich kenne diesen Professor, **von dessen** Projekt er oft gesprochen hat.
c) Das ist Herr Maier, **mit dessen** Frau ich eine Reise nach Hangzhou gemacht habe.
d) Das Studentencafé, **in dem** viele Studenten sitzen, ist hinter der Universität.
e) Das Zimmer, **in dem** Ulrike wohnt, ist gemütlich.
f) Das Problem, **über das** wir jetzt diskutieren, ist kompliziert.
g) Der Unibus, **auf den** wir schon lange warten, kommt immer noch nicht.
h) Die Kursteilnehmer, **mit denen** der Lehrer spricht, kommen aus verschiedenen Städten.
i) Shanghai, **an das** ich oft denke, ist meine Heimatstadt.
j) Eva hat die Tonarmee des Ersten Kaisers besucht, **für die** sie sich sehr interessiert.
k) Mein Großvater, **mit dessen** finanzieller Unterstützung ich in Deutschland studiere, besucht mich in der nächsten Woche.
l) Die Lehrerin, **an deren** Aussprache wir uns gewöhnt haben, verstehen wir gut.

D/Übungen

1.

a) die	b) der	c) denen	d) den
e) das	f) deren	g) was	h) deren

i) dessen	j) denen	k) dem	l) der
m) dessen	n) die	o) das	p) dem
q) dessen	r) der		

2.

a) B.	b) C.	c) A.	d) D.
e) B.	f) A.	g) B.	h) C.
i) A.	j) D.	k) B.	l) B.
m) C.	n) C.	o) A.	p) D.
q) A.	r) B.		

Lektion 20

Grammatik I

Übung

a) Der Vater wollte eine Reise auf die Hainan - Insel machen. Der Sohn **hatte** das Ticket schon für ihn **gebucht**.

b) Der Vater wollte Tee trinken. Der Sohn **hatte** schon das Wasser für ihn **gekocht**.

c) Der Vater wollte fernsehen. Der Sohn **hatte** den Fernseher schon für ihn **eingeschaltet**.

d) Der Vater wollte Deutsch lernen. Der Sohn **hatte** schon ein Wörterbuch für ihn **gekauft**.

e) Der Vater wollte Auto fahren. Der Sohn **hatte** schon einen Polo für ihn **gekauft**.

Grammatik II

A/Übungen

1.

a) Als	b) wenn	c) Als
d) als	e) Als	f) (Jedes Mal)wenn
g) Als	h) Immer wenn	i) Als

2.

a) ... als ...	b) ... wenn ...	c) ... wenn ...
d) ... wenn ...	e) ... wenn ...	f) ... als ...
g) ... als ...	h) ... wenn ...	i) ... wenn ...

B/C/Übungen

1.

a) Seitdem/Seit	b) Seitdem/Seit	c) Bevor
d) Seitdem/Seit/Während	e) nachdem	f) Während
g) bis	h) Bevor/ Während	i) Nachdem
j) nachdem	k) Während	l) Nachdem
m) bis	n) Seitdem/Seit	o) Während
p) seitdem/seit	q) Bevor	r) Seitdem/Seit

2.

a) **Als** ich geboren wurde, war mein Vater 25 und meine Mutter (war) 21.

b) Ich konnte noch nicht sprechen, **als** ich 2 Jahre alt war.

c) **Als** ich 3 Jahre alt war, verließen mich meine Eltern.

d) **Als** ich 4 Jahre alt war, durfte ich nicht mehr zu Hause bleiben und musste in den Kindergarten gehen.

e) **Immer wenn** ich spielen wollte, musste ich Klavier spielen.

f) Ich ging in die Schule, **als** ich 6 Jahre alt war.

g) **Bevor** ich in die Mittelschule ging, besuchte ich die Grundschule.

h) **Nachdem** ich die Mittelschule besucht hatte, studierte ich an der Fudan-Universität.

i) **Während** / **Als** ich an der Uni studierte, lernte ich meine Freundin kennen.

j) **Nachdem** wir die Uni verlassen hatten, fuhren wir nach Deutschland.

Lösungen

k) **Während** wir in Deutschland waren, arbeiteten wir sehr tüchtig.

l) **Als** meine Freundin 30 war, heiratete ich sie.

m) **Nachdem** wir viel Geld verdient hatten, haben wir ein kleines Haus gekauft.

n) **Bevor** wir viele Reisen machten, haben wir viel gespart.

o) Wir stritten uns oft, **wenn** wir kein Geld hatten.

p) **(Immer) wenn** wir Geld hatten, genossen wir das Leben.

q) Wir sehnten uns oft nach unserer Heimat, **wenn** wir Frühlingsfest hatten.

r) **Als** wir 50 Jahre alt waren, wollten wir nicht mehr im Ausland bleiben.

s) **Nachdem** wir 28 Jahre in Deutschland gelebt hatten, sind wir nach China zurückgekommen.

t) Wir fühlen uns glücklich, **seitdem/seit** wir in China sind.

Lektion 21

Grammatik I

A/Übungen

1.

a) **Je fauler** sie ist, **desto unfähiger** ist sie bei der Arbeit.

b) **Je mehr** Probleme er bei der Arbeit hat, **umso / desto schlechter** arbeitet er.

c) **Je fleißiger** der Mann arbeitet, **umso / desto mehr Erfolge** hat er erzielt.

d) **Je größer** sein Erfolg wird, **umso / desto besser** werden seine Karriereaussichten.

e) **Je intensiver** ich mich mit der Arbeit beschäftige, **umso / desto größeres Interesse** habe ich an dieser Arbeit.

f) **Je gefährlicher** der Job ist, **umso / desto mehr Geld** kann man dabei verdienen.

g) **Je höher** sein Einkommen ist, **umso / desto mehr Lohnsteuer** muss er zahlen.

h) **Je weniger Arbeitsplätze** die Gesellschaft schafft, **umso / desto schneller** steigt die Zahl der Arbeitslosen.

i) **Je häufiger** die Frau allein zu Hause bleibt, **umso / desto einsamer** fühlt sie sich.

j) **Je höher** der Lebensstandard ist, **umso / desto besser** ist die Lebensqualität.

2.

a) ..., **umso / desto bequemer** wird man.

b) ..., **umso / desto länger** leben die Menschen.

c) ..., **umso / desto gesünder** wird man.

d) ..., **umso / desto mehr** Freunde hat er.

e) ..., **umso / desto langsamer** läuft sie.

f) ..., **umso / desto größeres** Wissen hat sie.

g) ..., **umso / desto schwächer** wird sie.

h) ..., **umso / desto schlechter** geht es ihm.

i) ..., **umso / desto fließender** spricht er.

j) ..., **umso / desto wärmer** wird es.

k) ..., **umso / desto mehr** Leute lesen ihn.

l) ..., **umso / desto größere** Fortschritte hat er gemacht.

m) ..., **umso / desto unruhiger** wird das Leben.

n) ..., **umso / desto besser**.

B/Übung

a) Das Wetter ist sehr schön, **so dass** alle einen Ausflug machen möchten. /

Das Wetter ist **so** schön, **dass** alle einen Ausflug machen möchten

b) Es ist eiskalt, **so dass** die Alten nicht ausgehen wollen. /

Es ist **so** eiskalt, **dass** die Alten nicht ausgehen wollen.

c) Der Kriminalroman war **so** spannend, **dass** ich nicht aufhören konnte zu lesen. /

Der Kriminalroman war spannend, **so dass** ich nicht aufhören konnte zu lesen.

Lösungen

d) Sie war **so** traurig, **dass** sie die ganze Nacht nicht einschlafen konnte. /
   Sie war traurig, **so dass** sie die ganze Nacht nicht einschlafen konnte.
e) Er ist stark erkältet, **so dass** er keinen Appetit hat. /
   Er ist **so** stark erkältet, **dass** er keinen Appetit hat.
f) Herr Weber hat zuviel gearbeitet, **so dass** er völlig erschöpft ist. /
   Herr Weber hat **so** viel gearbeitet, **dass** er völlig erschöpft ist.
g) Wang Dali ist zum ersten Mal in Deutschland, **so dass** alles für ihn neu ist.
h) Es ist zu spät, **so dass** es keine U-Bahn mehr gibt. /
   Es ist **so** spät, **dass** es keine U-Bahn mehr gibt.
i) Draußen ist es zu laut, **so dass** sich der Student nicht auf das Lesen konzentrieren kann. /
   Draußen ist es **so** laut, **dass** sich der Student nicht auf das Lesen konzentrieren kann.
j) Die Tonarmee des Ersten Kaisers ist **so** bekannt, **dass** viele Ausländer sie sehen wollen. /
   Die Tonarmee des Ersten Kaisers ist bekannt, **so dass** viele Ausländer sie sehen wollen.
k) Der neue Lehrer spricht **so** schnell, **dass** die Studenten ihn nicht verstehen können. /
   Der neue Lehrer spricht schnell, **so dass** die Studenten ihn nicht verstehen können.
l) Der nächste Bus kommt zu spät, **so dass** ich nicht so lange warten kann. /
   Der nächste Bus kommt **so** spät, **dass** ich nicht so lange warten kann.
m) Die Straße ist **so** schmal, **dass** dort Unfälle häufig passieren. /
   Die Straße ist schmal, **so dass** dort Unfälle häufig passieren.
n) Die Vorlesung ist **so** langweilig, **dass** viele Studenten eingeschlafen sind. /
   Die Vorlesung ist langweilig, **so dass** viele Studenten eingeschlafen sind.

C/Übung

a) Man kann einem Geburtstagskind eine Freude machen, **indem** man ihm ein Geschenk macht. (oder: **Dadurch, dass** man ihm ein Geschenk macht, kann man ...)
b) Man kann immer gesund bleiben, **indem** man täglich Sport treibt. (**Dadurch, dass**...)
c) Man kann seinen Lebensstandard erhöhen, **indem** man mehr Geld verdient. (**Dadurch, dass**...)
d) **Dadurch, dass** man Überstunden macht, kann man mehr Geld verdienen. (oder: Man kann mehr Geld verdienen, **indem** man Überstunden macht.)
e) **Dadurch, dass** man die Uni besucht, kann man mehr Kenntnisse gewinnen. (..., **indem**...)
f) **Dadurch, dass** die Kinder die alten Leute oft besuchen, fühlen sie sich nicht einsam. (..., **indem**...)
g) **Dadurch, dass** man oft Sport treibt. (..., **indem**...)
h) **Dadurch, dass** man einen Kochkurs besucht. (..., **indem**...)
i) **Dadurch, dass** man sie regelmäßig gießt.) (..., **indem**...)

Grammatik II

Übung

a) man   b) Man   c) man, einem
d) man, einen   e) Man, einem   f) man
g) man, einen   h) einen   i) man, einen

Wiederholungsübungen (4)

1.
a) Nachdem er gearbeitet hat, ruht er sich passiv aus.
b) Während sie den Tisch räumt, telefoniert sie mit ihrer Freundin.
c) Als Herr Meier im Jahr 1980 geboren wurde, lebte sein Urgroßvater noch.
d) Nachdem du deine Arbeit fertig gemacht hast, besuchen wir deine Tante.
e) Wenn der Winter kommt, ziehe ich wärmere Kleidung an.
f) Es gefällt Klaus nicht, dass Inge Wang Dali ihre Telefonnummer gibt.

Lösungen

g) Kannst du mir sagen, ob du unseren neuen Lehrer verstanden hast?
h) Bevor wir mit dem Zug nach Hongkong fuhren, kauften wir eine Zugfahrkarte.
i) Bis der Zug abfährt, sind es noch fünf Minuten.
j) Wenn sie fleißiger lernt, kann sie die Prüfung schaffen.
k) Weil sie keinen Appetit hat, isst sie nichts.
l) Der Kellner ging in die Küche, um mir mein Essen zu holen.
m) Nächstes Jahr fährt er nach Deutschland, um zu studieren.
n) Wenn man Student ist, darf man im Studentenwohnheim wohnen.
o) Obwohl Müllers nicht viel Geld haben, haben sie ein teures Auto gekauft.
p) Dadurch, dass sich zwei Deutsche die Hand geben, begrüßen sie sich./Zwei Deutsche begrüßen sich, indem sie sich die Hand geben.
q) Obwohl es kalt war, ging die Frau ohne Mantel spazieren.
r) Markus ist sehr krank, so dass er zu Hause bleiben und viel schlafen muss.
s) Seitdem/Seit er verheiratet ist, ist er sehr glücklich.
t) Weil es regnete, blieben wir letzten Sonntag zu Hause.
u) Bevor man studiert, muss man den TestDaF ablegen.
v) Ich möchte dich zu meinem Bruder mitnehmen, damit du ihn kennen lernst.
w) Seitdem/Seit wir in unsere neue Wohnung eingezogen sind, geht es uns besser.
z) Je mehr Hotels es gibt, desto/umso leichter findet man ein Zimmer.

2.

a) dass
b) Wenn
c) Weil, dass
d) Obwohl, sondern
e) damit
f) indem
g) bis
h) Während
i) Wenn
j) nicht nur, sondern auch
k) Entweder, oder
l) damit
m) bevor
n) Nachdem
o) zwar, aber
p) Seit/Seitdem
q) um, zu
r) so dass
s) Je, desto/umso
t) Dadurch, dass
u) denn, weder, noch
v) ob
w) Als

3.

berichtet; träumte; lernte; behauptete; betonte; beendete; bewies; erzählte; fand; teilte, mit; studieren; stellte, fest; verwirklichen; erfuhr; reiste, ein; lernte, kennen; arbeitete; kennt; wissen; hofft

Lektion 22

Übungen

1.

a) bei, über, an
b) um, ____, in, Darum, mit, -em, dafür, nach dem
c) Auf wen, Auf, auf, ein,
d) sich, nach, dem

2.

a) Worauf freut sich Susi sehr?
b) Von wem sprechen Sie oft? /Von wem spricht ihr oft?
c) Wann trinken die Deutschen gerne Glühwein?
d) Womit /Wie möchte Gao Tai bezahlen?

3.

a) Ich interessiere mich für Musik.
b) Ich freue mich am meisten über Geschenke.
c) Ich ärgere mich oft über unseren Lehrer.
d) Ich kann mich jetzt noch gut an das erste Treffen mit meiner Freundin erinnern.

4.

a) Weil / Da, als
b) der, dass
c) Als, dass

d) Ob   e) Obwohl, Wer, bis   f) Während

5.
b) = 5;   c) = 2;   d) = 7;
e) = 4;   f) = 1;   g) = 6;
h) = 8

6.
a) Ein Tiger brüllte **so laut**, **dass** einige Kinder anfingen zu weinen. / **Weil** ein Tiger laut brüllte, fingen die Kinder an zu weinen.
b) **Weil** der Wecker nicht geklingelt hat, kam Hans zu spät zur Arbeit.
c) **Während** ich esse, unterhalte ich mich mit den Gästen an meinem Tisch.
d) **Je mehr** Thomas trank, **desto lauter** wurde er. / **Wenn** Thomas viel trank, wurde er laut.
e) Man kann die Heizkosten senken, **indem** man die Zimmertemperatur unter 15 Grad bringt. / Man kann die Heizungskosten **dadurch** senken, **dass** man die Zimmertemperatur unter 15 Grad bringt.
f) Maria ist in die Stadt gefahren, **um** ihren Sohn vom Kindergarten ab**zu**holen.
g) Der Polizist fragte den Passanten, **der** den Unfall gesehen hat.
h) Ein Pass ist ein Ausweis, **mit dem** man in andere Länder reisen kann.

Lektion 23

A/Übungen

1.
a) **Es wird** im Klassenzimmer laut **gesungen**.
b) **Es wird** jetzt im Sitzungssaal **getanzt**. /
Jetzt **wird** im Sitzungssaal **getanzt**. /
Im Sitzungssaal **wird** jetzt **getanzt**.
c) **Es wird** dem Verletzten rechtzeitig **geholfen**. /
Dem Verletzten **wird** rechtzeitig **geholfen**. /
Rechtzeitig **wird** dem Verletzten **geholfen**.
d) **Der Schauspieler wird** mit dem goldenen Preis **ausgezeichnet**. /
Mit dem goldenen Preis **wird der Schauspieler ausgezeichnet**.
e) **Von den Eltern wird ihr erfolgreicher Sohn** gelobt. /
Der erfolgreiche Sohn wird (von seinen Eltern) **gelobt**.
f) **Das Essen wird** mir (von der Bedienung) auf den Tisch **gebracht**. /
Mir **wird das Essen** (von der Bedienung) auf den Tisch **gebracht**. /
Von der Bedienung wird mir **das Essen** auf den Tisch **gebracht**.
g) **Das Unfallauto wird** in der Werkstatt **repariert**. /
In der Werkstatt **wird das Unfallauto repariert**.
h) **Ich werde** im Salon (von einem jungen Herrn) **bedient**. /
Von einem jungen Herrn werde ich im Salon **bedient**. /
Im Salon **werde ich** (von einem jungen Herrn) **bedient**.
i) Den Kindern **wird** (von der Kindergärtnerin) **ein interessantes Märchen erzählt**. /
Ein interessantes Märchen wird (von der Kindergärtnerin) den Kindern **erzählt**. /
Von der Kindergärtnerin wird den Kindern **ein interessantes Märchen erzählt**.
j) Mir **wird** (von einer Putzfrau) bei der Hausarbeit **geholfen**. /
Von einer Putzfrau wird mir bei der Hausarbeit **geholfen**. /
Bei der Hausarbeit **wird** mir (von einer Putzfrau) **geholfen**.
k) Mir **wird gesagt**, dass der Apfel vom Baum abfällt.
l) Mir **wird** (von meinen Kommilitonen) zum Geburtstag **gratuliert**. /

Lösungen

  Von meinen Kommilitonen wird mir zum Geburtstag **gratuliert**. /
  Zum Geburtstag **wird** mir (von meinen Kommilitonen) **gratuliert**.

m) In Hongkong **wird** links **gefahren**. /
   Links **wird** in Hongkong **gefahren**.

n) Warum **wird** an dieser Kreuzung nicht auf die Ampel **geachtet**.

o) **Ich werde** (von einem Passanten) nach dem Weg **gefragt**. /
   Von einem Passanten werde ich nach dem Weg **gefragt**. /
   Nach dem Weg **werde ich** (von einem Passanten) **gefragt**.

p) Mir wird (von dem Touristen) von seiner Reise **erzählt**. /
   Von dem Touristen wird mir von seiner Reise **erzählt**. /
   Von seiner Reise **wird** mir (von dem Touristen) **erzählt**.

2.

a) **durch** einen meiner Kommilitonen
b) **von** einer Shanghaier Baufirma
c) **durch** einen Mitarbeiter
d) **durch** Blumen und Bäume
e) **von** dem Arzt
f) **von** einer Regierung
g) **durch** Fernsehen und Zeitungen
h) **von** einem Hochschulabsolventen

B/Übungen

1.

a) Allen Patienten **wird von der Krankenschwester** jeden Vormittag **eine Spritze gegeben**. /
   Jeden Vormittag **wird** allen Patienten **von der Krankenschwester eine Spritze gegeben**. /
   Von der Krankenschwester wird allen Patienten jeden Vormittag **eine Spritze gegeben**. /
   Eine Spritze wird allen Patienten jeden Vormittag **von der Krankenschwester gegeben**.

b) Am 3. Oktober 1990 **wurde Deutschland wiedervereinigt**. /
   Deutschland wurde am 3. Oktober 1990 **wiedervereinigt**.

c) **Die neunte Symphonie wurde von Ludwig van Beethoven** von 1817 bis 1823 **komponiert**. /
   Von 1817 bis 1823 **wurde Die neunte Symphonie von Ludwig van Beethoven komponiert**. /
   Von Ludwig van Beethoven wurde Die neunte Symphonie von 1817 bis 1823 komponiert.

d) **Die Volksrepublik China ist** am 1. Oktober 1949 **gegründet worden**. /
   Am 1. Oktober 1949 **ist die Volksrepublik China gegründet worden**.

e) Um die Bevölkerungszahl zu beschränken, **ist** in den 70-er Jahren letzten Jahrhunderts in China **die Ein-Kind-Politik eingeführt worden**.

f) Nachdem **der Gast von dem Gastgeber** auf dem Flughafen **getroffen worden war**, wurde er von ihm zum Hotel gefahren.

g) Nachdem **der Arbeitslose umgeschult worden war, ist er von der Firma Siemens eingestellt worden**.

2.

a) Gestern **wurden** alle Verletzten nach dem Unfall ins Krankenhaus **gebracht**.
b) Die neue Regierung **ist** vor kurzem **gewählt worden**.
c) Im nächsten Jahr **wird** hier ein Supermarkt **gebaut**.
d) Nachdem ich gestern über die Krankheit meines Freundes **informiert worden war**, eilte ich sofort zu ihm ins Krankenhaus.
e) Am 26. Dezember 1893 **wurde** Mao Zedong in einer Bauernfamilie **geboren**.
f) Nachdem ich vor fünf Jahren von der Tongji-Universität zum Studium **aufgenommen worden war**, blieb ich vier Jahre lang in Shanghai.

Lösungen

Lektion 24

Grammatik I

A / Übung

a) Über das Einkommen der Lehrer **kann diskutiert werden**.
b) Früher **mussten** auch sehr viele Formulare **ausgefüllt werden**.
c) In den Krankenhäusern **darf** kein Lärm **gemacht werden**.
d) Über die Krankheit **soll** mit dem Patienten **gesprochen werden**.
e) Im alten China **mussten** die Töchter sehr streng **erzogen werden**.
f) Wie **kann** gut **geredet werden**?
g) Der Lebensstandard von den Bauern **soll erhöht werden**.
h) In China **müssen** viele Hausaufgaben **gemacht werden**.
i) Das Erziehungswesen in einer armen Provinz **soll gefördert werden**.
j) In der Diskothek **darf** nicht **geraucht werden**.

B/ Übung

a) Die Sekretärin fragt, **wann der Tee gebracht werden soll**.
b) Man sagt, **dass früher im Museum nicht fotografiert werden durfte**.
c) Ich hoffe, **von meinen Kollegen finanziell unterstützt werden zu können**.
d) Ich hoffe darauf, **dass dieses Problem schnell gelöst werden kann**.
e) Er freut sich sehr darauf, **diesmal von seiner deutschen Freundin vom Flughafen abgeholt werden zu können**.

Grammatik II

Übung

a) ist ... operiert worden/wurde ... operiert
b) ist ... geheilt
c) ist besetzt
d) ist aufgemacht worden/wurde ... aufgemacht
e) ist versalzen
f) sind ... geschlossen
g) wurde ... gesendet/ist ... gesendet worden
h) sind ... erhöht
i) ist ... zugemacht worden/wurde ... zugemacht
j) ist verkauft
k) sind ... ausgebildet
l) ist betrunken
m) war ... geöffnet; ist ... geschlossen worden/wurde ... geschlossen
n) ist serviert

Lektion 25

Grammatik I

A/Übungen

1.

a) + Ja, du **musst** den Fernseher **anschalten**.
 + Nein, du **brauchst keinen** Fernseher **anzuschalten**.
 Du **brauchst nur** das Radio **auszuschalten**.
b) + Nein, er **braucht** täglich **nicht** viele Berichte **zu schreiben**.
 Er **braucht nur** Materialien **zu sammeln**.
c) + Ja, ich **muss** diesen Artikel **kommentieren**.
 + Nein, ich **brauche keinen** Artikel **zu kommentieren**.
 Ich **brauche nur** den Artikel **zu veröffentlichen**.
d) + Nein, sie **brauchen nur** Zeitungen **zu lesen**.
e) + Nein, Sie **brauchen nicht** so viele Programme im Fernsehen **zu senden**.
 Sie **brauchen nur** Werbungen im Fernsehen **zu senden**.

Lösungen

f) + Nein, sie **brauchen** sich **nicht** täglich eine Nachrichtensendung **anzusehen**.
   Sie **brauchen** sie sich **nur** ab und zu **anzusehen**.
g) + Ja, ein Lehrer **muss** jedes Semester einen Artikel über sein Fach **verfassen**.
   + Nein, ein Lehrer **braucht nur** jedes Semester den Studenten Unterricht **zu geben**.
h) + Nein, die Studenten **brauchen** in der Vorlesung **keine** Fragen **zu stellen**.
   Sie **brauchen** in der Vorlesung **nur zuzuhören** und **mitzuschreiben**.
i) + Ja, man **muss** in der Diskussion seine eigene Meinung **äußern**.
   + Nein, man **braucht nicht** unbedingt in der Diskussion seine eigene Meinung **zu äußern**.
j) + Nein, ein Redakteur **braucht kein** Interview **zu machen**.
   Er **braucht nur** Texte **auszusuchen** und **zu bearbeiten**.

2.
a) Nein, Sie **brauchen** morgens **nicht** am Schultor auf die Schüler **zu** warten.
b) Nein, Sie **brauchen nicht** täglich den Schülern Unterricht **zu** geben.
c) Nein, Sie **brauchen nicht** täglich den Schülern schriftliche Hausaufgaben **zu** geben.
d) Nein, Sie **brauchen nicht** jede schriftliche Hausaufgabe **zu** korrigieren.
e) Nein, Sie **brauchen** den Schülern **keine** Note **zu** geben.
f) Nein, Sie **brauchen** den Schülern **kein** Märchen vor**zu**lesen.
g) Nein, Sie **brauchen nicht** mit den Schülern Sport **zu** treiben.
h) Nein, Sie **brauchen nicht** mit den Schülern Computerspiele **zu** machen.
i) Nein, Sie **brauchen nicht** mit den Schülern einen Ausflug **zu** machen.
j) Nein, Sie **brauchen** die Schüler **nicht** nach Hause **zu** bringen.

B/Übung
a) Ich **pflege** morgens um halb sieben auf**zu**stehen.
b) Die uralte Brücke **droht** bald **zu** brechen.
c) Die Situation der Familie **scheint** wegen der Arbeitslosigkeit des Vaters nicht besser **zu** werden.
d) Nach dem Essen **pflegt** Hans eine Zigarette **zu** rauchen.
e) Es hat eine Woche ununterbrochen geregnet. Das Dorf **droht** bald überschwemmt **zu** werden.
f) Ich habe am ganzen Körper Schmerzen und **scheine** erkältet **zu** sein.

C/Übungen
1.
a) In den Massenmedien **hat** man verschiedene Meinungen **zu** veröffentlichen.
b) Die meisten Frauen **haben** Haushalt **zu** machen.
c) Viele Journalisten **haben** oft von einem Ort zum anderen **zu** fahren.
d) Die Tagesmutter **hat** sich 8 Stunden um die Kinder **zu** kümmern.
e) Die Sportler **haben** täglich früh auf**zu**stehen und **zu** trainieren.
f) Nach dem Unterricht **haben** die Studenten viele Bücher **zu** lesen.
g) Man **hat** täglich frisches Obst **zu** essen.
h) Die Touristen **haben** am Zoll ihre Pässe vor**zu**zeigen.
i) Die Ärzte **haben** die Patienten **zu** behandeln.
j) Nach der Operation **hat** der Patient Tabletten ein**zu**nehmen.

2.
a) + Ja, ich **habe** nach der Arbeit noch ein**zu**kaufen.
b) + Ja, er **hat** seine Freundin vom Bahnhof ab**zu**holen.
c) + Ja, sie **hat** einen Artikel über das Leben in Deutschland **zu** schreiben.
d) + Ja, ihr **habt** zuerst die Texte **zu** wiederholen.
e) + Ja, ein Kind **hat** täglich Milch **zu** trinken.
f) + Ja, er **hat** seine Eltern an**zu**rufen.
g) + Ja, du **hast** um 9 Uhr im Büro **zu** sein.

h) + Ja, der Arbeitslose **hat** zum Arbeitsamt **zu** gehen.
i) + Ja, die Studenten **haben** sich über das Studium in Deutschland **zu** informieren.
j) + Ja, die Studenten **haben** sich auf die Prüfung vor**zu**bereiten.

D/Übung
a) + Ja, das Problem **ist** heute **zu** lösen.
b) + Ja, alle Hefte **sind** ein**zu**sammeln.
c) + Ja, alle Sätze **sind** ins Deutsche **zu** übersetzen.
d) + Ja, der Aufsatz **ist** heute fertig **zu** schreiben.
e) + Ja, die Straße **ist** in diesem Jahr aus**zu**bauen.

Grammatik II

A/Übungen

1.
a) Ich **sehe** die Kinder **spielen**.
b) Ich **sehe** die Schülerinnen **tanzen**.
c) Ich **sehe** die Bauarbeiter das Gebäude **bauen**.
d) Ich **sehe** sie die Fenster **putzen**.
e) Ich **sehe** die Verkäuferin die Waren **sortieren**.
f) Ich **sehe** meinen Freund Computerspiele **machen**.

2.
a) Ich **höre** die Zuschauer **jubeln**.
b) Ich **höre** eine Frau ein deutsches Lied **singen**.
c) Ich **höre** ein Kind **weinen**.
d) Ich **höre** das Ehepaar **streiten**.
e) Ich **höre** ihn ein Gedicht **vortragen**.
f) Ich **höre** sie Klavier **spielen**.

3.
a) Ich **lasse** mein Fahrrad **reparieren**.
b) Ich **lasse** meinen Freund Briefmarken **kaufen**.
c) Ich **lasse** sie morgens Texte laut **lesen**.
d) Ich **lasse** sie täglich Nachrichten **hören**.
e) Ich **lasse** die Kinder **spielen**.
f) Ich **lasse** die Schüler das Klassenzimmer **saubermachen**.

4.
a) Ich **gehe** die Zeitung **holen**.
b) Ich **gehe** Kinokarten **kaufen**.
c) Ich **gehe** **essen**.
d) Ich **gehe** Basketball **spielen**.
e) Ich **gehe** meinen Freund **abholen**.
f) Ich **gehe** **einkaufen**.

5.
a) Ich **komme** Basketball **spielen**.
b) Ich **komme** Sie **besuchen**.
c) Ich **komme** Bücher **leihen**.
d) Ich **komme** dir bei der Hausarbeit **helfen**.

6.
a) Ich **lehre / lerne malen**.
b) Ich **lehre / lerne schwimmen**.

Lösungen

c) Ich **lehre / lerne** Klavier **spielen**.

d) Ich **lehre / lerne** die Maschine **bedienen**.

e) Ich **lehre / lerne** Fußball **spielen**.

f) Ich **lehre / lerne** wissenschaftliche Arbeit **schreiben**.

B/Übungen

1.

a) Ich **habe** die Kinder **spielen sehen**.

b) Ich **habe** die Schülerinnen **tanzen sehen**.

c) Ich **habe** die Bauarbeiter das Gebäude **bauen sehen**.

d) Ich **habe** sie die Fenster **putzen sehen**.

e) Ich **habe** die Verkäuferin die Waren **sortieren sehen**.

f) Ich **habe** meinen Freund Computerspiele **machen sehen**.

2.

a) Ich **habe** die Zuschauer **jubeln hören**.

b) Ich **habe** eine Frau ein deutsches Lied **singen hören**.

c) Ich **habe** ein Kind **weinen hören**.

d) Ich **habe** das Ehepaar **streiten hören**.

e) Ich **habe** ihn ein Gedicht **vortragen hören**.

f) Ich **habe** sie Klavier **spielen hören**.

3.

a) Ich **habe** mein Fahrrad **reparieren lassen**.

b) Ich **habe** meinen Freund Briefmarken **kaufen lassen**.

c) Ich **habe** sie morgens Texte laut **lesen lassen**.

d) Ich **habe** sie täglich Nachrichten **hören lassen**.

e) Ich **habe** die Kinder **spielen lassen**.

f) Ich **habe** die Schüler das Klassenzimmer **saubermachen lassen**.

4.

a) Ich **bin** die Zeitung **holen gegangen**.

b) Ich **bin** Kinokarten **kaufen gegangen**.

c) Ich **bin** **essen gegangen**.

d) Ich **bin** Basketball **spielen gegangen**.

e) Ich **bin** meinen Freund **abholen gegangen**.

f) Ich **bin** **einkaufen gegangen**.

5.

a) Ich **bin** Basketball **spielen gekommen**.

b) Ich **bin** Sie **besuchen gekommen**.

c) Ich **bin** Bücher **leihen gekommen**.

d) Ich **bin** dir bei der Hausarbeit **helfen gekommen**.

6.

a) Ich **habe** **malen gelehrt / gelernt**.

b) Ich **habe** **schwimmen gelehrt / gelernt**.

c) Ich **habe** Klavier **spielen gelehrt / gelernt**.

d) Ich **habe** die Maschine **bedienen gelehrt / gelernt**.

e) Ich **habe** Fußball **spielen gelehrt / gelernt**.

f) Ich **habe** wissenschaftliche Arbeit **schreiben gelehrt / gelernt**.

Grammatik III

A/Übungen

1.

a) Er **wird** ins Internet **gehen**.

b) Er **wird** im Internet **surfen**.

c) Er **wird** Geschichten **schreiben**.

d) Der Journalist **wird** viele Menschen **kennen lernen**.

e) Er **wird** ein Interview mit einem Computerfachmann **machen**.

f) Er **wird** sich mit dem Computerfachmann über die Zukunft der Softwareentwicklung **unterhalten**.

g) Wissen Sie, wie der Computer in Zukunft **aussehen wird**?

h) Der zukünktige Computer **wird** noch mehr menschliche Eigenschaften **haben**.

i) Im Datennetz **wird** man Informationen **bekommen**.

j) Man **wird** Informationen mit den anderen **austauschen**.

k) Man **wird** über den Computer Waren **bestellen können**.

l) In Zukunft **wird** man mit dem sogenannten Computergeld **bezahlen können**.

2.

a) Der Programmierer **wird** einem Journalisten diesen Computer **schenken**.

b) Der Journalist **wird** mit dem Computer einen Artikel **schreiben**.

c) Er **wird** den Artikel in den Computer **eingeben**.

d) Er **wird** den Artikel **verbessern**.

e) Er **wird** den Artikel mit einem Rechtschreibprogramm **kontrollieren**.

f) Er **wird** den Artikel auf den USB-Stick **speichern**.

g) Der Computer **wird** den Artikel **ausdrucken**.

h) Er **wird** den Artikel vom USB-Stick **löschen**.

B/Übung

a) (Die Hochzeitsfeier) **wird** im teuersten Restaurant in Shanghai stattfinden.

b) (Er) **wird** seine Flitterwochen in Amerika verbringen.

Lektion 26

A/Übung I

a) **Könnten** Sie mir sagen, wann ich zu Ihnen kommen soll?

b) **Könnten** Sie mir einen Gefallen tun, den Koffer hinaufzutragen?

c) **Dürfte** ich Sie zum Essen einladen?

d) Sie **sollten** fleißig lernen, sonst können Sie die Prüfung nicht bestehen.

e) **Könnten** Sie mir sagen, wie ich zum Museum komme?

f) **Könnten/Würden** Sie Ihre Freundin mitbringen?

g) **Könnte** man hier schwimmen?

h) **Dürften** wir jetzt schon gehen?

i) **Könnten/Würden** Sie morgen nicht so spät kommen?

j) **Dürfte** ich hereinkommen?

k) **Dürfte** ich mich in Ihrer neuen Wohnung mal umgucken?

l) **Könnten/Würden** Sie nicht im Unterricht träumen?

m) **Könnte** ich dein Fahrrad benutzen?

n) **Könnten** Sie mir ein bisschen Geld leihen?

o) **Könnten/Würden** Sie nicht so viel Geld ausgeben?

p) **Könnten/Würden** Sie nicht immer Geld von anderen leihen?

q) **Könnten** Sie mir sagen, wo wir uns heute Abend treffen?

Lösungen

r) **Könnten** Sie mir sagen, wie lange wir noch Deutsch lernen müssen?
s) **Könnten** wir Schluss machen?

A/Übungen II

1.

a) **Könnte** ich doch eine Zulassung bekommen!
b) **Würde** mich mein Freund doch am Wochenende besuchen!
c) **Würde** ich die Prüfung nur bestehen!
d) **Würden** meine Eltern in Deutschland doch wohl leben!
e) **Würde/Gäbe** es in der Welt nur keine Kriege mehr (geben)!
f) **Würden** die Kinder in Afrika doch nicht mehr verhungern!
g) **Könnte** ich doch um die Welt reisen!
h) **Wären** die Wohnungen in Shanghai doch billig / nicht so teuer!
i) **Könnte** ich nur eine hübsche Frau heiraten!
j) **Würden** wir alle doch gesund bleiben!

2.

a) **Hätte** sie ein Auto, **müsste** sie jeden Tag **nicht** mit dem Bus fahren.
b) **Könnten** wir schon gut Deutsch, **müssten** wir **nicht** täglich zum Unterricht gehen.
c) **Wenn** ich **nicht** sehr **beschäftigt wäre**, **könnte** ich Urlaub machen.
d) **Wäre** Herr Schmidt **gesund/nicht krank**, **würde** er eine Reise mitmachen.
e) **Hätte** das Ehepaar ein Kind, **würden** sie **nicht** einsam leben.
f) **Hätte** die Familie **nicht** vier Kinder, **könnte** sie sich ein Auto leisten.
g) **Wäre** die Firma **nicht** pleite, **wären** alle **nicht** entlassen worden.
h) **Wäre** der Kranke **nicht** schwer krank, **müsste** er **nicht** sofort operiert werden.
i) **Wenn** es **nicht regnen würde**, **könnten** wir einen Ausflug machen.
j) **Würde** das Kind nicht ins Ausland gehen, **würde** sich seine Mutter **nicht** immer Sorgen um es machen.
k) **Hätte** der Mann **nicht** so viel Geld, **wollte** die Frau ihn **nicht** heiraten.
l) **Wenn** er viel **läse/lesen würde**, **würde** er viel wissen.
m) **Wenn** sie **nicht** viele Computerspiele machen **würde**, **würde** sie **nicht** so viele gute Chancen verpassen.
n) **Wären** die Übungen nicht interessant, **würden** wir sie **nicht** gern machen.

A/Übungen III

1.

a) **An seiner Stelle würde** ich **nicht** ganz allein durch den Wald gehen.
b) **An ihrer Stelle würde** ich **nicht** jeden Tag die Fenster putzen.
c) **An seiner Stelle würde** ich **nicht** jeden Abend fernsehen.
d) **An seiner Stelle würde** ich **nicht** täglich um 6 Uhr aufstehen.
e) **An ihrer Stelle wollte** ich **noch** weiter Deutsch lernen.
f) **An seiner Stelle würde** ich meine Arbeit mit dem Computer schreiben.
g) **An ihrer Stelle würde** ich **nicht** immer in ein kleines Krankenhaus gehen, wenn ich krank **wäre**.
h) **An seiner Stelle würde** ich **nicht mehr** so viel Fleisch essen.
i) **An ihrer Stelle wollte** ich lieber eine einfache Arbeit suchen als zu Hause zu bleiben.

2.

a) **Er tut nur so, als ob** er kochen **könnte**.
b) **Er tut bloß so, als ob** er viel Geld **hätte**.
c) **Er tut bloß so, als könnte** er die Maschine bedienen.
d) **Er tut nur so, als ob** er noch nicht alt (noch jung) **wäre**.
e) **Sie tut nur so, als ob** sie sich für Fußball **interessieren würde**.
f) **Sie tut bloß so, als würde** sie ihn kennen.
g) **Sie tut nur so, als ob** sie die anderen **verstanden hätte**.

Lösungen

B/Übungen

1.

a) **Wenn** der Mann **studiert hätte, könnte** er eine gute Arbeit finden.
b) **Wenn** alles **nicht** teurer **geworden wäre, könnten** wir uns vieles leisten.
c) **Wenn** er den Computer **nicht** kaputt **gemacht hätte, hätte** er die Arbeit **erledigen können**.
d) **Wenn** sie sich **angemeldet hätte, hätte** sie einen Kurs **besuchen dürfen**.
e) **Wenn** das Kind **aufgepasst hätte, wäre** es **nicht** ins Wasser **gefallen**.
f) **Wenn** die alte Dame **nicht** zum Bahnhof **gegangen wäre, hätte** man ihre Geldtasche **nicht gestohlen**.
g) **Wenn** wir **nicht** auf die Verkehrsregeln **geachtet hätten, würde** es **mehr** Unfälle geben.

2.

a) **Wenn** ich gestern **nicht** mit der U-Bahn **hätte fahren müssen, hätte** jemand meine Geldtasche **nicht gestohlen**.
b) **Wenn** jemand meine Geldtasche **nicht gestohlen hätte, hätte** ich meiner Frau ein Geburtstagsgeschenk **kaufen können**.
c) **Wenn** ich meiner Frau ein Geburtstagsgeschenk **hätte kaufen können, hätte** sich meine Frau **nicht so geärgert**.
d) **Wenn** sich meine Frau **nicht so geärgert hätte, hätte** sie mit mir ins Restaurant **gehen wollen**.

Lektion 27

Übungen

1.
er messe, du nehmest, ihr schreibet, es gelinge, ich dürfe, ihr heißet, sie wolle, sie seien, ich könne, du seiest, es regne, du spielest, er müsse, sie weine, du werdest, er habe, sie fahre

2.
a) werde   b) wolle   c) gebe   d) habe   e) entwick(e)le

3.
schneide, gebe, erhitze, füge, bringe, nehme, mische, sorge, lasse

4.
a) er, wisse   b) es, habe, gehen wollen   c) er, schaffe
d) ich, hingelegt hätte   e) sie, sei   f) Wang Dali, sei, angekommen

Lektion 28

Übungen

1.
Gleichzeitig **wird** das Eisbein in kaltem Wasser zum Kochen **gebracht**.
Dann **werden** das Suppengrün und eine geschnittene Zwiebel **zugegeben**. Außerdem **werden** fünf Pfefferkörner hinein **gegeben**.
Das Ganze **muss** bei schwacher Hitze etwa zweieinhalb Stunden **gekocht werden**.
In der Zwischenzeit **wird** Butter in einem Topf **erhitzt**, und eine geschälte, fein gewürfelte Zwiebel **wird** darin **gedünstet**.
Nach zwei Minuten **wird** das Sauerkraut hinein **gegeben** und etwas **aufgelockert**. Das Ganze **wird** etwa eine Stunde **gedünstet**, und zum Schluss mit Salz und Zucker **abgeschmeckt**.
Das Sauerkraut **wird** auf einer vorgewärmten Platte **angerichtet**, und das Eisbein **wird** darauf **gelegt**.

2.
weil er sich nicht wohl fühlte. Er **wurde** (von einer jungen und hübschen Krankenschwester) **gewogen**, und seine Größe **wurde festgestellt**. Dann **wurde** der Puls des Patienten **gefühlt**, das Fieber **gemessen** und beides auf eine Karte **eingetragen**. Er **wurde** (von dem Arzt) **untersucht** und ihm **wurden** Medikamente **verschrieben**. Anschließend **wurden** dem Patienten Spritzen und Medikamente **gegeben**, die **eingenommen werden mussten**. Darüber hinaus **wurde** das Blut

Lösungen

abgenommen und ins Labor **geschickt**. In der Zwischenzeit **wurde** der Patient (von der Krankenschwester) **getröstet** und **beruhigt**. Nach der ärztlichen Behandlung durfte der Patient das Krankenhaus verlassen. Aber es **wurde abgelehnt**, weil er sich in die hübsche Krankenschwester verliebt hat...

3.

a) ... Maria nicht so schnell /langsamer gefahren wäre, hätte sie keinen Unfall gehabt.

b) ... der Fahrgast einen Fahrschein gehabt hätte, hätte er 45 Euro Strafe nicht zahlen müssen.

c) ... du mir doch mitgeteilt hättest, wann du kommst!

d) ..., als ob er mich verstanden hätte.

e) Könntest du mir bitte dein ganzes Geld geben?

f) ... seiner Stelle hätte ich ihr die Wahrheit nicht gesagt.

g) Hätte ich Evas Adresse doch nicht vergessen! / Wenn ich Evas Adresse doch nicht vergessen hätte!

h) ... der Ausländer den Beamten verstanden hätte, wäre er nicht in den falschen Zug eingestiegen.

i) ... tut nur so, als hätte er keine Angst vor mir. / ... als ob er keine Angst vor mir hätte.

4

a) Herr Liu sagt, **er habe** am Wochenende einen interessanten Film **gesehen**.

b) Die Kinder fragen die Mutter, **wann sie fernsehen könnten**.

c) Petra sagte zu Christian, **er solle** sich **beeilen**.

d) Frau Li sagt, **ihr** Vater **habe** ins Ausland **gehen wollen**, aber er **habe** kein Geld **gehabt**. **Sie habe** Geld, aber **sie wolle** nicht ins Ausland **gehen**.

e) Der Student aus Fujian sagte, **er habe** mit dem Zug nach Shanghai **fahren wollen**, aber **er habe** keine Fahrkarte **bekommen können**. Dann **sei er** nach Shanghai **geflogen**.

Anhang

Tabelle der unregelmäßigen Verben

Infinitiv	Präsens (er)	Präteritum	Perfekt	Imperativ (du)
anbieten	bietet an	bot an	angeboten	biet(e) an
anfangen	fängt an	fing an	angefangen	fang(e) an
befehlen	befiehlt	befahl	befohlen	befiehl
beginnen	beginnt	begann	begonnen	beginn(e)
beweisen	beweist	bewies	beweisen	beweis(e)
bewerben	bewirbt	bewarb	beworben	bewirb
biegen	biegt	bog	gebogen	bieg(e)
bitten	bittet	bat	gebeten	bitt(e)
bleiben	bleibt	blieb	geblieben(s)	bleib(e)
brennen	brennt	brannte	gebrannt	brenn(e)
bringen	bringt	brachte	gebracht	bring(e)
denken	denkt	dachte	gedacht	denk(e)
dürfen	darf	durfte	gedurft	—
einladen	lädt ein	lud ein	eingeladen	lad(e) ein
empfehlen	empfiehlt	empfahl	empfohlen	empfiehl
essen	isst	aß	gegessen	iss
fahren	fährt	fuhr	gefahren(s)	fahr(e)
fallen	fällt	fiel	gefallen(s)	fall(e)
finden	findet	fand	gefunden	find(e)
fliegen	fliegt	flog	geflogen(s)	flieg(e)
gebären	gebärt	gebar	geboren	gebär(e)
geben	gibt	gab	gegeben	gib
gehen	geht	ging	gegangen(s)	geh(e)

Anhang

续表

Infinitiv	Präsens (er)	Präteritum	Perfekt	Imperativ (du)
gelingen	(es) gelingt	gelang	gelungen(s)	geling(e)
gelten	gilt	galt	gegolten	gilt
genießen	genießt	genoss	genossen	genieß(e)
geschehen	(es) geschieht	geschah	geschehen(s)	geschieh
gewinnen	gewinnt	gewann	gewonnen	gewinn(e)
gießen	gießt	goss	gegossen	gieß(e)
greifen	greift	griff	gegriffen	greif(e)
haben	hat	hatte	gehabt	hab(e)
halten	hält	hielt	gehalten	halt(e)
hängen	hängt	hing	gehangen	häng(e)
heißen	heißt	hieß	geheißen	heiß(e)
helfen	hilft	half	geholfen	hilf
kennen	kennt	kannte	gekannt	kenn(e)
klingen	klingt	klang	geklungen	kling(e)
kommen	kommt	kam	gekommen(s)	komm(e)
können	kann	konnte	gekonnt	—
laden	lädt	lud	geladen	lad(e)
lassen	lässt	ließ	gelassen	lass(e)
laufen	läuft	lief	gelaufen(s)	lauf(e)
leiden	leidet	litt	gelitten	leid(e)
leihen	leiht	lieh	geliehen	leih(e)
lesen	liest	las	gelesen	lies
liegen	liegt	lag	gelegen	lieg(e)
messen	misst	maß	gemessen	miss(e)
mögen	mag	mochte	gemocht	—
müssen	muss	musste	gemusst	—
nehmen	nimmt	nahm	genommen	nimm
nennen	nennt	nannte	genannt	nenn(e)
raten	rät	riet	geraten	rat(e)

续表

Infinitiv	Präsens (er)	Präteritum	Perfekt	Imperativ (du)
rennen	rennt	rannte	gerannt(s)	renn(e)
rufen	ruft	rief	gerufen	ruf(e)
schaffen	schafft	schuf/schaffte	geschaffen/geschafft	schaff(e)
scheiden	scheidet	schied	geschieden	scheid(e)
scheinen	scheint	schien	geschienen	schein(e)
schieben	schiebt	schob	geschoben	schieb(e)
schlafen	schläft	schlief	geschlafen	schlaf(e)
schlagen	schlägt	schlug	geschlagen	schlag(e)
schließen	schließt	schloss	geschlossen	schließ(e)
schneiden	schneidet	schnitt	gschnitten	schneid(e)
schreiben	schreibt	schrieb	geschrieben	schreib(e)
schreien	schreit	schrie	geschrie(e)n	schrei(e)
schweigen	schweigt	schwieg	geschwiegen	schweig(e)
schwimmen	schwimmt	schwamm	geschwommen	schwimm(e)
sehen	sieht	sah	gesehen	sieh(e)
sein	ist	war	gewesen(s)	sei
senden	sendet	sandte/sendete	gesandt/gesendet	send(e)
singen	singt	sang	gesungen	sing(e)
sinken	sinkt	sank	gesunken(s)	sink(e)
sitzen	sitzt	saß	gesessen	sitz(e)
sollen	soll	sollte	gesollt	—
sprechen	spricht	sprach	gesprochen	sprich
springen	springt	sprang	gesprungen(s)	spring(e)
stehen	steht	stand	gestanden	steh(e)
stehlen	stiehlt	stahl	gestohlen	stiehl
steigen	steigt	stieg	gestiegen(s)	steig(e)
sterben	stirbt	starb	gestorben(s)	stirb

Anhang

续表

Infinitiv	Präsens (er)	Präteritum	Perfekt	Imperativ (du)
stoßen	stößt	stieß	gestoßen	stoß(e)
streiten	streitet	stritt	gestritten	streit(e)
tragen	trägt	trug	getragen	trag(e)
treffen	trifft	traf	getroffen	triff
treiben	treibt	trieb	getrieben	treib(e)
treten	tritt	trat	getreten(s)	tritt
trinken	trinkt	trank	getrunken	trink(e)
tun	tut	tat	getan	tu(e)
vergessen	vergisst	vergaß	vergessen	vergiss
verlieren	verliert	verlor	verloren	verlier(e)
versprechen	verspricht	versprach	versprochen	versprich
verzeihen	verzeiht	verzieh	verziehen	verzeih(e)
vorschlagen	schlägt vor	schlug vor	vorgeschlagen	schlag(e) vor
wachsen	wächst	wuchs	gewachsen	wachs(e)
waschen	wäscht	wusch	gewaschen	wasch(e)
wenden	wendet	wandte/wendete	gewandt/gewendet	wend(e)
werden	wird	wurde	geworden(s)	werde
werfen	wirft	warf	geworfen	wirf
wiegen	wiegt	wog	gewogen	wieg(e)
wissen	weiß	wusste	gewusst	wisse
wollen	will	wollte	gewollt	—
zerbrechen	zerbricht	zerbrach	zerbrochen	zerbrich
ziehen	zieht	zog	gezogen	zieh(e)
zwingen	zwingt	zwang	gezwungen	zwing(e)